ジオビジネス

GISによる小売店の
立地評価と集客予測

高阪宏行 著

古今書院

GeoBusiness

Location evaluation and catchment population forecasting

KOHSAKA Hiroyuki

Kokon Shoin Publishers, Tokyo, 2014

はじめに

　ビジネスでは、「新規店舗をどこに立地させるべきか？」、「販売地域をどこに展開すべきか？」、「優良顧客はどこにいるのか？」といった、「どこ」に関わる質問が、多く発せられる。地理情報システム（GIS）をはじめとする地理空間技術は、地理とビジネスに関わる広範囲のデータを統合することで、他の情報技術よりも効果的に、これらの質問に答えることができる。ビジネスにおける GIS の応用は、「ジオビジネス geobusiness」と呼ばれており（Pick 2008）、欧米先進諸国のビジネスでは広く展開されている。

　ジオビジネスは、GIS を応用することによって、集客圏の分析と立地評価の方法論を大きく変えた。一つは、詳細で精確な地理空間データを用いて、GIS 上で集客圏を可視化できるようになったことである。さらに、立地評価や集客予測に関連する空間分析や数理モデルに詳細で精確な地理空間データを投入することにより、ある程度の精度で立地評価や集客予測が可能になった点も挙げられる。

　その結果、上記の「どこ」に関わる立地決定や販売地域の設定は、「事実証拠に基づいた政策 evidence-based policy」という方法論の下で進展し始めた（Davoudi 2006；Owens et al. 2006）。GIS を応用して地理空間データを処理・分析し、地域における需要と供給の現状（事実）を記述するならば、それに即した供給の在り方を知ることができる。さらに、その現状の上に数理モデルを実行し、新規店舗が開店したときの状態を推定するという方法論は、立地評価や集客予測に科学的思考方法を導入するものであり、「小売科学 science of retailing」への道を拓く。

　本書は、2部12章で構成されている。I部は集客圏分析に関する内容であり、「需要と供給の地理」と「地域条件」に関わるさまざまな地理空間データ、調査法、分析法を論じている。II部は、「立地評価システム」と「集客予測」に関する内容であり、地点評価、立地の最適化、地域分類に関わる各種の分析法と数理モデルを取り上げ、その応用を論じている。

　海外では、ジョーンズ・シモンズ著／藤田・村山訳（1991）や Birkin, Clarke and Clarke（2002）など、地理学者による小売計画の書物が出版されている。本書が、わが国における GIS を応用したジオビジネスに関する標準的な教科書となり、市場分析や店舗開発を学ぶ大学生・大学院生と実務担当者に役立てていただければ、望外の幸せである。

　　　平成 25 年 10 月 10 日

　　　　　　　　　　　　　　　　　　　　　　　　　目白の新居にて
　　　　　　　　　　　　　　　　　　　　　　　　　　　　高阪 宏行

目 次

I部　GISを利用した集客圏分析　　1

第1章　市場規模の推定　　2
　1　GISを利用した集客圏分析の進展　　2
　2　GISの普及と国勢調査小地域集計の整備　　3
　3　町丁目・字別人口総数の階級区分図の作成　　5
　4　集客圏の市場規模の推定　　7

第2章　市場規模の変動要因　　11
　1　昼間人口に基づく市場規模の推定　　11
　2　峡小集客圏における市場規模の推定　　17
　3　世帯に基づく市場規模の推定　　21

第3章　市場の質の分析　　25
　1　経済属性と商品購買との関係　　25
　2　経済水準による市場の質の分析　　31
　3　人口属性による市場の質の分析　　33

第4章　競合環境の分析　　37
　1　店舗経営と空間競争　　37
　2　店舗の魅力度の測定　　41
　3　競合店舗の魅力度の測定と競合環境の分析　　45

第5章　顧客発生源の集客効果　　49
　1　商業集積地と集客効果　　49
　2　駅勢圏と駅の集客効果　　52

第6章　障害物の影響　　60
　1　歩行者交通に影響する障害物　　60
　2　自動車交通に影響する障害物　　66
　3　障害度のパラメータ化　　67

II部　GISを利用した立地評価と集客予測　　71

第7章　用地評価　　72
1. 立地評価の方法　　72
2. 用地評価　　74

第8章　場所評価　　79
1. 市場規模の評価　　79
2. 市場の質の評価　　81
3. 市場の成長性の測定と評価　　83
4. 競合環境の分析と評価　　84
5. 場所評価の結果　　85

第9章　立地評価システムの構築　　87
1. 立地評価システムの基礎　　87
2. 評価要素の評価点付け法　　88
3. 立地評価システムの構築　　92

第10章　空間的相互作用モデルに基づく集客予測　　95
1. 空間的相互作用モデルの考え方　　95
2. 小売モデル　　95
3. 小売モデルのキャリブレーション　　98
4. 小売モデルによる集客予測　　102

第11章　立地－配分モデル　　112
1. 立地－配分モデルとは　　112
2. 立地－配分モデルの目的関数　　113
3. 立地－配分モデルの解法　　116
4. 立地－配分モデルの応用　　119

第12章　ジオデモグラフィックスの理論と応用　　127
1. ジオデモグラフィックスの理論　　127
2. ジオデモグラフィックスの方法　　128
3. ジオデモグラフィックスの構築　　134
4. ジオデモグラフィックスの応用　　137

| 参考文献 | 146 |

資料	149
付録1 小売モデルの係数の最良推定について（第10章3.2（1））	149
付録2 ニュートン・ラプソン法（第10章3.2（3））	150
付表1 2010年国勢調査小地域集計の統計項目	153
付表2 東京都における商業集積地の階層区分	157

| 索引 | 175 |

付録のプログラムは古今書院のHP掲載の本書のページからダウンロードできます。

I部 GIS を利用した集客圏分析

第1章 市場規模の推定

1 GISを利用した集客圏分析の進展

1.1 集客圏と集客圏分析

　店舗の集客圏（catchment area）とは、顧客が店舗に集まる地域的な範囲を指す。集客圏の設定は、地理情報システム（GIS）を利用して、店舗を中心とした距離（直線距離）圏、道路距離圏、あるいは、時間距離（移動時間）圏を生成することで行われる（Birkin, et al. 2002, 138-139）。同様の用語に、店舗の商圏（trade area）がある。商圏とは、店舗の顧客が実際に集まる地域的な範囲を指し、顧客を地図に落として圏域を設定して、その広がりを示す。いずれの圏域も、顧客の地域範囲を示すのであるが、集客圏は例えば3km圏というように先験的方法で、商圏は実際のデータに基づく実証的方法で、設定する点で異なる。そこで本書では、これらの用語を区別して使用する。

　集客圏では、売り手と買い手で構成される市場（マーケット）が成立している。売り手は、商品やサービスを販売する小売・サービス店舗であり、買い手は、商品やサービスを購入する顧客である。集客圏分析（catchment area analysis）は、市場としての集客圏が、どのような人口的、社会的、経済的要素や、地理的要素で構成されているかを把握するために行われる。この分析は、商品に見合った適切な販売場所を探す立地評価と、集客人口や潜在的な売上額を推定する集客予測の基礎を提供することから、本書では、Ⅰ部でGISを利用した「集客圏分析」を取り上げる。Ⅱ部では、「立地評価」と「集客予測」を考察する。

1.2 集客圏の空間スケールと地域単位

　集客圏をその空間スケール（空間的広がり）から見ると、全国、地方、都市、地区と四レベルに分けられる。例えば、全国的に見て希少価値の高い家具を販売する店舗は、全国レベルの集客圏を形成するであろう。地方中心都市に立地するデパートは、その地方全体を覆うような集客圏を持ち、都市に立地するスーパーマーケットは、その都市圏に相当する都市レベルの集客圏を形成する。また、居住地区（町）に立地するドラッグストアは、地区レベルの集客圏を持つ。

　このような四レベルの空間スケールを成す集客圏に対し、それぞれのレベルに見合った地域単位（areal unit）を用いて、市場の社会・経済的特徴の空間分布を捉える。全国的な集客圏は「都道府県」単位で把握でき、地方レベルの集客圏は「市区町村」単位で捉えることができる。また、都市レベルの集客圏では、「町丁目・字」単位の詳細さが必要であり、地区レベルの集客圏では、さらに詳細な「地区」単位（例えば、街区単位）を利

用することが望まれる。これは、広範囲に展開する事象を把握するのには粗い（高レベルの空間スケールの）地域単位でよいが、局所的に発生する事象には詳細な（低レベルの空間スケールの）地域単位が必要であるというように、事象の空間的広がりに応じて、地域単位の空間スケールを変える「可変的地域単位問題」につながる。

1.3　GISを利用した集客圏分析

2000年代におけるGISの普及と国土空間データ基盤の整備により、都市レベルの集客圏を捉えるのに、国勢調査の「町丁目・字」単位のデータが利用できるようになったことは、集客圏分析に大きな進展をもたらした。国勢調査とは、人口・世帯・住宅等に関する全数調査であり、5年ごとに実施されてきた[1]。統計の地域単位は、1990年以前では市区町村であったが、平成7（1995）年以降の国勢調査では「町丁目・字」も採用され、小地域集計として公表されるようになった[2]。その結果、わが国の人口・世帯統計では、「市区町村」単位（1,742；2010年10月1日現在）から「町丁目・字」単位（約24万）へと、約140倍も地域単位数が増え、詳細なデータが入手できるようになった。

このような大量な人口・世帯データは、GISを利用することではじめて操作可能となり、今まで捉えることが難しかった都市レベルの集客圏の市場規模や市場の質を把握することができるようになった。集客圏分析におけるこの進展は、地理空間技術の発展とそれに見合う地理空間データの整備によってはじめて享受できることから、「GISを利用した集客圏分析」とよび、I部で論じる。次節では、国勢調査小地域集計の整備について示す。

2　GISの普及と国勢調査小地域集計の整備

2.1　国勢調査小地域集計

平成7（1995）年、平成12（2000）年、平成17（2005）年、平成22（2010）年の国勢調査では、小地域集計が整備され、「町丁・字別等」（以下、町丁目・字、あるいは、「町丁目」と呼ぶ）の地域単位の人口・世帯統計が利用できるようになった。都市レベルの集客圏における商品の需要量を推定する場合、この小地域集計データは、従来のエリアマーケティングで利用されていた市区町村単位や、1キロメッシュ（3次メッシュ）、500mメッシュ（4次メッシュ）のデータに比べると、どのような点で改善をもたらしたのであろうか。

都市レベルとは、前記のように、地方レベルより下位レベルに当たる。したがって、都市レベルの集客圏の空間的広がりは、大きくても複数の市区町村を含む程度である。このことから、都市レベルの集客圏の社会経済的特徴を市区町村単位のデータで表現しようとするならば、複数個というあまりにも少ないデータで表すことになる。

1キロメッシュと500mメッシュの地域メッシュ統計は、従来のエリアマーケティングで広く利用されてきた。1キロメッシュは全国を覆い、500mメッシュは人口集中地区（DID）を中心に整備されている。「町丁目」を1キロメッシュや500mメッシュと比較する場合の視点として、規模と境界が考えられる。多くの店舗にとって市場とみなされる市街化区域では、一般に、町丁目の方が1キロメッシュや500mメッシュより小規模な地

域単位となる場合が多い。このことから、町丁目を地域単位とした小地域集計の方が、人口の空間的分布をより詳細に捉えることができる。

また、町丁目界は、河川や山などの「自然的境界」と鉄道線路、幹線道路、行政界などの「社会的境界」を考慮して設定されている場合が多いので、地域の実態に即した人口分布が捉えられる。それに対し、メッシュ境界は、経緯度に基づき機械的に設定された「数理的境界」なので、河川、鉄道線路、幹線道路など障害となる事象とは無関係な形でデータを集計することが起こる。このことから、たとえ同規模であっても、町丁目がメッシュより地域の実態に即して的確に人口分布を捉えることができるのである。

国勢調査小地域集計では、付表1（本書の末尾の資料を参照）にまとめられているように、491統計項目（重複を含む）のデータが提供されている。それらは、人口総数・男女別人口及び世帯数、年齢層（5歳階級）別男女別人口及び配偶関係、世帯の構成、住居の状態、人口の労働力状態別構成、就業者の産業（大分類）別構成、就業者の職業（大分類）別構成、産業別世帯の就業上の地位、従業地・通学地集計に及んでいる。このように膨大な統計項目が提供されることにより、小地域集計は地域メッシュよりも、集客圏の人口的、社会的、経済的特徴を多面的に捉えることができるようになった。

2.2　町丁目の境界ファイル

全国の町丁目界に対しては、デジタルな町丁目の境界ファイル（boundary file）が、GISの関連機関や企業から販売されている。例えば、(公財)統計情報研究開発センター（シンフォニカ）では、「市区町村別地図境域データ」をシェープ（shp）形式で提供している。また、GIS関連企業では、ESRIジャパン㈱が「ArcGISデータコレクション」を、㈱昭文社が「行政区画ポリゴンデータ」を販売している[3]。

GISの利用にとって大事な点は、町丁目の境界ファイルと国勢調査小地域集計の双方に、地図と統計をリンクさせるためのキーとして、町丁目コードが付いていることである。町丁目コードとは、全国の町丁目・字を一意的に識別するための数字コードである。例えば、国勢調査小地域集計における埼玉県さいたま市南区別所3丁目に対しては、町丁目コードは「11108011003」である（表1-1を参照）。最初の2桁は都道府県番号である。北海道の「01」から始まり、埼玉県は「11」である（千葉県：12、東京都：13、神奈川県：14）。次の3桁は市区町村コードであり、さいたま市南区は「108」である。以上の5桁は日本工業規格（JIS）のコードとして定められている。

残りの6桁は、残念なことにわが国では統一が図られておらず、2種類のコードがある。一つは、(財)地方自治情報センターと(公財)国土地理協会が共同で開発し、国土地理協会が管理する町字コードである。町字コードでは、次の3桁は「町コード」であり、上記の事例の別所は「011」となる。最後の3桁は、住居表示整備実施地区では丁目の番号であり、3丁目なので「003」となる。なお、住居表示整備未実施地区では、丁目番号がないので「000」となる。国土地理協会の町字コードは、国勢調査をはじめ官公庁の統計で広く利用されている。市販の町丁目・字のデジタル地図にも、地図と統計をリンクさせるためのキーとして、町字コードが属性データとして付与されている。

表 1-1 町丁目コードと人口統計表

県名	市区町村名	町丁目名	町丁目コード	人口総数	男性人口	女性人口
埼玉県	さいたま市南区	別所1丁目	11108011001	1171	588	583
埼玉県	さいたま市南区	別所2丁目	11108011002	2358	1143	1215
埼玉県	さいたま市南区	別所3丁目	11108011003	2302	1100	1202
埼玉県	さいたま市南区	別所4丁目	11108011004	695	354	341
埼玉県	さいたま市南区	別所5丁目	11108011005	1273	640	633
埼玉県	さいたま市南区	別所6丁目	11108011006	1700	862	838
埼玉県	さいたま市南区	別所7丁目	11108011007	2454	1212	1242
埼玉県	さいたま市浦和区	岸町1丁目	11107001001	1419	693	726
埼玉県	さいたま市浦和区	岸町2丁目	11107001002	1442	720	722
埼玉県	さいたま市浦和区	岸町3丁目	11107001003	1013	496	517
埼玉県	さいたま市浦和区	岸町4丁目	11107001004	2320	1114	1206
埼玉県	さいたま市浦和区	岸町5丁目	11107001005	1258	652	606
埼玉県	さいたま市浦和区	岸町6丁目	11107001006	1766	855	911
埼玉県	さいたま市浦和区	岸町7丁目	11107001007	1638	813	825

　もうひとつのコードは、日本加除出版㈱の住所コードである。日本加除出版は、「人口統計マスターファイル」において、大字・町丁目別年齢別男女人口と大字・町丁目別世帯数および男女人口を収録し、年1回更新している。この中で、同社の「日本行政区画便覧データファイル」（毎月更新）と共通の住所コード11桁を採用している。

　表1-1は、町丁目コードをキーとして、町丁目の境界ファイルの属性表と国勢調査小地域集計の人口統計表をリンクさせた状態を表している。表1-1において、県名から町丁目コードまでの左4列は、町丁目の境界ファイル（地図レイヤ）の属性表である。それに対し、町丁目コードから女性人口の右4列は、国勢調査小地域集計の人口統計表である。このようにGISを利用するならば、町丁目コードをキーとして、町丁目の境界ファイルの属性表に、国勢調査小地域集計をはじめさまざまな統計表をリンクさせることで、各種の統計地図を作成することができるようになる。

　GISを利用した地図と統計のこのような統合は、地図と統計を分けて整備する環境をもたらすとともに、詳細（低レベルの空間スケール）で多種類の統計の提供につながった。その結果、GIS上で国勢調査小地域集計を利用することにより、詳細で多種類の統計を用いて、集客圏の特徴を多面的に捉えることができるようになり、集客圏分析に大きな進展をもたらした。そこで次に、国勢調査小地域集計を用いて、集客圏内の人口分布図を作成し市場規模の推定を行ってみよう。

3　町丁目・字別人口総数の階級区分図の作成

　小売・サービス業では、店舗の開店に際して、事前に集客圏内の人口数や売上額を推定し、開店に伴うリスクを回避する。そこで、2010年の国勢調査小地域集計を用いて、集客圏の市場規模を推定する方法を、データと適用事例を示しながら紹介する。

3.1　店舗の利用単位について

市場規模の推定方法は、店舗の顧客が個人単位なのか世帯単位なのかで異なる。例えば、コンビニエンスストアやドラッグストアの利用者は、個人単位である場合が多く見られる。その場合は、市場規模を人口で測定する。それに対し、スーパーマーケットに主婦が買物に来た場合、それは世帯全体の食料を購入するためのものであることが多い。その場合は、市場規模は世帯数で測定される。一般に、食料品、日用雑貨、家具、電気製品などの生活必需品は世帯単位で購入され、婦人服、紳士服、美容・理容など各種の趣向品・サービスは個人単位で購入される。したがって、取り上げる業種・業態の店舗では、個人と世帯のどちらが店舗の利用単位かを、見定めてから分析にかかる必要がある。

　以下では、個人単位で商品が購入される事例としてドラッグストアを取り上げ、ドラッグストアの店舗用地に対する集客圏の市場規模を推定する。なお、昼間人口に依存している事例は第2章1で、世帯単位で商品が購入される事例は同章3で論じる。

3.2　町丁目・字別人口総数の階級区分図の作成

　出店する店舗の商品やサービスが、すべての性・年齢の常住（夜間）人口によって、個人単位で購入される場合、国勢調査小地域集計を用いて、GIS上で人口階級区分図を作成し、一定距離圏内の人口数を算出することで、市場規模が推定される。ドラッグストアの場合は、人口の性・年齢属性に関わらず、すべての人口が利用（消費）するので、国勢調査小地域集計の「人口総数」の項目の統計地図を作成することになる。しかし、一定の属性の人口しかその店舗を利用しない場合、まず開店しようとしている店舗のターゲット（標的）人口が何であるかを把握する必要がある。例えば、美容院は、おもに女性が顧客であろう。逆に、紳士服店の顧客は、おもに20歳代以上の男性であろう。国勢調査小地域集計では、人口総数、男女別人口、5歳ごとの男女別人口などのデータが町丁目別に入手できるので、これらのデータをうまく組み合わせ、ターゲット人口の統計地図を作成することになる。また、国勢調査は5年ごとにしか行われないので、より最新の人口データを取得したい場合には、市区町村の役所で毎月発表されている町丁目別の人口を利用する。

　図1-1は、店舗用地の周辺における人口総数の統計地図を示している。この地図は、町丁目・字別に人口総数を階級に区分していることから、階級区分図と呼ばれている。一般に、階級区分図は、統計量が多い地区を暖色系で、少ない地区を寒色系で表示する決まりがある。図1-1では、町丁目・字ごとの人口総数を、5千人以上は紫色、4千人台は赤色、3千人台はピンク色、2千人台は黄色、1千人台は空色、1千人未満は青色、ゼロは白色で彩色表示している。地域単位が小さいところは、住居表示整備実施地域であり、町丁目が地域単位となっている。地域単位が大きいところは、住居表示整備未実施地域であり、字が地域単位となっている。字が地域単位となっているところでは、集計単位が大きいので、人口が多く居住しているように見えるが、これは視覚的な誤謬である場合が多いので、注意を要する（高阪・関根 2007, p.7）。

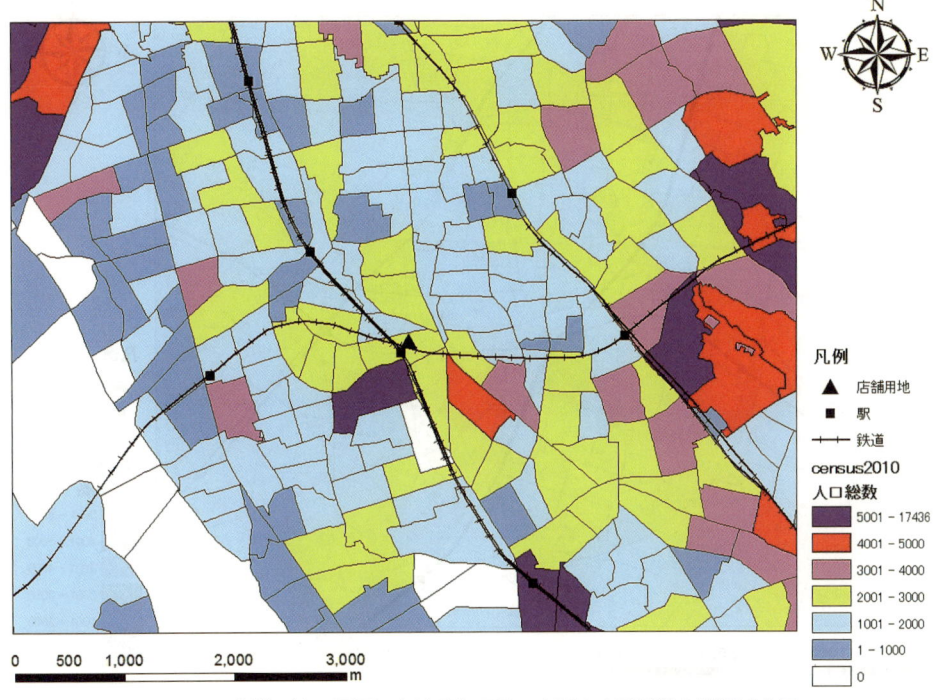

図1-1　店舗用地の周辺における町丁目・字別の人口総数の階級区分図

4　集客圏の市場規模の推定

4.1　直線距離圏を集客圏とした場合：円バッファ生成・クリップ分析・面積按分法による

　GISを利用して、ドラッグストアの店舗用地に対する集客圏の市場規模を推定することを試みる。最も簡便な方法は、店舗用地を中心とした集客圏として、一定の半径の円バッファを生成し、そのバッファで人口階級区分図をクリップし（切り取り）、その圏内の人口を合計する方法である。このようにして算出された人口は、集客人口（catchment population）と呼ばれ、市場規模を推定するひとつの指標になる。

　図1-2は、店舗用地から直線距離で2kmの円バッファを生成し、その2km圏内に入る町丁目ごとの人口総数の分布を示している。この圏内の人口総数の合計を求めるため、バッファ内に一部しか入らない町丁目では、2km圏内に入った町丁目の部分の面積に応じ、この町丁目の人口を面積按分した。表1-2では、その面積按分の処理方法を示している。各町丁目において、2キロ圏内に入る人口（$P2$）は、次式で求められる。

$$P2 = P1 \times (B/A) \tag{1}$$

　ただし、$P1$は町丁目の人口、Aは町丁目の面積、Bは2km圏内に入った部分の町丁目の面積である（方法の詳細は、高阪・関根 2007, 148-149 を参照せよ）。面積按分した結果、直線距離で2km圏内には、総数で163,443人の集客人口が居住していることが明らかになった。

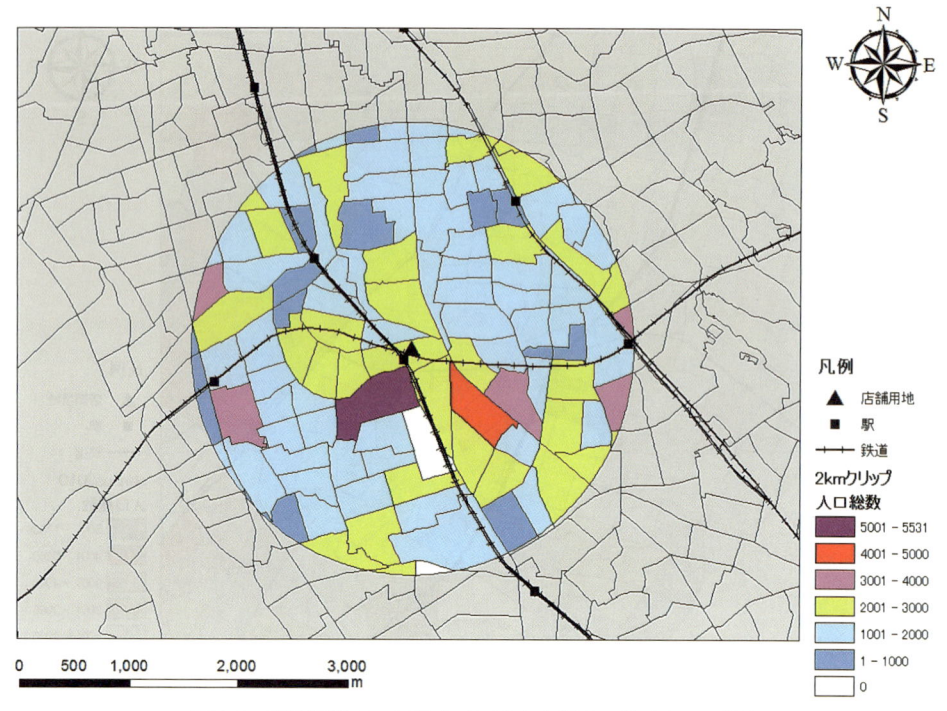

図1-2 直線距離2km圏を集客圏とした場合の集客人口の推定

表1-2 面積按分を用いた集客人口の推定

町丁目名	町丁目コード	町丁目面積A	人口P1	面積B	人口P2
別所1丁目	11108011001	107747.8	1171	107747.8	1171
別所2丁目	11108011002	199337.7	2358	199337.7	2358
別所3丁目	11108011003	165510.1	2302	165510.1	2302
別所4丁目	11108011004	175456.2	695	175456.2	695
別所5丁目	11108011005	86749.2	1273	86749.2	1273
別所6丁目	11108011006	97767.7	1700	97767.7	1700
別所7丁目	11108011007	171626.3	2454	171626.3	2454
岸町1丁目	11107001001	114331.6	1419	3143.8	39
岸町2丁目	11107001002	137837.5	1442	12044.3	126
岸町3丁目	11107001003	64342.8	1013	34356.7	541

4.2 道路距離圏を集客圏とした場合：ネットワーク分析による

次に、道路距離圏を集客圏とする場合を考察しよう。ESRIジャパン㈱のArcMap10では、Network Analystの「新規最寄り施設の検出」を用いることで、ネットワーク分析により店舗用地から町丁目・字中心点への最短経路を生成することができる。この機能を利用して、図1-3では、店舗用地（▲）から町丁目・字中心点（緑色の四角形）への最短経路（青線）を示している。この最短経路での道路距離の測定結果は、ルートのレイヤの属性表として保存される。表1-3は、町丁目・字中心点（IncidentID）から店舗用地（FacilityID）への最短経路による道路距離の測定の一部を示している。町丁目・字中心点1から店舗用地1への道路距離は2,248.1 mで、図1-3では水色のルートで示される。ArcMap10では、このように1対多の（店舗用地から各町丁目・字中心点への）距離行列のみならず、多

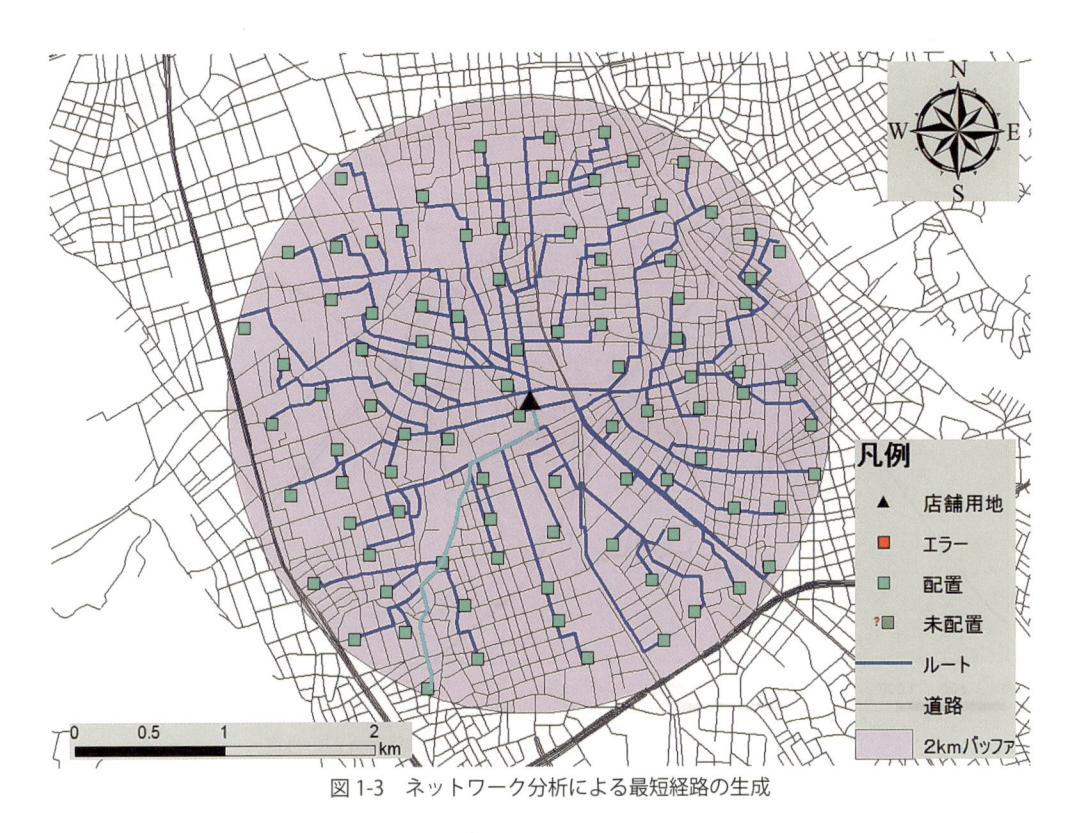

図1-3　ネットワーク分析による最短経路の生成

表1-3　町丁目・字中心点から店舗用地への最短経路による道路距離の測定（部分）

IncidentID	FacilityID	Name	Total_length
1	1	ロケーション 1 - ロケーション 1	2,248.10
2	1	ロケーション 2 - ロケーション 1	2,091.20
3	1	ロケーション 3 - ロケーション 1	2,001.80
4	1	ロケーション 4 - ロケーション 1	2,054.60
5	1	ロケーション 5 - ロケーション 1	2,216.80
6	1	ロケーション 6 - ロケーション 1	1,951.90
7	1	ロケーション 7 - ロケーション 1	1,663.80
8	1	ロケーション 8 - ロケーション 1	2,065.20
9	1	ロケーション 9 - ロケーション 1	1,707.80
10	1	ロケーション 10 - ロケーション 1	1,796.10
11	1	ロケーション 11 - ロケーション 1	2,002.30
12	1	ロケーション 12 - ロケーション 1	1,394.90
13	1	ロケーション 13 - ロケーション 1	2,241.40
14	1	ロケーション 14 - ロケーション 1	1,611.30
15	1	ロケーション 15 - ロケーション 1	2,105.80

対多の（店舗用地と競合店から各町丁目・字中心点への）距離行列を作成することも可能である。このように店舗用地と居住地区間の距離行列を作成することで、店舗用地が居住地域に置かれている商業環境を再現することができる。

　次に、ArcMap10のNetwork Analystで「新規到達圏」を利用して、図1-4に示すように店舗用地から道路距離で2km圏を設定した。この道路距離圏を集客圏として、人口階級区分図をクリップし、面積按分の後、人口総数を求めてみると（詳細な方法は、高阪・関根 2007, 149-151を参照）、集客人口は117,651人となった。この集客人口は、直線

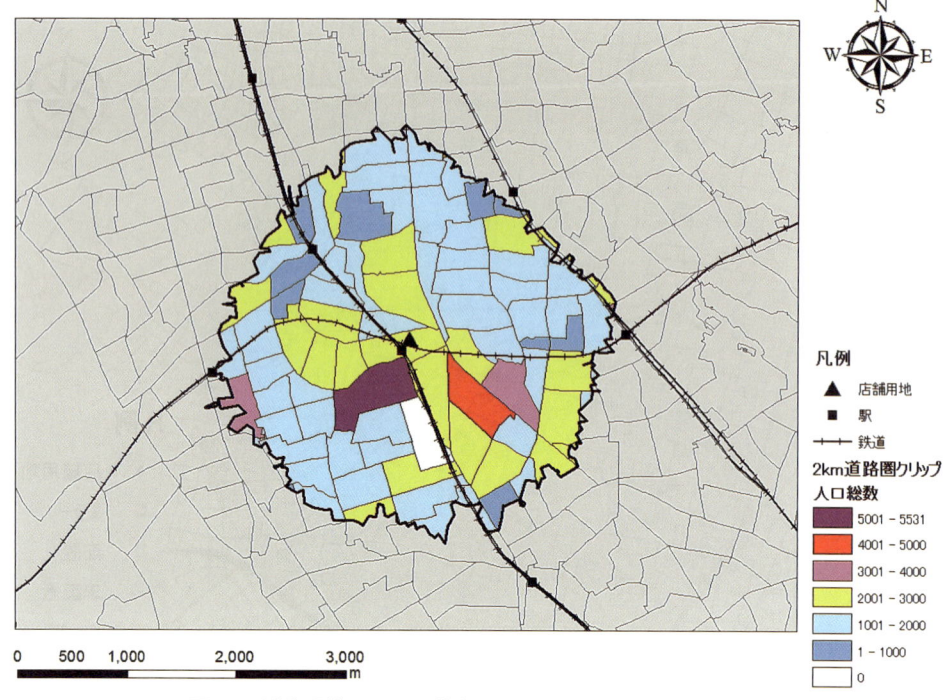

図1-4 道路距離2km圏を集客圏とした場合の集客人口の推定

距離2km圏の72%に相当する。ドラッグストアへの交通手段の多くが徒歩、自転車、車によることを考え合わせるならば、道路距離による分析結果の方が、より実態に即した店舗用地の集客圏の市場規模を推定しているであろう。

注
1）国勢調査は、わが国の人口状況を明らかにするため、大正9年以来ほぼ5年ごとに行われており、平成22年国勢調査はその19回目に当たる。国勢調査は、大正9年を初めとする10年ごとの大規模調査と、その中間年の簡易調査とに大別され、平成22年国勢調査は大規模調査である。なお、大規模調査と簡易調査の差異は、主として調査事項の数にある。その内容を見ると、戦後は、国勢調査結果に対する需要が高まったことから調査事項の充実が図られ、大規模調査（昭和25年、35年、45年、55年、平成2年、12年、22年）の調査事項には人口の基本的属性及び経済的属性のほか、住宅、人口移動、教育に関する事項が加えられ、簡易調査（昭和30年、40年、50年、60年、平成7年、17年）の調査事項には人口の基本的属性のほか経済的属性及び住宅に関する事項が加えられている。
2）小地域集計は、平成7年国勢調査より実施され、第1次基本集計、第2次基本集計、第3次基本集計、従業地・通学地集計に係る集計事項のうち基本的なものを町丁・字等（又は基本単位区）別に集計するものである。
3）政府統計の総合窓口 e-Stat（http://www.e-stat.go.jp）の「地図で見る統計（統計GIS）」から、平成12年、17年、22年の国勢調査小地域集計データと町丁目の境界ファイルがダウンロードできる。

第2章 市場規模の変動要因

　第1章で取り上げた国勢調査小地域集計の人口は、常住人口、すなわち、町丁目に居住している人口を示している。この人口は町丁目の夜間人口に相当するものであり、常住地でおもに購入される商品を対象にするならば、その市場規模を推定することはできる。しかし、昼間人口をも販売対象にする商品に対しては、国勢調査小地域集計の常住人口データだけでは、集客圏の市場規模を捉えることは不十分である。そこで本章では、昼間人口のような常住人口以外の需要発生源を論じるとともに、その市場規模を推定する方法を考察する。

1　昼間人口に基づく市場規模の推定

1.1　三タイプの需要発生源

　商品の需要を考えるとき、一般に需要発生源としては、居住者（R：レジデント）、就業者（W：ワーカー）、一時通行者（T：トランジット）の三つが挙げられる（Birkin, et al. 2003）。居住者は、地域に居住している常住人口であり、上記のような夜間人口に相当する。就業者は、店舗用地の周囲に職場を持ち、地域の内外側から通勤してくる就業者である（なお、通学者もこの範疇に含まれる）。就業者は、昼休みや通勤の行き帰りに店舗を利用する可能性がある。一時通行者とは、買物（レジャーを含む）、ビジネス（事業所訪問）、友人訪問、旅行や、たまたま店舗の前を通りかかったときに利用する客である。店舗の売上は、これら三タイプの需要発生源に基づいている。どのタイプの需要発生源が売上で高い割合を占めているかは、業種・業態で異なる。表2-1は、典型的な業種における需要発生源別の売上構成比を示している。スーパーマーケットでは重い商品やかさばる商品を購入することから、居住地域の近くの店舗で購入することが多い。その結果、スーパーマーケット

表2-1　業種と需要発生源別の売上構成比

業種	売上構成比
スーパーマーケット	R：W：T = 1：0：0
飲食店	R：W：T = 0.5：0.5：0
ガソリンスタンド	R：W：T = 0.5：0.3：0.2

トは、常住人口（R）に需要発生源を大きく依存する。それに対し、飲食店は昼食や夜の食事で利用されるので、常住人口のほかに、昼間に地域外から流入する就業者（W）にも高く依存する。また、ガソリンスタンドは、前面道路をたまたま車で通りかかった一時通行者（T）に一定の割合を依存しているであろう。このことから、店舗の用地評価を行う場合、店舗の売上がこれら三タイプの需要発生源に対しどんな割合を成しているかを、既存店の売上情報などからまず推定する必要がある。

1.2 昼間人口の算定

次に、三タイプの需要発生源を昼間人口との関係から考察する。まず、国勢調査による昼間人口の定義を見てみよう。国勢調査では、市区町村単位であるが、昼間人口を次のように算定している（総務省統計局, 2010）。

A市の昼間人口＝A市の常住人口 － A市からの流出人口 ＋ A市への流入人口　（2-1）

ただし、A市からの流出人口は、A市に常住しA市外へ通勤・通学する人口をいい、A市への流入人口は、A市外に常住しA市に通勤・通学する人口をいう。この昼間人口は、国勢調査の「従業地・通学地集計」結果を用いて算出された人口である。国勢調査のこの昼間人口の定義では、三タイプの需要発生源のうち、常住人口（R）と就業者（W）は含まれているが、一時通行者（T）は考慮されていない。

昼間人口の例として、図2-1では、2010年の東京都23区の区別の昼間人口を常住人口とともに表している。千代田区、中央区、港区、新宿区、渋谷区などでは、常住人口に比較すると、大量の昼間人口を集めていることがわかる。

昼間人口から店舗用地の集客圏の市場規模を推定する場合、いくつかの問題が発生する。第一に、昼間人口を町丁目単位で示す統計は、東京都のような一部の地域を除いて[1]、公表されていない。市場規模を推定するには、前項で論じたように町丁目単位の昼間人口が必要であり、図2-1に示したような市区町村単位ではあまりにも粗すぎる。第二に、国勢調査で算出されている昼間人口は、上記のように一時通行者（T）の実態を考慮していない。

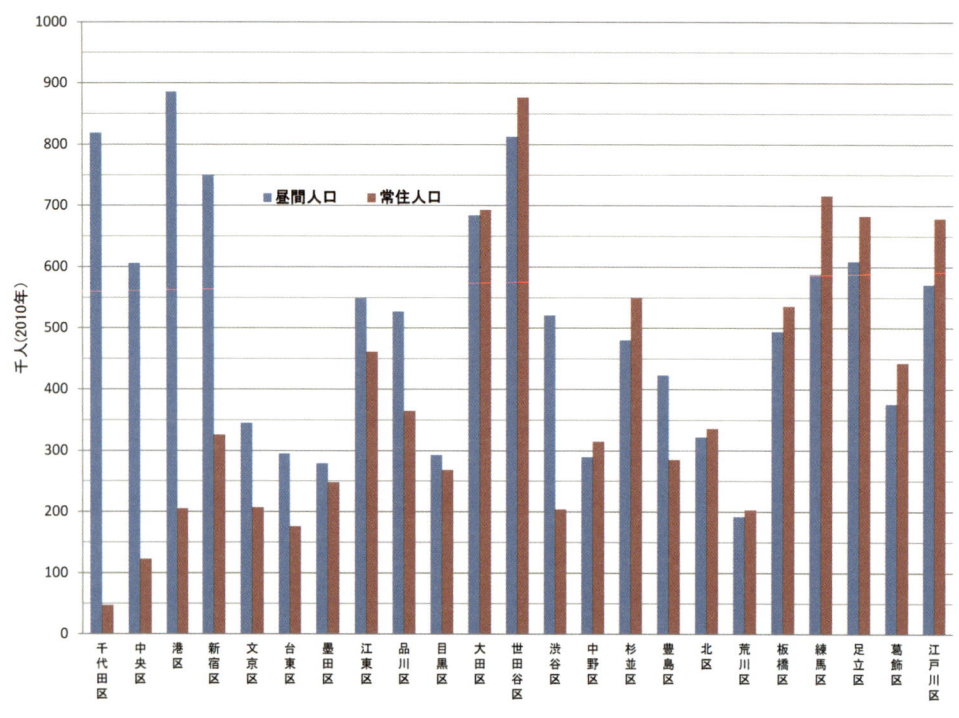

図2-1　東京都特別区部の区別昼間人口と常住人口 (2010年)
資料：東京都の統計「平成22年東京都の昼間人口」

いま、昼間人口をさらに詳しい構成要素に分けて考えてみると、表2-2に示されているように、まず残留人口（Z）と流入人口（I）に大別される。残留人口とは、夜間人口が昼間まで居住地域（町丁目）に残った人口である。これはさらに、就業者と非就業者に分かれる。残留就業者（ZW）は、居住地域と同じ場所で就業する人口であり、地元の学校への通学者も含まれる。残留非就業者（ZNW）には、主婦、幼児、高齢者、失業者などが含まれる。

表 2-2　昼間人口の構成要素

移動性	種類	詳細
残留人口（Z）	残留就業者（ZW）	域内就業者
		域内通学者
	残留非就業者（ZNW）	主婦
		幼児
		高齢者
		失業者
流入人口（I）	流入就業者（IW）	流入就業者
		流入通学者
	流入訪問者（IV）	事業所への訪問者（IBV）
		店舗の利用者（IS）
		友人宅への訪問者（IHV）
		旅行者（IT）
		通過人口（IP）

これに対し居住地域の外部からの流入人口（I）には、地域に立地する①事業所（学校を含む）への就業者（通学者を含む）（IW）のほかに、②事業所への訪問者（IBV）、③店舗の利用者（IS）、④友人宅への訪問者（IHV）、⑤旅行者（IT）、⑥通過人口（IP）などが挙げられる。事業所への訪問者とは、ビジネス間（B to B）のトリップで流入する人口である。店舗の利用者とは、まさしく買物（ショッピング）トリップで流入する人口である。旅行者とは、地域に旅行の目的地があり、そこを訪れる人口である。通過人口は、移動目的地がその地域外にあり、移動途中に通過するためにそこを訪れている人口である。例えば、車による移動者や駅でのバスへの乗り換え客などが挙げられる。

上記の国勢調査の昼間人口の算出式（2-1）では、右辺第一項と第二項で残留人口（表2-2のZ）を計算する。右辺第三項は、表2-2の流入就業者（IW）を表しているので、国勢調査の昼間人口で把握されていない項目は、表2-2の流入訪問者（IV）である。これらの項目がどの程度の人口数になるかは、地域の性格によって異なる。ビジネス街では、事業所への訪問者（IBV）が多くなるし、商店街では当然店舗の利用者（IS）が多くなる。昼間人口を正確に算定するためには、上記の式（2-1）に流入訪問者（IV）の項目を追加しなければならない。事業所への訪問者（IBV）や店舗の利用者（IS）は一定の頻度で発生する定常的な移動も多いので、ある程度推定は可能である（牟田, 2009）。それに対し、友人宅への訪問者（IHV）や旅行者（IT）は発生頻度が非常に少なく、またランダム性に富み、非定常的な移動なので推定が難しい。今後、昼間人口算定の精度を高めるためには、流入訪問者（IV）の中で、事業所への訪問者（IBV）と店舗の利用者（IS）のような定常的な移動を考慮に入れる必要がある[2]。

1.3 従業者を考慮した市場規模の推定

　昼間人口を算出するときに関連する統計としては、国勢調査小地域集計のほかに、総務省統計局の事業所・企業統計調査がある。この統計は、農林水産業等を除いたすべての事業所に対し、事業所の形態（7区分）別の民営事業所数や従業者数を町丁目ごとに公表している。これを利用するならば、町丁目ごとにどれくらいの従業者が昼間に就業しているかを知ることができる[3]。

　図2-2aは、平成17年国勢調査小地域集計に基づき、東京都品川区JR五反田駅を中心に道路距離5km圏内の町丁目別常住人口の分布を表している。常住人口から見ると、西部や南西部で人口が多く、北部や東京湾沿岸部で人口が少ないことがわかる。なお、同5km圏内の常住人口総数は、948,523人であった。それに対し、図2-2bと図2-2cは、平成16年の事業所・企業統計調査に基づき、同5km圏内の町丁目別事務所・営業所従業者数（フィールド名：J010201017）と店舗・飲食店従業者数（J010201016）の分布図を示している。事務所・営業所従業者は、常住人口と異なり、5km圏内の北半分の特に東京湾側に多く分布する。また、店舗・飲食店従業者は北部に多少分布するに過ぎない。同5km圏内の事務所・営業所従業者総数は892,219人、店舗・飲食店従業者総数は231,858人であった。

　この事業所・企業統計調査の事業所従業者数を利用するならば、以下のように昼間人口を町丁目別に推定することができる[4]。

A町丁目の昼間人口 ＝ A町丁目の常住人口 － A町丁目の労働力人口
　　＋ A町丁目の事務所・営業所従業者数 ＋ A町丁目の店舗・飲食店従業者数　　　(2-2)

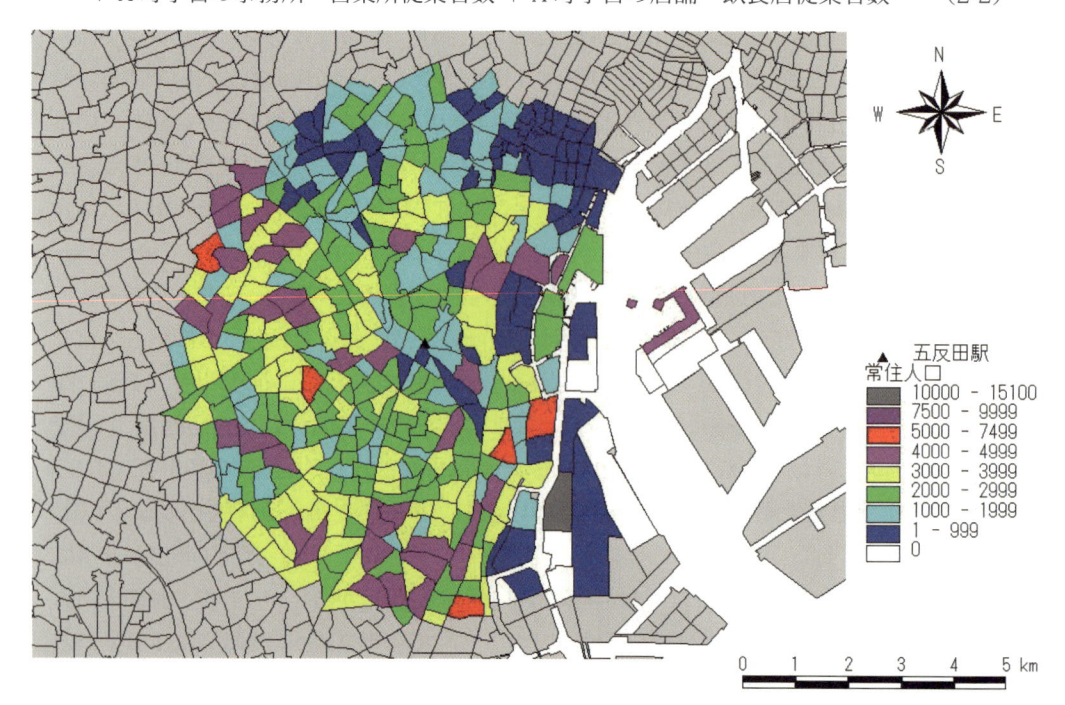

図2-2a　駅を中心に道路距離5km圏内の町丁目別常住人口(2005年)の分布

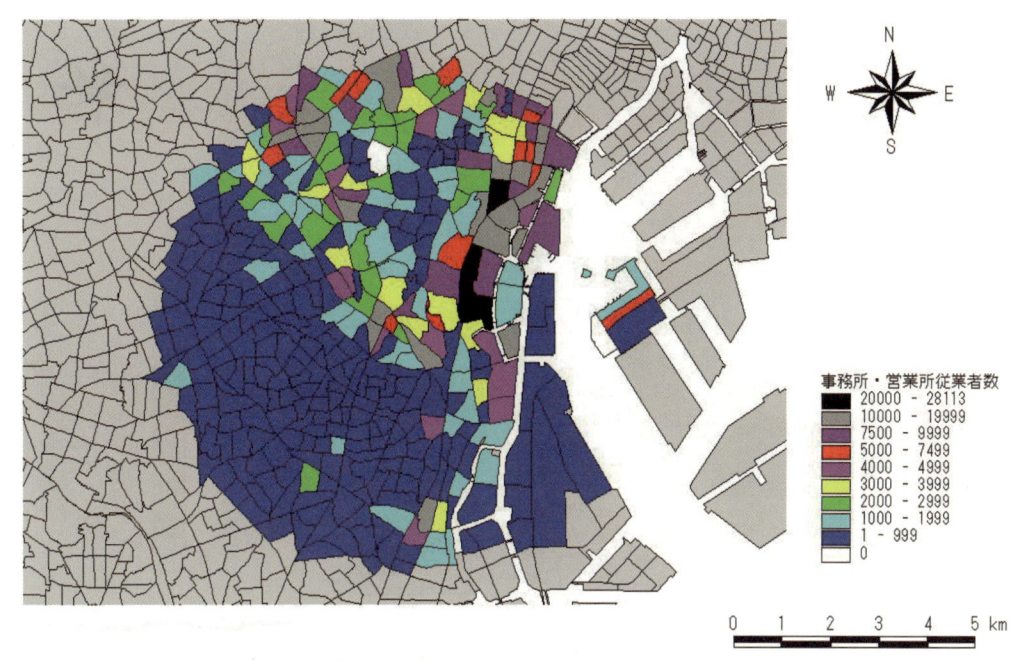

図 2-2b　同 5km 圏内の町丁目別事務所・営業所従業者数（2004 年）の分布

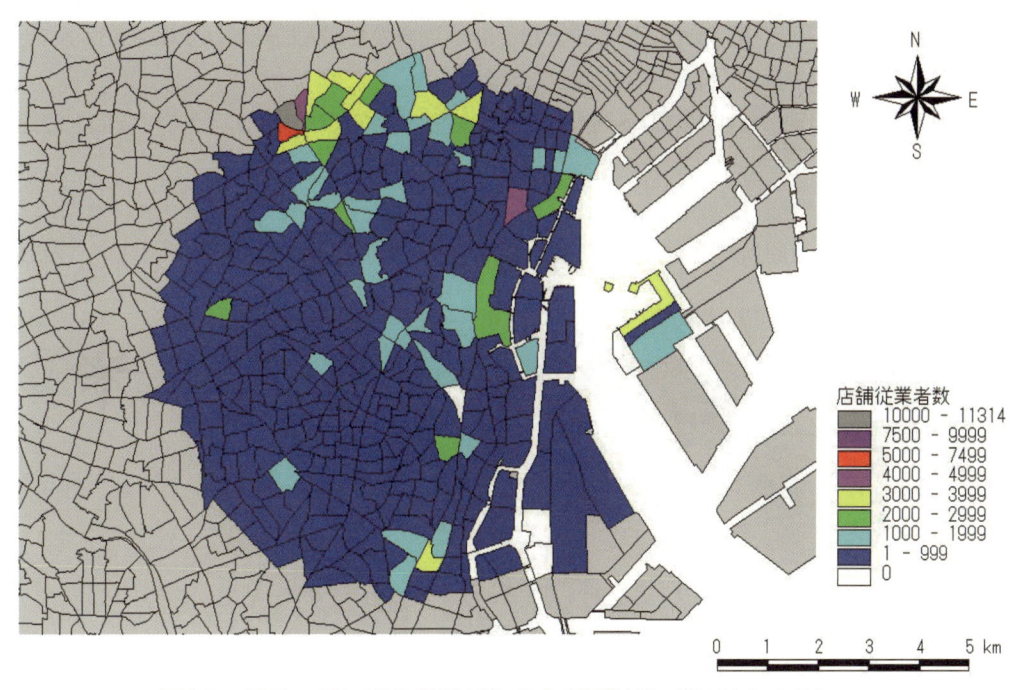

図 2-2c　同 5km 圏内の町丁目別店舗・飲食店従業者数（2004 年）の分布

なお、町丁目の労働力人口の資料は、国勢調査小地域集計から得られる（末尾の資料の付表1の番号311の統計項目）。図2-3は、式（2-2）を用いて5km圏内の町丁目別の昼間人口を算出し、その分布を示したものである。常住人口が西部や南西部で多かったのに対し、昼間人口は北部と東京湾沿岸部で多く、1万人台（灰色）や2万人以上（黒）の昼間

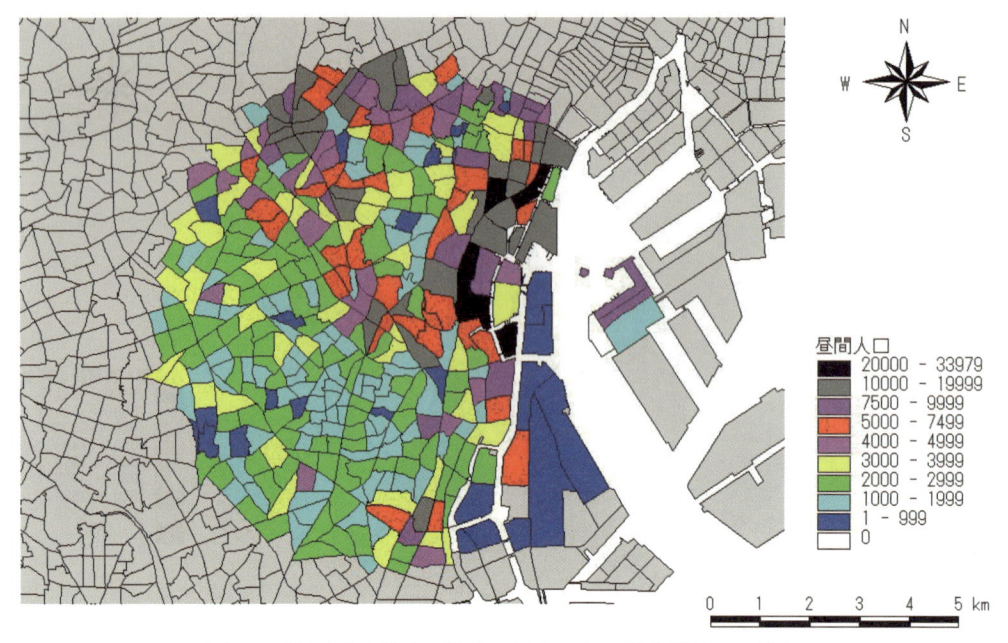

図 2-3　駅を中心に道路距離 5km 圏内の町丁目別昼間人口の分布

人口を持つ町丁目が多数現れている。また、5km 圏内の昼間人口総数は 1,638,567 人で、5km 圏内の昼夜間人口比は 1.73 であった。

次に、町丁目別に常住人口と昼間人口を比べるため、次式から町丁目別の昼夜間人口比を求めてみた。

A町丁目の昼夜間人口比 ＝（A町丁目の昼間人口／A町丁目の常住人口）× 100　　（2-3）

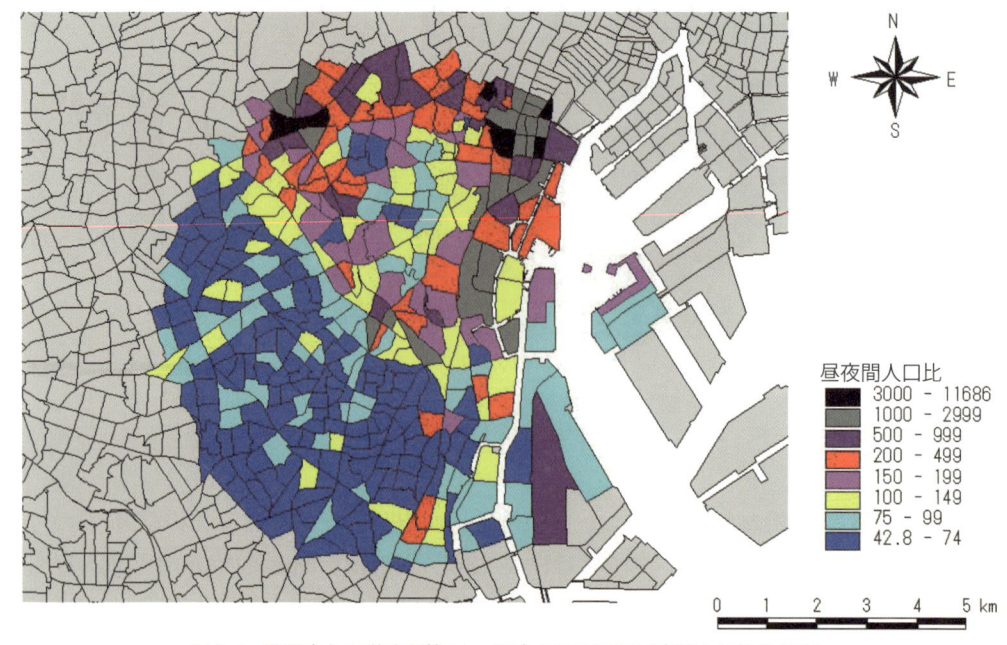

図 2-4　駅を中心に道路距離 5km 圏内の町丁目別昼夜間人口比の分布

図2-4は、5km圏内の町丁目別昼夜間人口比の分布を示している。昼間人口が常住人口と等しいとき、昼夜間人口比は100になる。南西部では100未満の寒色系（青や空色）の町丁目が多く見られ、「人口流出超過地区」である。北部や沿岸部の100を超える暖色系の町丁目では、「人口流入超過地区」であり、昼間人口が夜間人口の10～29倍（灰色）や30倍以上（黒）になる町丁目も見られる（なお最高は116倍である）。

　以上からも明らかなように、五反田のような都心部では、常住人口だけでは需要は捉えきれず、昼間には5km圏全体でその1.73倍もの市場規模が発生していることが推測される。飲食関係の店舗では、売上が昼間人口に大きく依存しているので、店舗用地の周辺に昼間人口がどれだけ存在するかを事前に調べておくことは重要である。

2　峡小集客圏における市場規模の推定

　第1章および本章の前節では、都市レベルの集客圏を形成する店舗に対し、それぞれ、夜間人口と昼間人口に基づき、町丁目を地域単位として市場規模を推定する方法を論じた。しかし、コンビニエンスストアなどの小売業態では、集客圏が地区レベルの大きさなので、町丁目・字の地域単位で捉えるには粗すぎ、より低いレベルの空間スケールの地域単位が必要である。本節では、平成17年国勢調査基本単位区別集計を利用して、300m圏のような峡小集客圏の市場規模を推定する方法を示すとともに、各種のデジタル地図データを使用し、GISの処理・分析機能を駆使して、峡小集客圏における昼間の市場規模を推定する方法も考察する。

2.1　基本単位区データの利用

　基本単位区は、国勢調査の調査区設定の基礎として平成2年に導入された。街区方式による住所表示整備実施地区にあっては、原則として一つの「街区」、すなわち「番」を一つの基本単位区とし、住居表示整備未実施地域では、街区に準じた小区画を基本単位区としている。国勢調査員が調査表を配布・取集するための調査区は、世帯数が平均して50世帯となるように（原則として40世帯から70世帯の範囲内で）設定することになっている。平成2年国勢調査より、調査区は基本単位区を基に構成されるようになった。世帯数が100世帯を超えるマンションや団地が立地する街区では、したがって、街区を分割した基本単位区になる場合もある。なお、平成17年の国勢調査は簡易調査なので、基本単位区の集計項目は、人口総数、男、女、世帯数の4項目である。

　東京都足立区を事例として、基本単位区の状況を見てみよう。平成17年の足立区は、268町丁目で構成されていた。平成17年国勢調査による同区の基本単位区数は8,454地区であるので、町丁目当たりの平均基本単位区数は32である。したがって、町丁目データの代わりに基本単位区データを使用することによって、足立区では約30倍の詳細な人口分布図が描けるのである。

　図2-5は、JR北千住駅周辺の基本単位区別の人口総数の分布を示している。（公財）統

図2-5　基本単位区中心点ごとの人口総数の分布

計情報研究開発センターで販売されている基本単位集計は、同図に示されるように基本単位区中心点のポイントレイヤで提供されているので、人口の階級区分図は点分布図になってしまう。同図では、黒の太線の町丁目界に、国土地理院発行の数値地図2500から生成した灰色の街区を重ね合わせている。町丁目界とその内部の基本単位区中心点の分布の比較から、峡小集客圏の市場規模を推定するためには、基本単位区データを利用する方がはるかに精度の高い推定ができることは明らかである。

　街区は基本単位区と一致しないが、街区単位で人口データを用いた方が、人口数で塗り分けた階級区分図が作成できる。そこで、数値地図2500を利用して街区レイヤを生成した。街区レイヤの生成で起こった問題のひとつは、数値地図2500のtyomeのファイルが完全性（高阪2002，423-424）を保持しておらず、不完全な街区レイヤしか生成できないという点である。詳細に調べた訳ではないが、tyomeのファイルでは、複数の街区が合わさって一つの大きな街区になってしまっているため、街区数から見ると実際の街区数の8割～9割程度しか存在しないのである。図2-6では、このように問題のある街区レイヤを使用しているが、基本単位区データを街区と対応させることで、街区別人口分布図を示している[5]。

　図2-5と図2-6において、コンビニエンスストアの集客圏として300m圏を生成し、その圏内の人口数を算出した。その結果、300m圏内の人口は、基本単位区集計では4,443人であるのに対し、街区集計では3,137人であった。街区レイヤには上記のような問題点があるので単純には比較できないが、将来、完全性が保たれる街区レイヤが提供されるようになったならば、基本単位区データを街区データに直して、街区別の人口階級区分図上でクリップと面積按分を利用して（第1章4．1を参照）、峡小集客圏の市場規模を推定

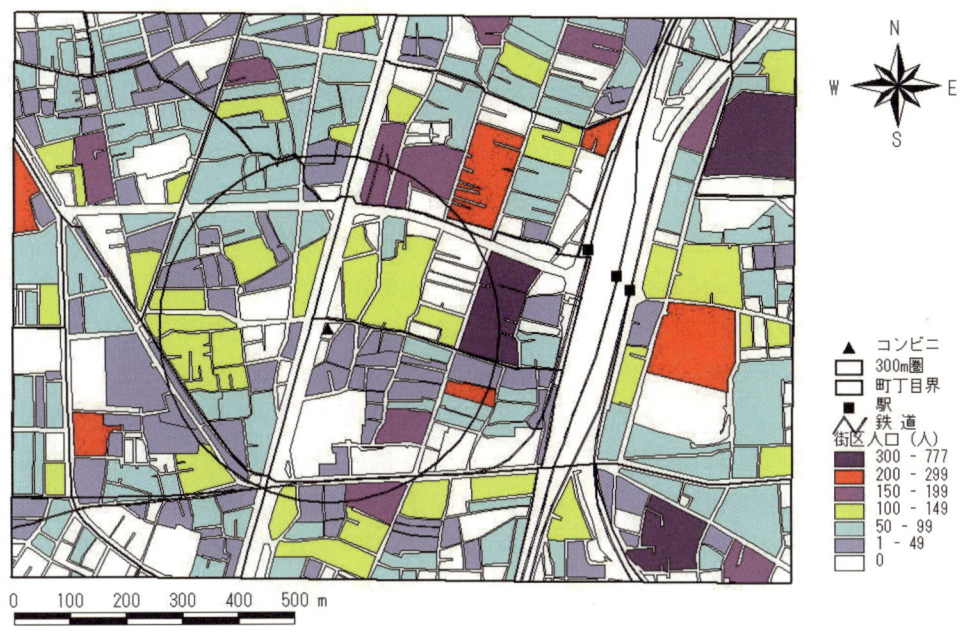

図 2-6　街区別の人口総数の階級区分図

する方が精度は高くなるであろう[6]。

2.2　小メッシュの生成と建物床面積の加重による方法

　前項で論じた基本単位区データを利用した市場規模の推定では、峡小集客圏の常住（夜間）人口数が算出できた。しかし、コンビニエンスストアなどの業態では、昼間人口からも多くの需要を獲得している。町丁目・字に対し昼間人口を算出する方法は、本章の1.3で論じたが、基本単位区集計では、たとえ労働力人口が入手できたとしても、事務所・営業所従業者数 や店舗・飲食店従業者数のデータは存在しない。そこで、基本単位区集計によらない方法を考案する。

　本項では、峡小集客圏の市場規模を推定するための地域単位としては、25 mメッシュを用いる方法を考える。まず、GISのメッシュ生成機能と中心点生成機能を利用して、25 mメッシュとその中心点のレイヤを作成する（作成方法については、高阪・関根2005, 151-152 を参照）。町丁目別の人口レイヤに25 mメッシュレイヤとメッシュ中心点レイヤを重ね合わせ、町丁目内のメッシュ中心点を数えるとともに、その人口数（平成17年国勢調査小地域集計）と従業者数（平成16年の事業所・企業統計調査）を合計した値[7]をメッシュ中心数で割ることで、メッシュ当りの需要量が求められる。しかし、この配分方法は、等配分に基づいている。これが成立するのは、需要が町丁目に一様に分布している場合である。通常は、需要が一様に分布していないので、メッシュに対し何らかの加重(重み) 付けすることが行われる。例えば、個人電話帳のデータに基づき電話加入数で加重する方法（㈱JPS 2007）や、空中写真から土地利用を判別し、農地など需要が発生しない土地利用の面積をカウントから外す方法がとられてきた。

本項で提示する方法は、次式に示すように建物床面積とその階数に基づく配分法である。

町丁目のメッシュ i の需要量
$= \{(\Sigma_j S_{ij} \times F_{ij}) / \Sigma_i \Sigma_j S_{ij} \times F_{ij}\} \times$ 町丁目の人口数と従業者数の合計　　　(2-4)

ただし、S_{ij} はメッシュ i の建物 j の階数、F_{ij} は町丁目のメッシュ i にある建物 j の床面積である。Σ_j はメッシュにあるすべての建物 j の総和を意味している。

図2-7は、建物の容積に基づき需要量を配分する式（2-4）で算出された25mメッシュごとの需要量の分布を表している。赤や紫のメッシュほど需要量が多いことを示している。建物レイヤとしては、㈱昭文社のデジタル地図MAPPLE2500を使用した。建物床面積の算出は、GISの面積計測機能を利用した（高阪・関根2007, p.154）。デジタル地図MAPPLE2500の建物階層データは、1階〜3階、4階〜9階、10階以上の3クラスしかないので、階数の加重値としては、その中央値を用いた[8]。より精度を高めるには、正確な階数や、住宅や事業所などの建物用途の属性データが必要となる。

前項の基本単位区データで求めたものと同様に、コンビニエンスストアから300mの集客圏内の市場規模を算出すると、9,837人となった。この市場規模の推定は、町丁目ごとの人口数と従業者数の単なる合計値に基づいているので、労働力人口が二重にカウントされているので（注7を参照）、前項で算出した基本単位区データに基づく市場規模の推定値（4,443人）や街区データに基づく推定値（3,137人）と直接比較することはできない。しかし、これらの推定市場規模に比べ、建物階層加重に基づく25mメッシュによる推定値は2〜3倍の値を示していることから、JR北千住駅西口周辺の地域では多数の従業者が従事し、昼間人口がかなり多くなる地区であることは明らかである。

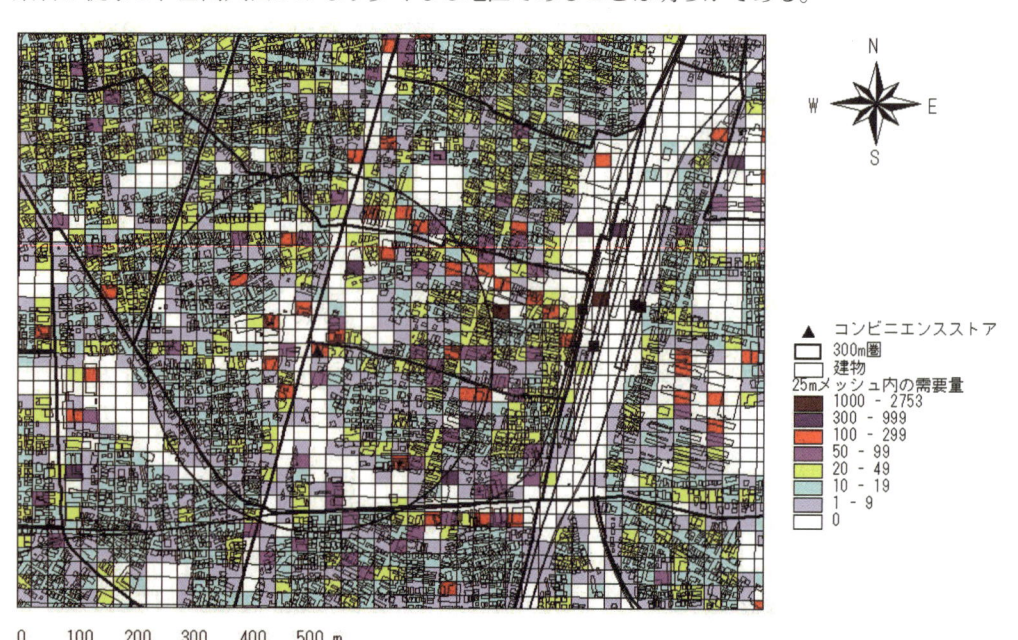

図2-7　建物階層加重に基づく25mメッシュを利用した峡小集客圏に対する市場規模の推定

このように各種のデジタル地図データとGISの処理・分析機能を駆使することで、図2-7に見られるような25 mメッシュで発生する需要量の詳細な空間的変動を表現することが可能になった。コンビニエンスストアは、その集客圏が半径300 mと言われるような狭小商圏で成立している。この狭小商圏で経営を維持していく業態では、建物1棟でも一戸建てかマンションかで需要の発生量は大きく異なり、GIS上で詳細な需要量の分布を把握することが経営上望まれる。また、同じ容積を持つ建物でも、マンションと事務所では発生需要量は異なるであろう。今後は、建物用途の属性データを入手し、微細スケールの地域単位で需要を把握することで、峡小集客圏に対するより精度の高い市場規模の推定につなげていく必要がある。

3　世帯に基づく市場規模の推定

第1章および本章の前節までの事例では、個人単位で購入される商品・サービスを取り扱う業種の店舗を取り上げ、店舗用地の集客圏に対する市場規模の推定方法を論じた。本節では、世帯単位で購入される商品を取り扱う業種の事例として食品スーパーマーケットを取り上げ、店舗用地の集客圏に対する市場規模を支出額の側面から推定する。

3.1　町丁目ごとの食料品支出額の推定

食品スーパーマーケットに対する市場規模を見るため、町丁目ごとの食料品支出額を推定してみる。一般に、小売・サービス業の各種商品に対し、町丁目・字のような小地域単位の支出額に関する統計は存在しない。このような場合には、町丁目・字に最も近い空間集計レベルの支出データを探し出し、それから推定していく方法がとられる（高阪・関根, 2007, 54-56）。統計の空間集計レベルを低い順から見ると、表2-3に示されているように、最も低レベルは街区（基本単位区）であり、次に、町丁目・字、町・大字となり、さらに市区町村、都道府県、地方、国へと集計されていく。途中の段階では、例えば、県庁所在都市や規模別の都市などで集計されたデータも存在する。

総務省統計局で毎月発表されている家計調査報告には、主要商品ラインごとに月平均支出額のデータがある。食料品の支出額データもあり、最も低い空間集計レベルとして、県庁所在都市のデータが利用できる。このデータを使って、埼玉県南部地域の町丁目・字別の

表 2-3　統計の空間集計レベル

空間集計レベル	地域単位	参考例
低い	街区（基本単位区）	34番
↑	町丁目・字	三丁目
｜	町・大字	別所
｜	市区町村	南区
｜	（県庁所在都市）	さいたま市
｜	（規模別都市）	100万都市
｜	都道府県	埼玉県
↓	地方	関東地方
高い	国	日本

食料品総支出額を推定する。総務省統計局家計調査の都市階級・地方・都道府県庁所在市別総世帯によると、さいたま市の1世帯当たりの食料品月平均支出額（2005年）は、64,628円であった（表2-4）。さらに、世帯人員・世帯主の年齢階層別総世帯によると、表2-4の上段に示されるように、全国平均（60,532円）と全国の世帯規模別の食料品月

表2-4 さいたま市に対する世帯規模別の食料品月平均支出額の推定

空間集計レベル	平均	平均世帯規模	1人世帯	2人世帯	3人世帯	4人世帯	5人以上世帯
全国	60,532 円	2.57 人	39,131 円	58,012	67,799	76,907	88,634
さいたま市	64,628	2.22	(48,326)	(71,644)	(83,731)	(94,980)	(109,462)

注:( ) は推定値

平均支出額のデータもある。

　居住者は、スーパーマーケットにおいて世帯単位で食料品を購入する。その購入量は、世帯規模によって異なることから、世帯規模ごとに食料品支出額を推定する。家計調査のデータを参考にして、表2-4の下段に示すように、さいたま市の世帯規模別支出額を推定した。全国の平均世帯規模は2.57人で、さいたま市の平均世帯規模（2.22人）に比べると、1.157倍である。したがって、全国の平均世帯規模（2.57人）に相当するさいたま市の世帯の食料品月平均支出額は、64,628円×1.157 = 74,774円になる。食料品の支出額は世帯規模によって変るので、このようにして同じ世帯規模に直して、さいたま市の支出額を全国と比較すると、74,774円÷60,532円 = 1.235倍となる。このことから、さいたま市は世帯規模なども考慮すると、食料品に対し全国平均の1.235倍の支出額なので、全国の世帯規模別支出額に対しこの倍率を掛け合わせて、さいたま市の世帯規模別支出額を求めた（表2-4の下段）。

　図2-8は、平成17年国勢調査小地域集計に基づいた町丁目ごとの規模別世帯数の構成割合を、円グラフの図形表現図で示している。円の大きさは世帯数を、円内の扇形は規模別世帯数の構成割合を表している。1人（単身）世帯の構成割合（青色）を見ると、東部の農村地域では低いが、南北に通過する京浜東北線と埼京線の駅周辺では高くなっている。

　さらに、町丁目ごとに世帯規模別世帯数×世帯規模別食料品平均支出額を算出し、それらを合計することで、各町丁目の食料品に対する月総支出額が推定できる。図2-9は、町丁目別に世帯規模を考慮した食料品に対する月総支出推定額の分布を示している。

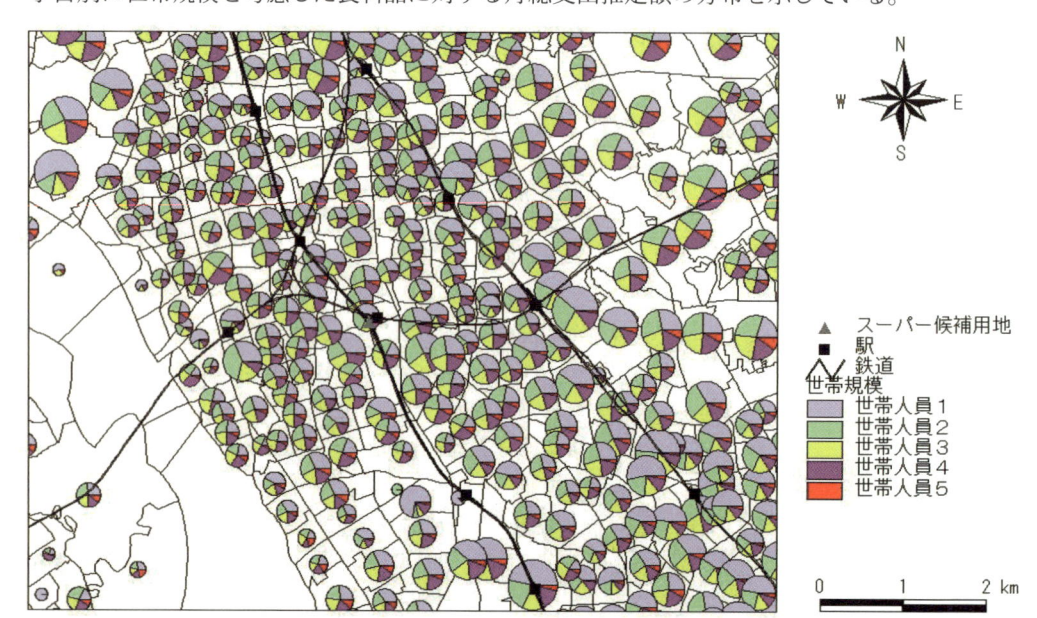

図2-8　町丁目・字ごとの世帯規模構成の分布

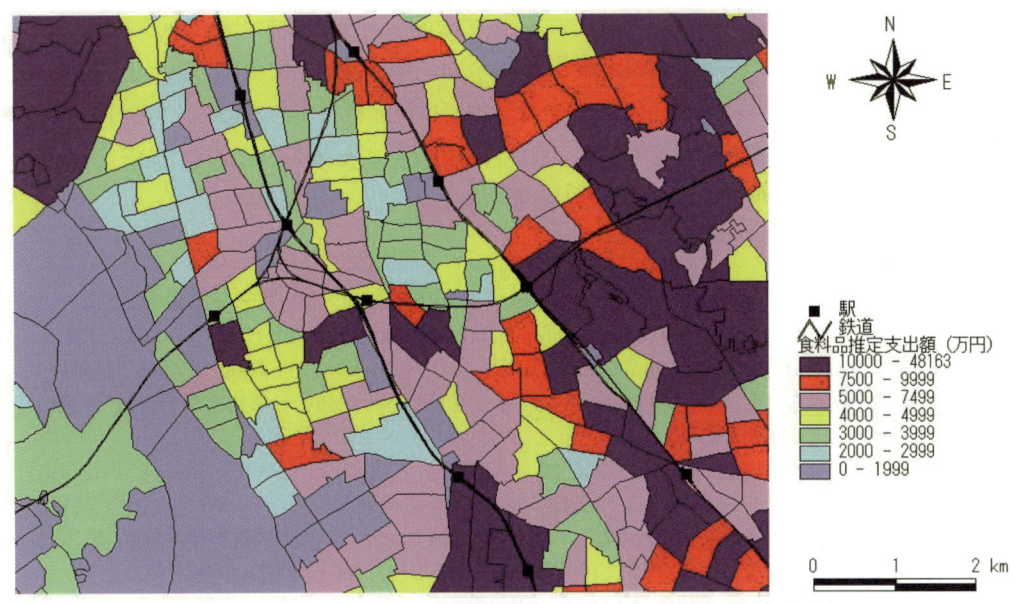

図 2-9　町丁目・字ごとの世帯規模を考慮した食料品月総支出推定額の分布

3.2　3km 圏内の食料品総支出額の推定

　いま、駅前にスーパーマーケットに対する店舗用地があり、その周辺の食料品支出額を推定してみよう。図 2-10 は、直線距離 3km 圏を集客圏と考え、その圏内の町丁目ごとの月総支出推定額の分布を示している。この圏内の月総支出推定額の合計を求めると約 4,186 百万円と推定され、大きな需要があることが明らかになった。
　次に、GIS のネットワーク分析を利用して、候補用地から道路距離で 3km 圏を設定し（図

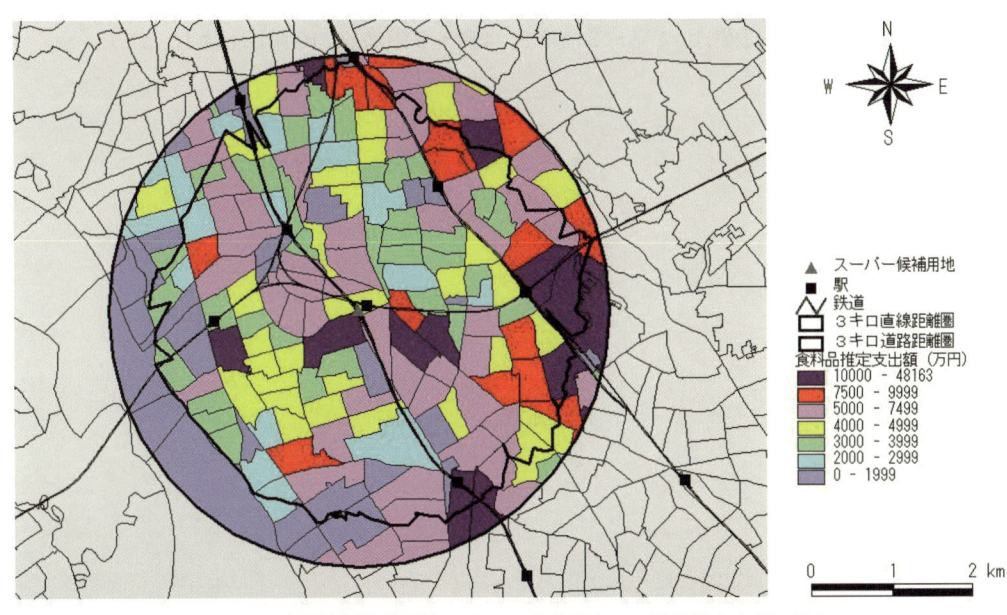

図 2-10　直線距離と道路距離で 3km の集客圏内の食料品総支出額の推定

2-10の円の中の曲線)、同様にその集客圏内の食料品月総支出額を求めてみると、3,202百万円となった。その値は、直線距離で3kmの集客圏の76.5％に相当する。

このようにスーパーマーケットの場合は、需要単位が世帯であるため、需要データと国勢調査データとを組み合わせて、町丁目の世帯規模構成を考慮して、食料品総支出額から集客圏内の市場規模を推定することが行われる。

注
1) 東京都の町丁目・字別昼間人口は、下記の町丁・字等別昼間人口（推計）で入手できる。
  http://www.toukei.metro.tokyo.jp/tyukanj/2010/tj-10index.htm（2013年10月1日現在）
2) 地域の昼間人口とは、その地域に昼間に居る人口なので、総務省統計局の定義は、精確性に欠ける。昼間人口という用語を用いるならば、事業所への訪問者や買物客が含まれていないことを明示する必要がある。
3) 事業所・企業統計調査は、近年では平成13年（2001）、平成16年（2004）、平成18年（2006）と実施されてきた。同調査は、平成18年の調査を最後とし、経済センサスに統合された。平成21年経済センサス‐基礎調査、平成24年経済センサス‐活動調査を見る限り、町丁目・字レベルの集計はないようなので、最近のデータは得られない。調査の再開を望む。
4) なお、この昼間人口の算出では、通学人口は考慮されていない。また、統計の調査年もずれている。
5) 改善を要する点として、国土地理院は、完全な街区レイヤが生成できるようなファイルを数値地図2500で提供することである。その際には、11桁の町丁目・字コードにさらに3桁の街区番号も付与すると使用しやすくなる。総務省統計局は、提供している基本単位区集計にその街区コードを付与して、数値地図2500との互換性を保持できるようにすることである。
6) 基本単位区集計では、基本単位区中心点の点分布図を300m圏でクリップし、その圏内に入った基本単位区中心点の人口を、ただ集計している。それに対し、街区集計では、街区レイヤを300m圏でクリップし、その圏内に入った街区を面積按分して、人口を集計しているので、精度が向上すると考えられる。
7) 町丁目ごとの人口数と従業者数の合計値に基づくこの需要量の推定は、労働力人口を二重にカウントしている可能性があるので、精度を高めるためには労働力人口比を引く必要がある。
8) 各階数クラスの加重値は、1階～3階は2、4階～9階は6、10階以上は10とした。

第3章 市場の質の分析

　集客圏分析の中で、「市場規模」に次いで重要なのが、「市場の質」の評価要素である。「市場規模」では、個人や世帯には質的な差異はなく、同質を前提として、集客圏内の人口数や世帯数を求めた。ところが実際には、個人や世帯の間で消費性向に顕著な差が見られる。そこで本章では、二番目に重要な因子として、「市場の質」を取り上げる。個人に対しては、性や年齢など人口的側面、教育や職業などの社会的側面、収入や貯蓄などの経済的側面で差異が認められ、消費性向の差につながる。世帯に対しては、経済的側面のほかに、ライフサイクルやライフスタイルなどの家族的側面で差異が認められ、消費性向の差につながる。1節と2節では世帯の経済属性を、3節では個人の人口属性の影響を考察する。

1　経済属性と商品購買との関係

　㈱日経リサーチの「エリアプロファイリング調査：2008年」では、インターネットを通じて全国で約5万5千の調査サンプルの消費行動データを収集している。データは、経緯度情報とともに、フェースシートの10項目、消費行動データ806項目で構成される。図3-1は、東京都の調査サンプルの分布を示しており、9,741世帯のデータが存在する。このデータは、世帯の位置と、社会・経済属性、さらに消費行動を関連付けることができる点で貴重である。本節では、このデータを利用して、世帯の経済的な豊かさが商品購買に与える影響を考察する。

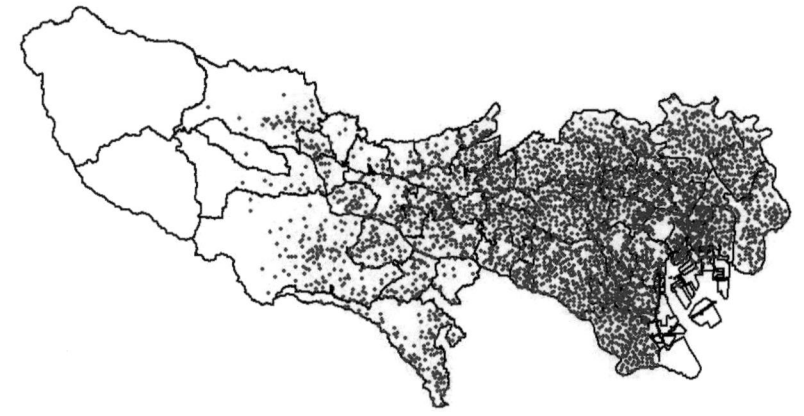

図3-1　エリアプロファイリング調査（2008年）における東京都内の調査サンプルの分布

1.1　世帯の経済属性と商品購買との関係

　まず、9,741世帯のデータを、個体（世帯）レベルで分析しよう。表3-1は、9,741の

個別データに対し、世帯年収（税込み）の階層ごとに、外貨預金の保有率と終身定期生命保険の加入率を集計し、平均を求めたものである。外貨預金では、世帯年収階層が上がるにつれて、その保有率も上昇している傾向が読み取れる。それに対し、終身定期生命保険では、800万円以上の世帯年収階層では、その加入率が頭打ちになることがわかる。

表 3-1　世帯年収階層と外貨預金の保有率及び終身定期生命保険の加入率

世帯年収階層	外貨預金保有率	終身定期生命保険加入率	サンプル数
200万円未満	7	28	372
200万～400万円未満	10.3	49.4	1,181
400万～600万円未満	14.2	62.3	1,968
600万～800万円未満	16.4	71.6	1,915
800万～1,000万円未満	19.1	76.8	1,643
1,000万～1,200万円未満	23.9	78.6	966
1,200万～1,500万円未満	25.2	79.7	812
1,500万～2,000万円未満	30.7	78.5	460
2,000万～3,000万円未満	32.2	80.6	211
3,000万～5,000万円未満	44.3	73.8	61
5,000万円以上	36.2	72.3	47

資料：㈱日経リサーチ「エリアプロファイリング調査：2008年」

　図3-2aは、世帯年収と外貨預金保有率との関係を図示している。回帰関係は、線形ではなく対数をとるが、決定係数（R^2）は0.915、相関係数は0.957と非常に高く、世帯年収で外貨預金保有率の変動の9割以上を説明できることを表している。このことから、外貨預金のような金融商品の購買は、年収のような世帯の経済属性と強く結びついていることが明らかとなった。したがって、例えば年収600万円未満の世帯の外貨預金保有率は15％以下であるのに対し、年収1,500万円以上の世帯では30％を超えているので、その年収階層の世帯では、2倍の購買が生じるのである（表3-1を参照）。

　図3-2bは、世帯年収と終身定期生命保険加入率との関係を示している。回帰関係は、同じく対数をとるが、決定係数（R^2）は0.5932、相関係数は0.770と低下する。この

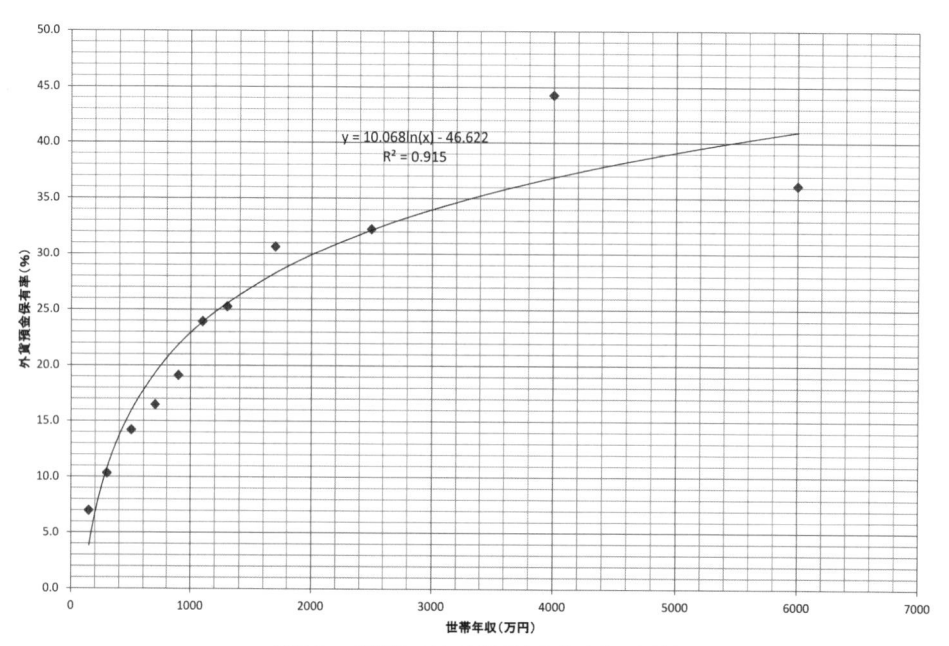

図 3-2a　世帯年収と外貨預金保有率との関係

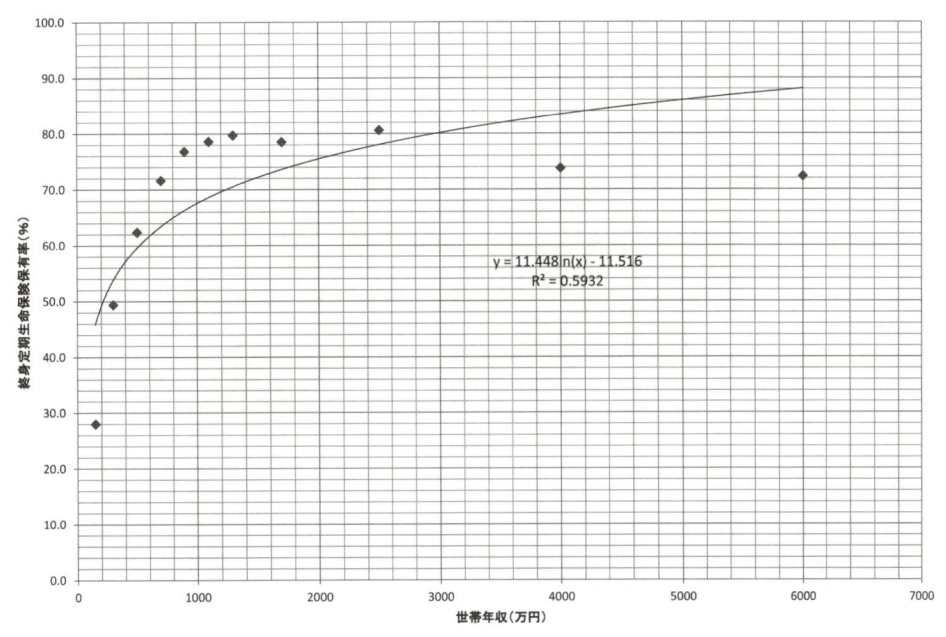

図 3-2b　世帯年収と終身定期生命保険加入率との関係

ことから、終身定期生命保険のような一般的な保険商品の購買は、年収 400 万円未満の階層を除き、ほぼ一定の購買が生じるので、金融商品のように世帯の経済属性と強く結びついていない。このことから、世帯の経済属性と商品購買との関係は、商品の種類によって異なり、一般的な商品は関係が弱いことが明らかになった。

1.2　市区町村の経済属性と商品購買との関係

以上では、世帯の経済属性と商品購買との関係を、個体（世帯）レベルで分析した。次に、市区町村といった地域で世帯データを集計し、地域レベルで経済属性と商品購買との

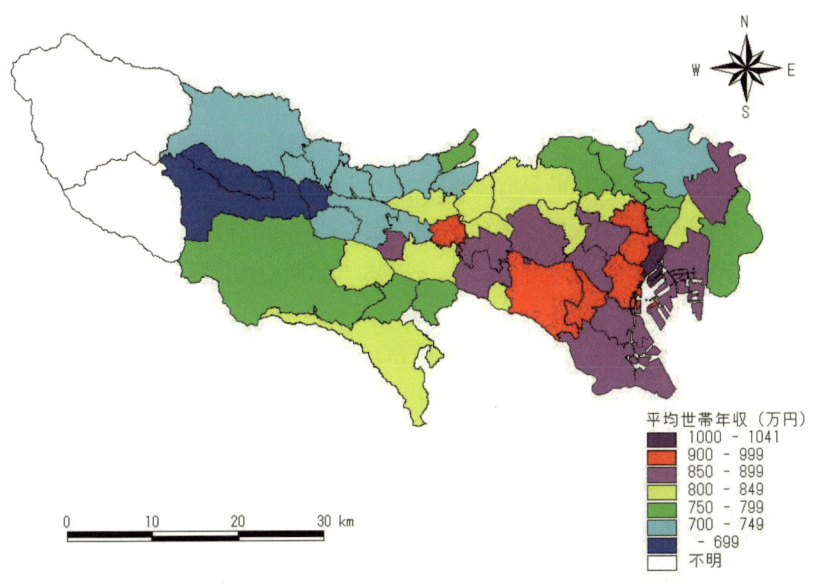

図 3-3　東京都における市区町村別の平均世帯年収の分布

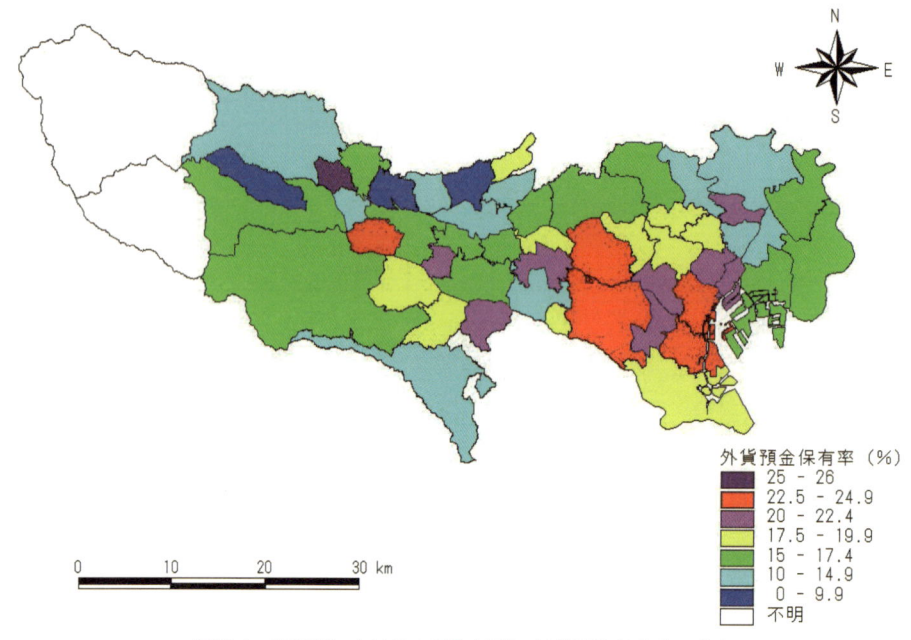

図3-4　東京都における市区町村別の外貨預金保有率の分布

　関係を分析することを試みる。図3-3は、上記の9,741世帯の世帯年収（万円）を市区町村で集計し、市区町村の平均世帯年収を算出することで、市区町村の経済水準を表している。最高は、中央区の1,041万円（紫色）である。900万円台（赤色）は千代田区、港区、文京区、目黒区、世田谷区、小金井市の6市区である。逆に、750万円未満（水色）の地区は西北部の市町村と足立区である。なお、西端の奥多摩町と檜原村は、データがないので不明である。

　同様の方法で東京都における市区町村別の外貨預金保有率（％）を求め、その分布を示したのが、図3-4である。最高は、羽村市の26％（紫色）である。22.5％～24.9％（赤色）は港区、品川区、世田谷区、杉並区、昭島市の5市区である。逆に、15％未満（水色）の地域は西北部と東北部の市区町村に見られる。なお、市区町村単位での外貨預金保有率の平均は17.0％であった。二つの分布を比較すると、平均世帯年収が高い地域では、外貨預金保有率も高くなる傾向が読み取られる。

　そこで市区町村の経済水準と外貨預金保有率との関係を分析するため、図3-5aでは、横軸に市区町村の平均世帯年収（万円）を、縦軸に市区町村の外貨預金保有率をとり、東京都の51の市区町村をプロットした。回帰関係は線形をとり、決定係数（R^2）を求めると0.3566、相関係数は0.597である。したがって、地域（市区町村）レベルで見ると、平均世帯年収が外貨預金保有率の変動を説明する割合は約36％となり、個体（世帯）レベルに比べ大幅に低下したことになる。

　回帰直線を当てはめると、勾配係数は0.0294になる。これは、市区町村の平均世帯年収が100万円高くなると、市区町村の外貨預金保有率が約3％増加することを意味する。したがって、平均世帯年収が900万円の地域は、700万円の地域より、平均すると外貨

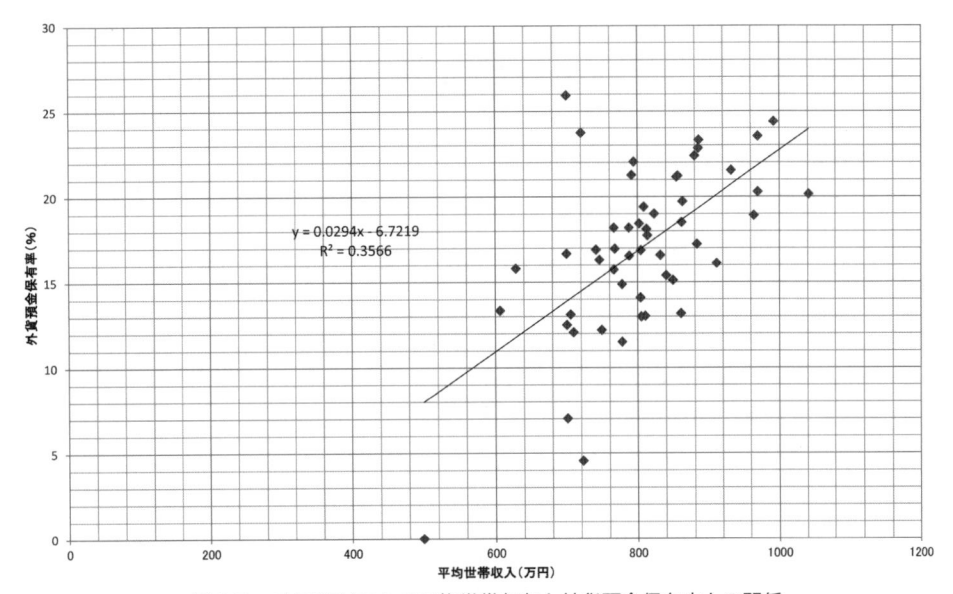

図 3-5a　市区町村ごとの平均世帯年収と外貨預金保有率との関係

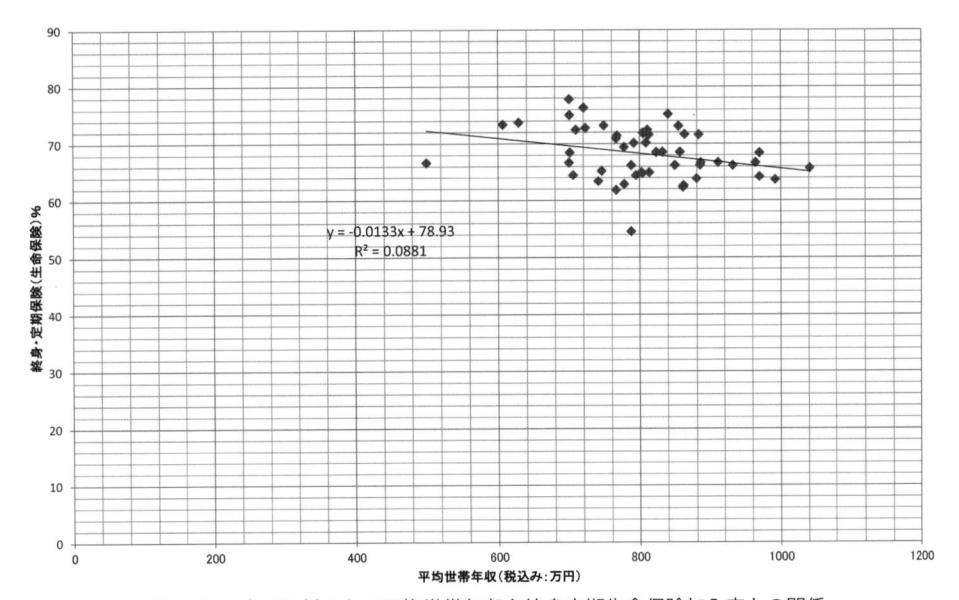

図 3-5b　市区町村ごとの平均世帯年収と終身定期生命保険加入率との関係

預金保有率が6％高くなるのである。回帰式を応用すると、700万円の地域は13.9％であるのに対し、900万円の地域は19.7％になる。このことは、900万円の地域が700万円の地域より、外貨預金に対する購買が1.4倍多いことを意味する。

同様に、図3-5bにおいて、市区町村ごとの平均世帯年収（万円）と終身定期生命保険加入率との関係を見ると、市区町村の平均世帯年収の高低に関わらず、生命保険加入率は60％から80％の範囲内にあることが読み取れる。両変数間の決定係数（R^2）を求めると0.0881となり、市区町村の経済水準による説明力は非常に弱い。相関関係は、-0.2967となり、弱いながらも負の相関がある。このことから、地域（市区町村）レベルで見ると、

生命保険のような基本的な商品の購買では、市区町村の経済水準との関係は非常に弱く、個体（世帯）レベルに比べると、関係が逆転した分析結果が現れている。

1.3 生態学的誤謬と可変的地域単位問題

以上から、個体（世帯）レベルと地域（市区町村）レベルで、経済水準と金融商品や保険商品の購買との間の関係を分析したところ、分析結果が一定していないことが明らかになった。表3-2は、両レベルで算出された世帯年収と商品購買との間の相関係数をまとめたものである。

表3-2 個体（世帯）レベルと地域（市区町村）レベルでの相関係数の相違

商　品	集計レベル	
	個体（世帯）	地域（市区町村）
外貨預金	0.957	0.597
終身定期生命保険	0.770	-0.297

外貨預金では、個体と地域の両レベルとも、正の相関が見られ、個体レベルでは高い相関であるが、地域レベルでは中位の相関へと低下した[1]。終身定期生命保険では、個体レベルにおいて高い正の相関が、地域レベルでは低い負の相関が認められ、関係が逆転した。集計レベルが変わると、このように相関係数の相違が現れ、分析結果が安定しないのはどうして起こるのであろうか。

この問題を最初に指摘したのはW. S. ロビンソンであり、アメリカ合衆国を9地域に分け、地域における人種の構成割合と非識字者率との間の相関関係を求めたところ、0.946と高いのに対し、個人相関は0.203と低かった。このことから、地域レベルで得られた結果を、個体レベルに当てはめることによって生じる誤りを、生態学的誤謬（ecological fallacy）とよんだ（森 1987）。集団レベル（地域レベルも含む）で言えることが、必ずしも個体レベルで当てはまるとは限らないのである。この考えに則るならば、地域レベルで見たところ、地域の経済水準と終身定期生命保険の購買との関係には、負の相関がある（経済水準が上がると終身定期生命保険の購買が下がる）ので、個体レベルでもそのような関係がある、としてはならないことを意味している。地域でデータを集計する場合、地域内ではできるだけ類似した経済属性を有する個体が集まるようにすることが望ましいのであるが、町丁目のような地域では、さまざまな経済属性の個体が居住していることから、分析結果が安定しないのである。このように、生態学的誤謬は、地域の等質性と深くかかわっている。

この問題は、地域単位で集計されたデータを分析するとき起こる可変的地域単位問題（modifiable areal unit problem；MAUP）につながる（Warf 2010, p.1935）。可変的とは、地域を構成する地域単位を、数（空間スケール）と配置（ゾーニング）の2側面で変えることができることである。問題は、ある形で空間集計されたデータによる分析結果が、ほかの形の空間集計データによる分析結果と異なる点である。例えば、アメリカ合衆国の大統領選挙では、9地域のデータによると正の相関が、4地域にまとめると負の相関が得られることを報告している。この問題を克服するため、今日では、多様で柔軟に対応した空間集計データを提供できるような体制が整えられ、多様で柔軟な出力地理（multiple and flexible output geographies）が成立しており（Rees *et al.* 2002, 34-35）、事象間の関係を適切に分析できるようになってきた。

2 経済水準による市場の質の分析

2.1 経済指標としての地価

　個人の属性としては、性や年齢など人口的側面、教育や職業などの社会的側面、収入や資産などの経済的側面がある。この中で町丁目のような小地域レベルで入手しやすいのは、人口的側面と社会的側面であり、経済的側面は入手が難しい。小地域レベルで、人口の経済水準そのものを捉えるには、世帯年収などのデータが必要である。しかし、そのような経済的側面を表す公的統計は存在しない。そこで以下では、町丁目レベルで大まかな経済水準を捉えることのできる地理空間データを作成する。

　国土交通省では、毎年1月1日時点における標準地の地価を3月に地価公示として公表している。地点数は、26,000地点（平成25年）であり、「国土数値情報ダウンロードサービス」から取得できる[2]。各都道府県より公表される都道府県地価調査の情報も同様に入手できるので、「地価公示」と「都道府県地価調査」を合わせることでデータ数を増やし、町丁目レベルの経済水準データを作成する。なお、いずれの地価データも、住宅や店舗、事務所など用途別に分けられているので、居住者の経済属性の指標にするため、住宅のみを取り上げる。

　「国土数値情報ダウンロードサービス」からは、シェープ形式の「地価公示」と「都道府県地価調査」のレイヤがダウンロードできる。レイヤをGIS上に表示し、属性ファイルをエクスポートすることで、表3-3に示されるような地価のデータ表が作成できる。町丁目内に複数の調査地点がある場合は、町丁目内で一番高い地価をデータとして利用する[3]。図3-6は、このようにして作成した世田谷区の町丁目ごとの地価分布を表している。赤丸は、地価が70万円／m^{2}以上であることを示し、都心に近い東部に多く分布している。青丸は、30万円台以下で、西部に分布している。このように、同一区内であっても、住宅地の地価は2倍以上の価格差がある。

表3-3　地価のデータ表

ID1	地価（円/m^2）	住所	利用現況
813	768000	東京都世田谷区経堂1－12－8	住宅,店舗,医院,その他
814	516000	東京都世田谷区経堂2－17－7	住宅
815	526000	東京都世田谷区経堂4－25－17	住宅,その他
816	514000	東京都世田谷区経堂5－5－3	住宅
817	530000	東京都世田谷区弦巻1－6－5	住宅
818	550000	東京都世田谷区弦巻3－13－22	住宅,その他
819	522000	東京都世田谷区弦巻5－19－8	住宅
820	688000	東京都世田谷区豪徳寺1－22－5	住宅,店舗,事務所
821	465000	東京都世田谷区桜2－12－2	住宅
822	462000	東京都世田谷区桜丘3－18－1	住宅
823	455000	東京都世田谷区桜丘4－19－22	住宅
824	492000	東京都世田谷区桜丘5－32－6	住宅,店舗,その他
825	438000	東京都世田谷区桜上水1－8－4	住宅
826	633000	東京都世田谷区桜上水4－17－4	住宅,店舗,その他

出典：「国土数値情報ダウンロードサービス」

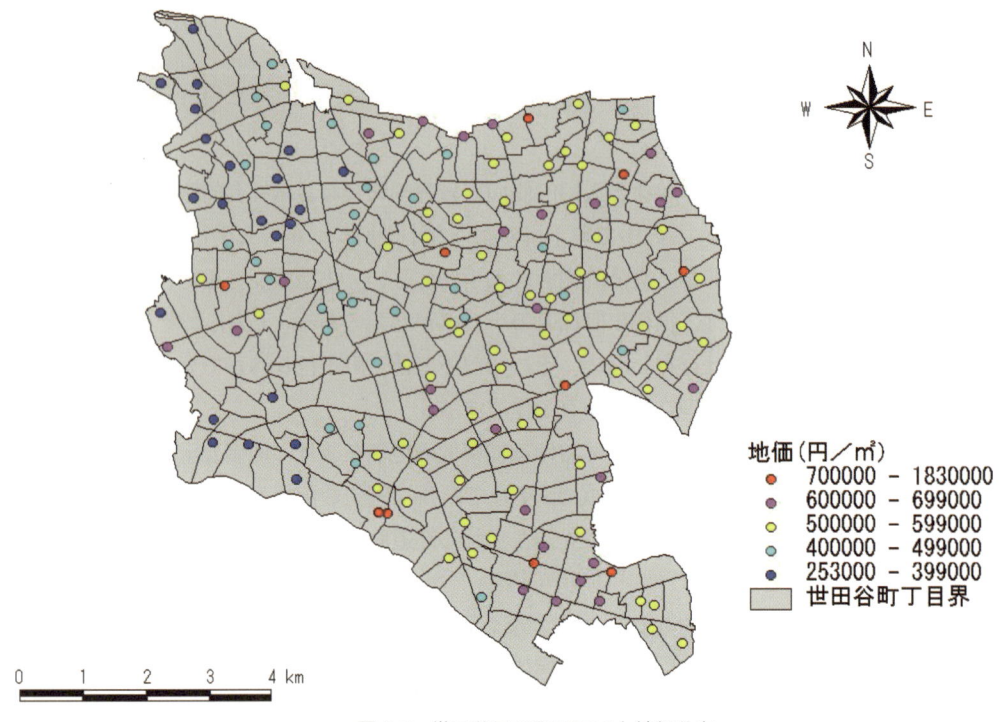

図3-6　世田谷区の町丁目ごと地価分布

2.2　経済指標としての地価と商品購買との関係

　このような町丁目レベルで見た経済指標としての地価水準の変動は、住民の商品購買にどのような影響を与えているであろうか。サンプル地域として、世田谷区と町田市を取り上げ、町丁目・字を、図3-7に示すように、地価に基づき、10万円台／m²以下、20万円台、

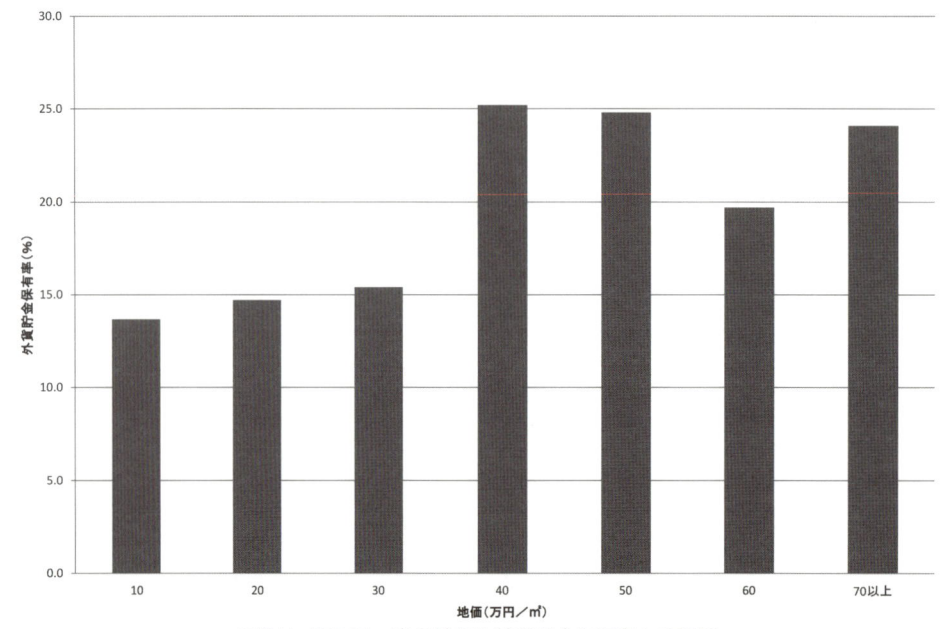

図3-7　町丁目・字の地価と外貨預金保有率との関係

30万円台等に区分した。次に、日経リサーチの「エリアプロファイリング調査：2008年」における世田谷区と町田市の外貨預金保有率を、町丁目・字で集計し、さらに地価区分ごとにまとめた。その結果、図3-7に示すように、外貨預金保有率は、地価が30万円台までは15％程度であったが、40万円台以上になると25％と10ポイントも上昇する傾向が見られた。このことから、町丁目レベルで見た地価水準を経済指標とするならば、経済指標が高くなると、住民の商品購買が活発になることが明らかになった。

3 人口属性による市場の質の分析

個人の属性として、性や年齢など人口的側面のデータは、小地域レベルにおいても入手しやすい。本節では、個人の人口属性が、集客圏の市場の質としてどのように作用するかを分析する。

日経リサーチの「エリアプロファイリング調査：2008年」における東京都の9,741の調査データに対して、医療・ガン保険の加入率を集計したところ、東京都全体では、57.4％であった。医療・ガン保険のような商品の購買は、個人の属性、特に年齢と性によって大きく影響を受けていることから、表3-4では、9,741の調査データを、性・年齢層別に集計して、医療・ガン保険加入率を求めた。図3-8は、そのグラフを示している。年齢層別の加入率は、10歳代、20歳代、30歳代では、年齢が上がるにつれて上昇し、40歳

表3-4 東京都における性・年齢層別の医療・ガン保険の加入率

性・年齢	10歳代	20歳代	30歳代	40歳代	50歳代	60歳代
男性	16.7%	34.6	52.5	60.1	61.9	66.9
女性	28.1	41.3	57.4	64.4	68.4	67.1

資料：㈱日経リサーチ「エリアプロファイリング調査：2008年」

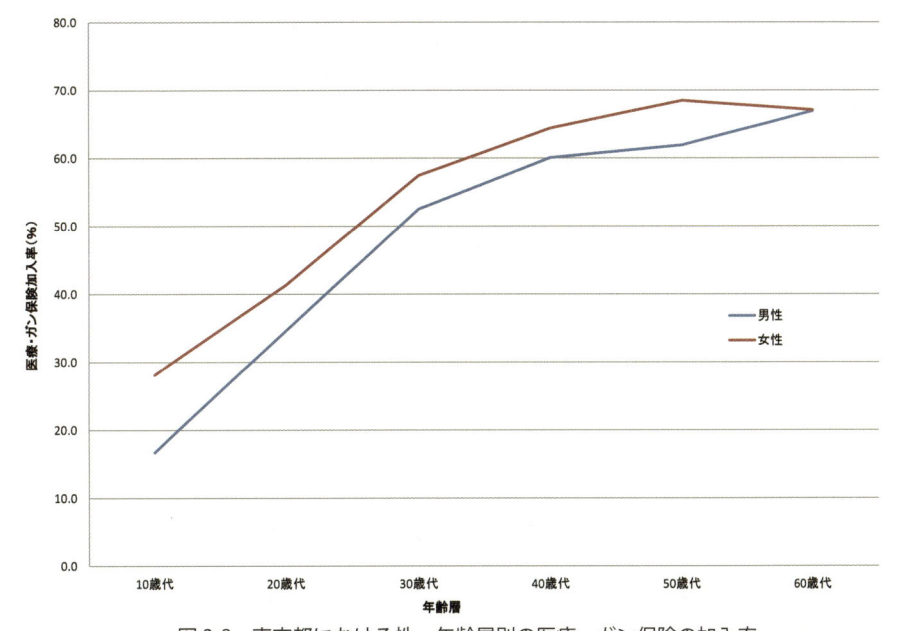

図3-8 東京都における性・年齢層別の医療・ガン保険の加入率

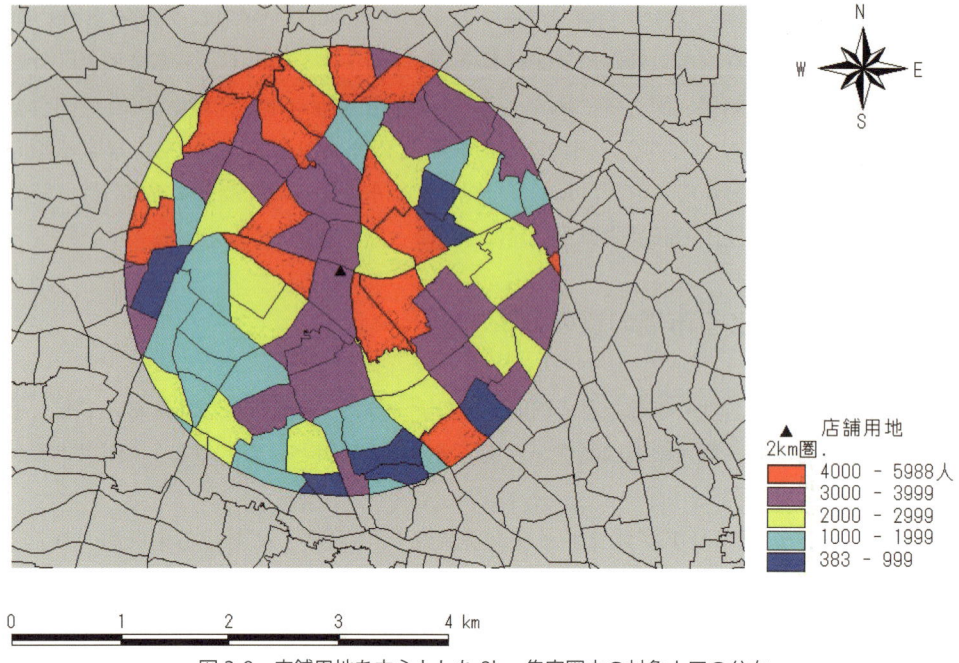

図3-9　店舗用地を中心とした2km集客圏内の対象人口の分布

代以上では60％台で頭打ちになっていることがわかる。また、性別では、男性より女性の方が、加入率が数パーセントであるが高い。このように、医療・ガン保険という商品の購買は、個人の年齢と性といった人口属性に大きく依存しているのである。

図3-9は、店舗用地を中心とした2km集客圏内の対象人口（10歳代から60歳代まで）の分布を示している。この集客圏を構成する町丁目のうち、一部分のみをリストしたのが、表3-5である。左から2列目が対象人口数を、3列目が医療・ガン保険の東京都全体の加入率（0.574）を掛け合わせた加入人口（A）を表している。性と年齢で細分化しないならば、この値が各町丁目の医療・ガン保険に対する加入人口に相当する。なお、2km集客圏全体では、加入人口は117,611人になる。

それに対し、表3-5の4列目以降は、性・年齢層別に対象人口を列挙しており、最後の二つの列は（表3-5の続きを参照）、性・年齢層で調整した加入人口（B）と性・年齢層による細分化の影響度（B/A；％）を表している。

一般に、性別・年齢層で調整された町丁目ごとの購買人口は、

$$町丁目の購買人口 = \Sigma_i \Sigma_j (P_{ij} \times B_{ij}) \tag{3-1}$$

で求められる。ただし、P_{ij}は性別iで年齢層jの町丁目の人口、B_{ij}は性別iで年齢層jの人口に対する購買率である。医療・ガン保険の商品の場合の性・年齢層別購買率（加入率）は、前掲の表3-4にまとめられている。

表3-5において、大塚1丁目を例にとると、男10歳代は36人居住し、その性・年齢層の加入率は16.7％なので（表3-4を参照）、男10歳代の加入人口は、6人となる。す

表3-5 集客圏内の町丁目ごとの対象人口、性・年齢層別人口、及び、
性・年齢層で調整した医療・ガン保険の加入人口

町丁目名	対象人口	加入人口A	男10歳代	男20歳代	男30歳代	男40歳代	男50歳代	男60歳代
大塚1丁目	563	323	36	95	45	34	37	25
大塚2丁目	1393	800	51	123	138	105	87	84
大塚3丁目	2845	1633	105	322	314	264	179	135
大塚4丁目	2172	1247	85	231	177	182	150	159
大塚5丁目	3237	1858	132	347	368	304	234	219
大塚6丁目	3010	1728	122	358	337	275	226	233
巣鴨1丁目	2860	1642	107	335	342	242	231	232
巣鴨2丁目	606	348	7	88	84	39	50	41
巣鴨3丁目	4043	2321	154	399	523	345	289	286
巣鴨4丁目	4582	2630	187	459	584	444	314	329
巣鴨5丁目	2845	1633	106	275	314	251	259	254

表3-5 続き

町丁目名	女10歳代	女20歳代	女30歳代	女40歳代	女50歳代	女60歳代	性年齢調整人口B	影響度B/A
大塚1丁目	24	98	50	49	44	26	278	86.1
大塚2丁目	70	215	188	132	96	104	734	91.7
大塚3丁目	131	411	343	306	164	171	1481	90.7
大塚4丁目	158	330	185	195	146	174	1125	90.2
大塚5丁目	147	338	360	309	240	239	1720	92.6
大塚6丁目	121	316	318	238	232	234	1598	92.5
巣鴨1丁目	87	313	309	210	225	227	1530	93.2
巣鴨2丁目	18	96	62	42	37	42	318	91.5
巣鴨3丁目	150	460	486	375	276	300	2159	93.0
巣鴨4丁目	194	453	536	419	288	375	2446	93.0
巣鴨5丁目	102	269	263	227	236	289	1551	95.0

べての性・年齢層に対し同様の計算を行い、それらを合計すると、大塚1丁目の性・年齢層で調整した加入人口（B）は278人になる（表3-5の続きを参照）。対象人口数に東京都全体の加入率（57.4％）を乗じた加入人口（A）は323人なので、細分化によって45人減少して、細分化の影響度（B/A；％）は、86.1になる。

図3-10は、集客圏内における性・年齢層による細分化の影響度の分布を表している。

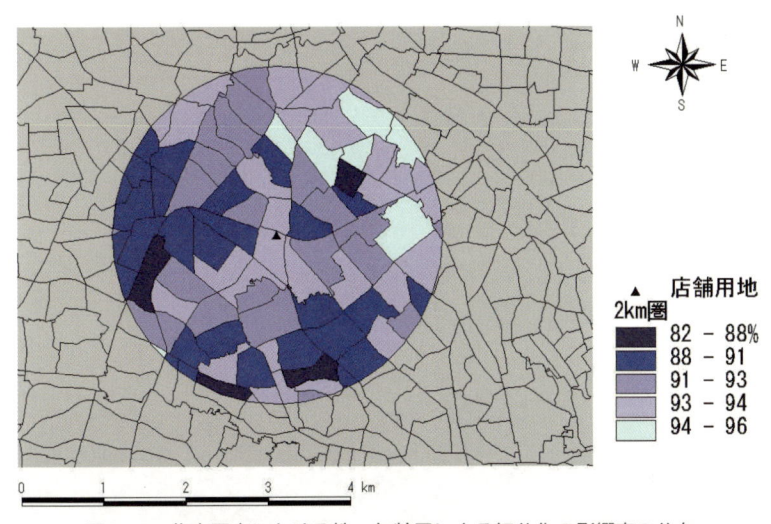

図3-10 集客圏内における性・年齢層による細分化の影響度の分布

個人の人口属性を考慮することによって、82％〜96％の範囲で加入人口が減少していることがわかる。性・年齢層で調整すると加入人口が減少する理由は、男女ともに10歳代、20歳代の加入率が低いために起きる。性・年齢層による細分化の影響度の高い地区は、濃い青色で彩色表示されており、店舗用地の集客圏の西部と南部の縁辺部に見られる。それに対し、影響度の低い地区は、東部から北部にかけて分布している。なお、2kmの集客圏全体では、性・年齢層で調整した加入人口は108,950人（92.6％）になる。

　以上の分析から、個人の人口属性といった市場の質を考慮することによって、集客圏の市場規模をより精度を上げて推定することができるようになることが明らかになった。

注
1）相関の強さは、-1.000〜-0.600が高い負の相関、-0.599〜-0.400が中位の負の相関、-0.399〜-0.200が低い負の相関、-0.199〜+0.199が無相関、+0.200〜+0.399が低い正の相関、+0.400〜+0.599が中位の正の相関、+0.600〜+1.000が高い正の相関である。
2）「国土数値情報ダウンロードサービス」のURLは、http://nlftp.mlit.go.jp/ksj/gml/gml_datalist.html である。
3）町丁目・字内に地価の調査地点がない場合は、周辺の地価データから、補間をする必要があろう。

第4章 競合環境の分析

　店舗用地を中心とした集客圏に対する三つ目の評価要素は、「競合環境」である。新規店舗にとって、集客圏内に同種の既存店舗が存在しなければ、未開拓の地域であり、前の章で測定した市場規模はすべて新規店舗のものになる。集客圏内に同種の既存店舗が存在すれば、新規店舗は既存店舗の市場を侵食することになり、競合が生じる。したがって、集客圏が、どの程度厳しい競合水準にあるかを把握しておかなければならない。店舗間の競争は、店舗経営やその魅力度と関係することから、本章では、店舗経営と魅力度について論じるとともに、競合環境を分析する。

1　店舗経営と空間競争

1.1　店舗の利益関数

　店舗経営で最も重要なことは、店舗が利益を生むことである。そこでまず、利益について考えてみよう。店舗から生まれる「利益」は、

利益＝収入－経費　　　　　　　　　　　　　　　　　　　　　　　(4-1)

で示すように、「収入」から「経費」を差し引いた「利益関数」で決められる。収入とは店舗の売上高であり、経費とは支出である。売上高が経費より多ければ利益が生じ、少なければ赤字となり利益は生まれない。店舗経営者は、常に利益を生むように店舗経営をしなければならない。そこで次に、利益を決める売上高と経費について考察する。
　売上高は、

売上高＝商圏人口×月平均支出額　　　　　　　　　　　　　　　　(4-2)

のように、商圏内の人口に月平均支出額を乗じることで算出される。コンビニエンスストアを例に取ると、商圏人口が5,000人で、1人が月平均600円を支払うものとすると、1月の売上高は、

売上高＝5,000人×600円＝300万円

となる。

経費は、式（4-3）で示すように、「固定費」と「変動費」で構成される。

　経費＝固定費＋変動費　　　　　　　　　　　　　　　　　　　　　　　　　　（4-3）

固定費とは、売上高が変化しても変化しない費用で、店舗を経営する上で一定に固定された費用である。店舗の賃貸料や減価償却費、従業者の賃金などがそれに当たる。それに対し変動費は、売上高とともに変動する費用であり、卸売りからの商品購入代金やアルバイト費用である。

　上記のコンビニエンスストアの例で、床面積が 100m^2 の店舗で、常勤従業者を 1 人とした場合を考えよう。すると、賃借料＝ 100m^2 × 3000 円（単位面積あたりの賃借料）＝ 30 万円、賃金＝ 30 万円× 1 人＝ 30 万円、他の経営上の出費（減価償却費、利子、広告費、電気代など）＝ 20 万円となり、固定費は 30 万円＋ 30 万円＋ 20 万円＝ 80 万円である。変動費は、商品購入代金＝ 90 万円、アルバイト費用＝ 10 万円× 7 人＝ 70 万円で、160 万円となる。したがって、経費は、

　経費＝ 80 万円＋ 160 万円＝ 240 万円

となり、利益は、

　利益＝ 300 万円－ 240 万円＝ 60 万円

である。

1.2　店舗の存立条件

（1）店舗の空間需要曲線

　以上のように、店舗の利益は、売上高と経費で決まる。以下では、売上高の中で、特に商圏人口についてさらに考察を進める。

　顧客が店舗で商品・サービス（以下、商品とする）を購入する場合、顧客が実際に支払う費用は、

　費用＝商品の購入費＋店舗への交通費　　　　　　　　　　　　　　　　　　　（4-4）

で構成される。商品に対し顧客が支払う費用を一定と考えるならば、顧客から店舗への距離が増えるにつれて、店舗への「交通費」が増すことから、その商品の購入費が減ってしまい、商品の需要量は減少するであろう。図 4-1 は、横軸に顧客から店舗への距離、縦軸に店舗での顧客の需要量をとり、顧客から店舗への距離の増加にともなう商品の需要量の変化を表している。このように、店舗の「空間需要曲線」は、店舗への距離の増加とともに需要量がゼロへと逓減する関数で表現される。

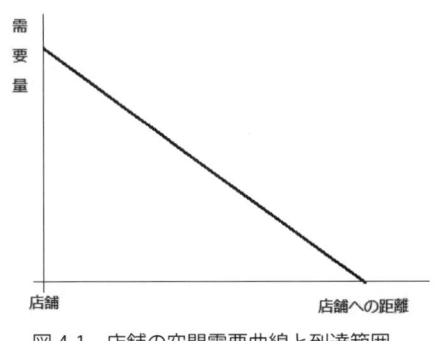

図 4-1　店舗の空間需要曲線と到達範囲 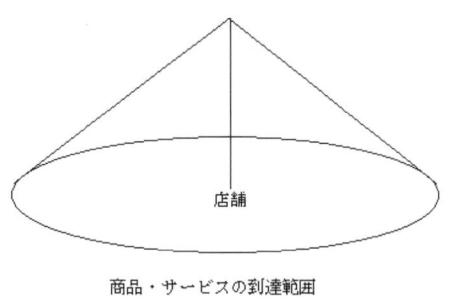　　　　図 4-2　2次元の空間需要曲面と円形の到達範囲

　店舗から需要量がゼロになる地点への距離は、商品の「到達範囲」と呼ばれる。例えば、1個100円のパンを購入する場合を想定し、交通費は100m当たり10円としよう。すると、到達範囲は1,000mになる。縦軸を中心に需要曲線を回転すると、図4-2に示されるように2次元の「空間需要曲面」が描かれ、到達範囲は円になる。
　一般に、到達範囲（距離）の広狭（長短）は、商品の購入額と購入頻度で決まる。1回の買物での購入額が少ないと、当然それにかける交通費も少なくする必要があり、到達範囲は狭くなる。また、購入頻度が多いと買物にかかる交通費も全体で多くなることから、到達範囲を狭くするようになる。このことから、食料品関係の最寄品では到達範囲が狭い。同じ食料品を購入する場合でも、購入額が少ないコンビニエンスストアでは到達範囲は狭く、500m程度である。それに対し、購入額が多いスーパーマーケットでは、1km〜3kmと到達範囲は広くなる。買回品では、購入頻度は低く購入金額が高いので、到達範囲は広い。例えば、家具の購入頻度は年や数年に1回程度であり、購入金額は数万円から数十万円に達するので、買物の移動時間に長時間をかけることはいとわないであろう。したがって、家具に対する到達範囲は広くなり、5km〜10kmにも及ぶ。到達範囲が広い商品は、「距離抵抗」が小さい商品であるのに対し、到達範囲が狭い商品は、距離抵抗が大きい商品であると言える。距離抵抗が大きいとは、買物の移動において距離が邪魔をする度合いが大きいことを意味し、距離抵抗が小さいとは、買物の移動において距離が邪魔をしないことを意味する。
　以上から明らかなように、競合店舗の有無にかかわらず、店舗と顧客との間には距離が介在するので、距離抵抗の大小はあるものの、店舗への距離の増加とともに需要量は低下するのである。

（2）立地限界人口
　商業立地論では、商品を販売する店舗には、その商品に固有の「立地限界人口」が存在する。商品の立地限界人口とは、その商品を販売する店舗が1店成立するのに必要な人口数である。一般に、立地限界人口は、式（4-5）を用いて算出できる。

$$\text{立地限界人口} = （経費／月平均支出額） \tag{4-5}$$

右辺の分母は1人当たりの月間平均支出額であり、右辺分子の経費をその値で割ることで、立地限界人口が求められる。上記のコンビニエンスストアの例で示すと、経費＝240万円で月平均支出額＝600円であったので、

  立地限界人口＝（240万円／600円）＝4,000人

となる。

店舗を中心に立地限界人口を含む圏域と到達範囲を描くと、到達範囲が立地限界人口の範囲より外側であれば（図4-3）、店舗は経営的に成立する。逆に到達範囲が内側であれば、到達範囲の外側の人口は交通費が増大するため中心の店舗を利用できず、店舗は立地限界人口を満たすことができなくなり、経営的に成立しない。このように、商品の到達範囲内に立地限界人口が存在しない地点に店舗が立地した場合は、どのように営業努力しても店舗経営は成立しないのである。

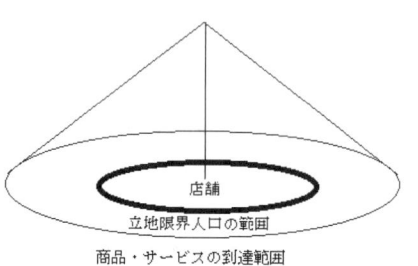

図4-3 店舗経営の成立条件：
到達範囲＞立地限界人口の範囲

1.3 空間競争

前項では、距離の影響のもとでの単一店舗の経営成立条件を考察した。本項では、そこに競合店舗を1店舗加えることにより発生する「空間競争」を考察する。図4-4では、店舗AとBが同一の商品を販売しており、価格は同一であるとする。2店舗は1,000mの到達範囲を接するように（2,000m離れて）立地しているので、この場合空間競争は起こらない。

それに対し、店舗Aが価格を下げた場合を考察しよう。上記の1個100円のパンの事例で示すと、80円に下げたとしよう。すると、店舗Aに位置する顧客の需要量は1.25倍に増え、店舗Aの到達範囲は1200mに達し、店舗Bの商圏を浸食する。その結果、2店舗間では空間競争が発生し、図4-5aに示すように、店舗AとBでの需要量が等しくなる地点、すなわち、店舗Aから1100mの地点が両商圏の境界となる。図4-5bは、線形市場（リニア・マーケット、図

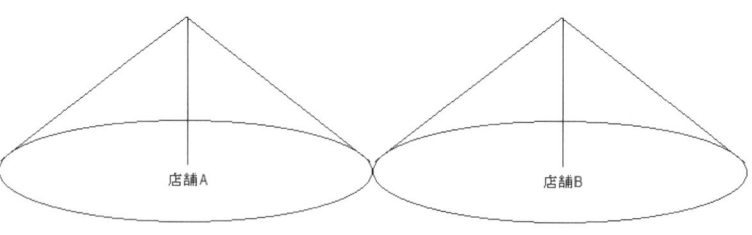

図4-4 同一価格の商品を販売する二つの店舗：空間競争がない場合

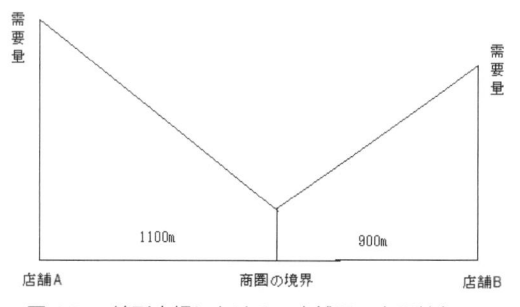

図4-5a 線形市場における2店舗間の空間競争：
店舗Aが価格を下げた場合

4-5a）を2次元の地域市場（エリア・マーケット）に展開したものを示している。

古典的な商業立地論において、空間競争はさまざまな形で議論されてきた。ホテリング（Hotelling, 1929）は、線形市場において2店舗が均一の商品を販売する場合、2店舗が中心に背中合わせに立地し、線形市場を二分する独占市場をそれぞれ形成することを論証した。クリスタラー（1969）とレッシュ（1968）は、顧客が一様に分布する2次元の地域市場における店舗を取り上げ、等距離に立地し、六角形市場地域を形成することを論じた。このように店舗間の空間競争は、店舗の分散あるいは集積といった立地パターンと、市場地域（商圏）の規模と形状を通じて考察されてきた。

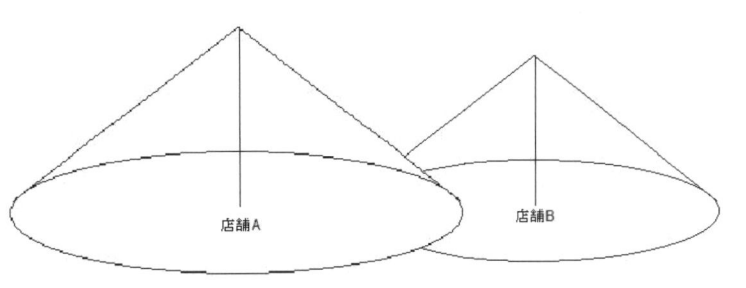

図4-5b　2次元の地域市場における2店舗間の空間競争：店舗Aが価格を下げた場合

スコット（1979, 81-87）は、市場地域の規模を拡大させる有効な競争手段をまとめている。第1は、「商品の差別化」が挙げられる。店舗で販売される商品が、他店舗で販売されるものより明確に異なっている必要がある。第2は、「商品の組み合わせの差別化」である。品揃えの多様化が立地限界人口の多い商品を含む場合には、より広い市場を得ることになる。さらに、品揃えの多様化は、他の商品を購入する気にさせるという「移転効果」をもたらし、他商品の販売増加につながる。第3は、上記の事例から明らかなように、企業が弾力的価格政策を採用することである。商品の「価格の差別化」は、強い移転効果をもたらし、他の商品を購入する気にさせる。現実には、特定商品に低い利幅を付けたロス・リーダーの販売であり、競争的な商品の低価格を償うように他商品の販売増加を目指す。

小売市場の需要は、季節、月、週など周期的に変動する。小売業者は閑散期には品揃えを改め、特別割引を行うなど効果的な競争手段を駆使するとともに、広告等の非価格的諸手段や営業時間の短縮・延長を賢明に活用して、販売を維持する。

2　店舗の魅力度の測定

2.1　店舗の魅力度

空間競争が競争手段によって展開されることから、次に、競争手段を通して生まれる店舗の魅力度を客観的に測定する方法を考察しよう。顧客に対し店舗の魅力度を決める要因は、表4-1のようにまとめられる。第一の要因は、店舗の物理的側面で、店舗規模や新しさがある。店舗規模が大きければ、多種類の商品の品揃え（広い品揃え）につながるので、店舗側にとっては上記の「移転効果」をもたらし、顧客にとっては、必要とするすべての

表4-1　店舗の魅力度を決める諸要因

要因	項目
物理的側面	店舗規模
	店舗の新しさ
商品・サービスの側面	ラインナップ
	価格
	品質
	サービス
	ブランド力

商品を一ヵ所で取り揃えることができる「ワンストップ・ショッピング」が可能になるので、魅力度が上がる。また、店舗が新しければ、清潔感が生まれ、より魅力的になるであろう。

第二の要因は、店舗が提供する商品とサービスの側面である。同一種類の商品に対して、複数社の商品を、また安価商品から高級品までさまざまな価格帯の商品をラインナップ（深い品揃え）すると、顧客はひとつの商品に対し「選択の幅」が広がるので、店舗の魅力度が増す。また、商品の価格を下げることは、上記のように「価格の差別化」につながり、店舗側にとっては強い「移転効果」をもたらし、顧客にとっては、経済効果をもたらす。さらに、鮮度が良いとか壊れにくいといった商品の品質が良いこと、店員の接客態度や商品知識などのサービスの側面で優れていることは、店舗の魅力度を増す。最後のブランド力とは、商品・サービス対するこれらの差別化を通じて、顧客が店舗企業に対して持つ良好なイメージを指す。店舗間の競合関係を分析するためには、これらの諸要因を考慮して店舗の魅力度を測定する必要があり、さまざまな方法が考案されてきた。

2.2 店舗の魅力度の測定方法

（1）規模による測定

店舗の魅力度を測定する最も基本的な方法は、表4-1の第一の要因に挙げられている「店舗規模」に着目し、式（4-6）に示すように測定する。

$$A = f(S) \tag{4-6}$$

ただし、A は店舗の魅力度、S は店舗規模であり、店舗の売場面積や床面積などから測定される。

店舗規模から魅力度を出すには、式（4-6）で関数を定義しなければならない。通常は、式（4-7）のようなベキ乗の関数で指定される。

$$A = \alpha S^{\beta} \tag{4-7}$$

ただし、α と β はパラメータである。図4-6に示されるように、魅力度のパラメータ β は、その値に従って、売場面積の拡大に伴う魅力度の上昇を決める。$\beta = 1$ のとき、魅力度は売場面積に比例する（図4-6の■の線）。$\beta > 1$ のとき魅力度は乗数的に上昇する。例えば、$\beta = 1.2$ のときは、売場面積が2倍になると、魅力度は2.3倍になる（図4-6の▲の線）。逆に、$\beta < 1$ のとき、売場面積が増加しても、それに見合うだけ魅力度は上がらない。例えば、$\beta = 0.8$ のときは、売場面積が2倍になっても、魅力度は1.7倍にしかならない（図4-6の◆の線）。

（2）評価点付け法による測定

店舗の魅力度は、売場の商品構成を分野別に調査し、評価点付け（レーティング）法を用いて、さらに詳細に測定することができる。図4-7は、あるスーパーマーケットの売

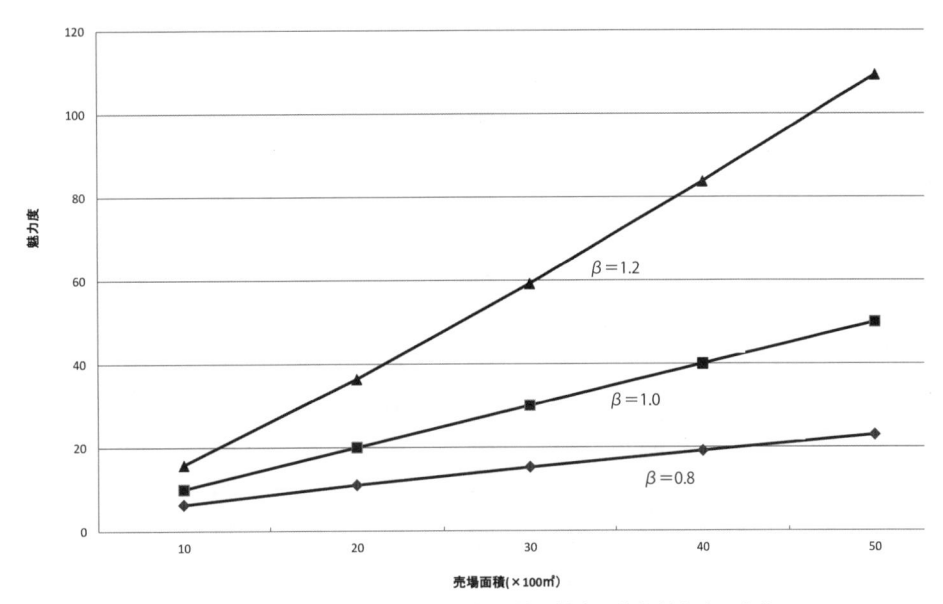

図 4-6 魅力度のパラメータと売場面積の拡大に伴う魅力度の変化

場における商品構成を分野別に示している。食品売場の面積が 1,000 m² であるのに対し、日用品と衣料品の面積がそれぞれ 200 m² である。表 4-2 は、評価点付け法によるスーパーマーケットの店舗の魅力度を測定する方法を示しており、商品ごとに単位面積あたりの評価得点が付けられる。例えば、評価得点は、その商品の単位面積あたりの売上額に比例して決められるとしよう。すると、食品売場に対しては 100m² 当たりの評価得点は 5 得点、日用品と衣料品の 100 m² 当たりの評価得点はそれぞれ 4 得点、3 得点となる。

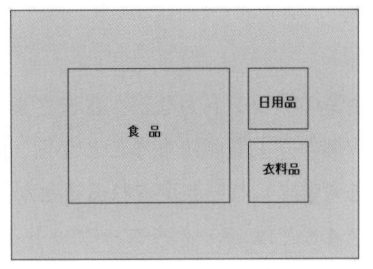

図 4-7 スーパーマーケットの売場における商品構成

表 4-2 評価点付け法によるスーパーマーケット店舗魅力度の測定

分野	評価得点	評価内容
食品	5 得点	100m² 当たり
日用品	4 得点	100m² 当たり
衣料品	3 得点	100m² 当たり
価格	±5%	安い（＋）、高い（−）
サービス	±5%	良い（＋）、悪い（−）
施設の新しさ	−5%、−10%	開店 5 年以上、10 年以上

すると、このスーパーマーケットの売場は、総計 64 得点として評価が付けられる。さらに、商品の価格、サービス、施設の新しさなどで重み（ウエイト）が付けられる場合もある。例えば、価格が安ければ総得点に対し 5%が上乗せされ、逆に高ければ 5%が差し引かれる。なお、評価点付け法では、店舗規模と商品構成において標準的な店舗が 100 得点をとるような工夫もなされる。このようにして求められた評価得点は、店舗の魅力度を測定している。

（3）営業成績を考慮した店舗の魅力度の測定

店舗の魅力度は、売場面積や売場の商品構成だけでなく、商品価格や、店員の接客態度、

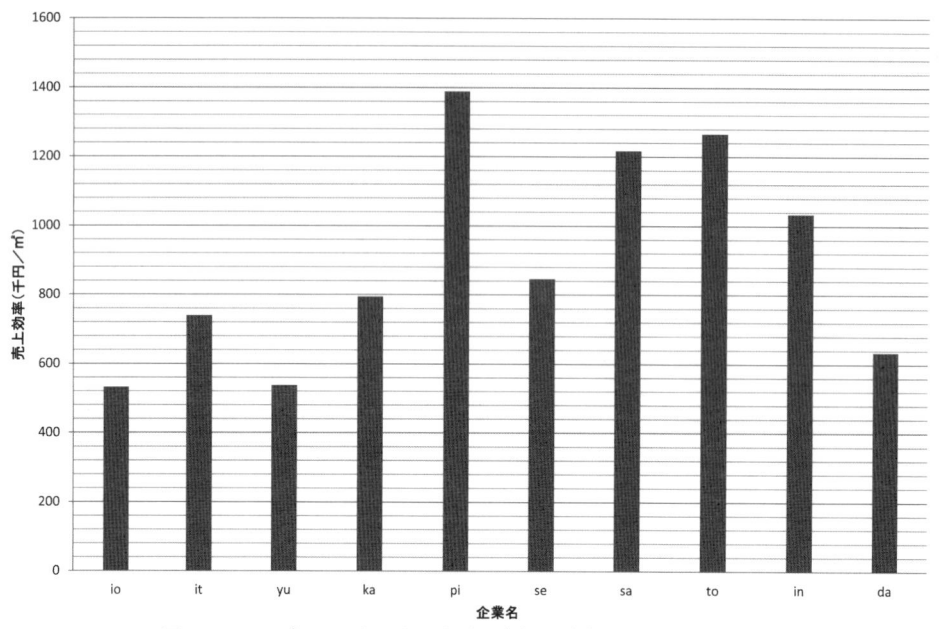

図 4-8 スーパーマーケットにおける売場面積当たりの年間売上高

企業のブランド力など、さまざまな要因が関係する。それらの諸要因が合わさった結果、店舗の売上高が決まることから、店舗の魅力度は、売上効率（売場面積当たりの売上高）を考慮に入れて測定されることがある（Birkin *et al.* 1996, 91-92）。売上効率の例として、図 4-8 では、スーパーマーケット 10 社における売場面積（1 m^2）当たりの年間売上高（千円）を示している。売場面積 1 m^2 当たりの年間売上高は、スーパーマーケット各社の間では 50 万円台から、130 万円台まで変動している。スーパーマーケット各社は、食料品にウエイトを置く企業から、生活用品や衣料品を販売する企業まで、販売商品が異なるので、この数値は売上の効率性そのものを示すものではない。しかし、その値を相対化するため、最低の売上効率を持つ企業を 1.0 とすると、最高の企業は 2.6 になる。この事実は、店舗の魅力度を店舗規模だけで測定するには、限界があることを示している。

営業成績を考慮した店舗の魅力度は、

$$A_j^n = \theta^n W_j^n \tag{4-8}$$

で表される。ただし、A_j^n は n 社の店舗 j に対する魅力度、W_j^n は n 社の店舗 j の店舗規模（売場面積）、θ^n は n 社の営業成績（売上効率）である。

（4）商業集積地を考慮した店舗の魅力度の測定

さらに、店舗が立地している商業集積地を考慮して、店舗の魅力度を測定することも行われる。商業集積地とは、店舗の集積地であり、商店街やショッピングセンターのほかに、商業ビルも含まれる。店舗は、通常そのような商業集積地に立地することから、商業集積

地の集積がもたらす「集客効果」の一部を享受するであろう。このことから、商業集積地を考慮した店舗の魅力度は、

$$A_{jk}{}^n = \theta\ ^nW_j{}^nC_k\mu_k \tag{4-9}$$

で表される。ただし、C_k は商業集積地 k の営業成績、μ_k は商業集積地 k における店舗集積規模を示している。このように、店舗の魅力度に関わる諸変数を乗じることで、店舗の魅力度の関数に諸変数を組み込むことができる。

3　競合店舗の魅力度の測定と競合環境の分析

3.1　競合店舗の同定と分布

　次に、店舗用地に店舗を開店するにあたり、競合店舗の魅力度を測定し、競合環境を再現してみよう。競合環境を再現するためには、まず、同じような商品やサービスを供給する既存の競合店舗を同定する必要がある。同定作業には、二つの段階がある。第一段階は、競合と見なされる業種や業態を認識することである。例えば、スーパーマーケットを展開する企業にとって、同じような商品を供給するコンビニエンスストアを、競合と見なすかどうかである。ミニスーパーマーケットを展開する企業にとっては、コンビニエンスストアは競合になるが、中規模以上のスーパーマーケットの場合には、コンビニエンスストアは通常競合と見なさないであろう。また、ドラッグストアのチェーン店を展開する企業にとって、競合他社のドラッグストアは当然競合店舗となるが、個人経営の薬局や保険調剤薬局は、競合店舗と見なさないであろう。

　競合店舗の同定の第二段階は、店舗用地を中心とした集客圏内における競合店舗の同定作業である。この作業は、時間と手間がかかる。特に、閉店と開店の頻度が高い業種では、競合店舗の立地の現状を把握することは、大きな困難を伴う。しかし、競合店舗の存在は、新規店舗にとって開店後の集客に大きな影響を与えるため、見落としなく精確に調査する必要がある。既存の競合店舗の立地を調べるには、㈱ゼンリンの住宅地図を使って、集客圏内の同種の既存店舗を把握する。また、NTTタウンページ㈱のｉタウンページから既存競合店舗の一覧表を作成する。さらに、業界の店舗名簿（例えば、㈱商業界の日本スーパー名鑑など）、企業のホームページ、市販の地図やデジタル地図なども参考にして、競合店舗の分布図を作成する。そして、この競合店舗分布図を基に、実際に店舗が存在しているかどうかを現地で調査するとともに、これらの資料に掲載されていない店舗を把握する。

　図4-9は、店舗用地（▲）を中心とした2kmの集客圏内におけるドラッグストアの競合店舗の分布を表している。2km圏は、ドラッグストアの主要商圏であり、売上の70%～80%を包含する1次商圏に相当する。図4-9から、この2km圏内には、駅の北側に1店舗、合計3店舗のドラッグストアが既に立地していることが明らかになる。

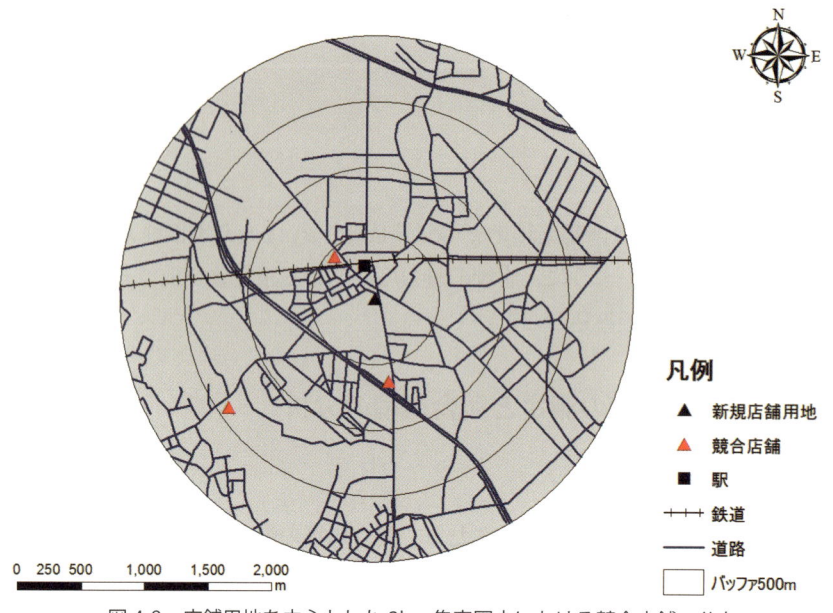

図4-9　店舗用地を中心とした2km集客圏内における競合店舗の分布

3.2　売場面積による競合店舗の魅力度の測定

　集客圏内における競合店舗の分布が明らかになったならば、次に、それらの店舗の魅力度を測定する。店舗の魅力度を測定する最も基本的な方法は、前節の2.2（1）で論じたように、店舗規模（売場面積）から測定する。売場面積が広いほど、多種類の商品・サービスを取り扱うことができ、品揃えの幅が広い店舗になる。また、同一の商品・サービスで対しても、安価なものから高級なものまで、深い品揃えを用意でき、店舗の魅力度は増大する。

　売場面積のデータとしては、例えば、スーパーマーケットに対しては、㈱商業界の日本スーパー名鑑から入手できる[1]。この名鑑は、さらに、GMS、ディスカウントストア、衣料スーパー、ドラッグストア、ホームセンターなどが掲載されている。売場面積のデータが入手できない場合で、店舗の建物形状のレイヤがある場合は、GIS上に表示し、建物の平面面積を計測し、その面積から店舗の売場面積を推定する。店舗の建物形状のレイヤが入手できない場合には、現地調査を行う。店舗に出向き、歩測で売場面積を測る。

　図4-10は、ドラッグストアの競合店舗の売場面積の分布を表している。競合店舗のレイヤの属性表に、売場面積の項目を設け、各店舗の売場面積のデータを入力することで、このような分布図が作成される。駅の北側には1,600m^{2}の店舗が、南側には845m^{2}の店舗がすでに立地していることがわかる。2km西側に立地する店舗は422m^{2}と小規模なことも読み取られる。このように図4-10は、供給の分布（店舗の分布）を表す「供給の地理 geography of supply」を再現している。

図4-10　店舗用地を中心とした2km集客圏における競合店舗の売場面積の分布

3.3　競合環境の分析

（1）店舗から居住地区への距離行列

　集客圏内の競合環境は、居住地区（町丁目・字の中心点）から各店舗への距離行列を作成することで再現される。図4-11は、GIS上でネットワーク分析を利用した、店舗用地から各町丁目・字中心点への最短経路による道路距離の測定例を示している。ESRIジャパン㈱のArcMap10では、このように1対多の（店舗用地から各町丁目・字中心点への）距離行列のみならず、多対多の（店舗用地と競合店から各町丁目・字中心点への）距離行

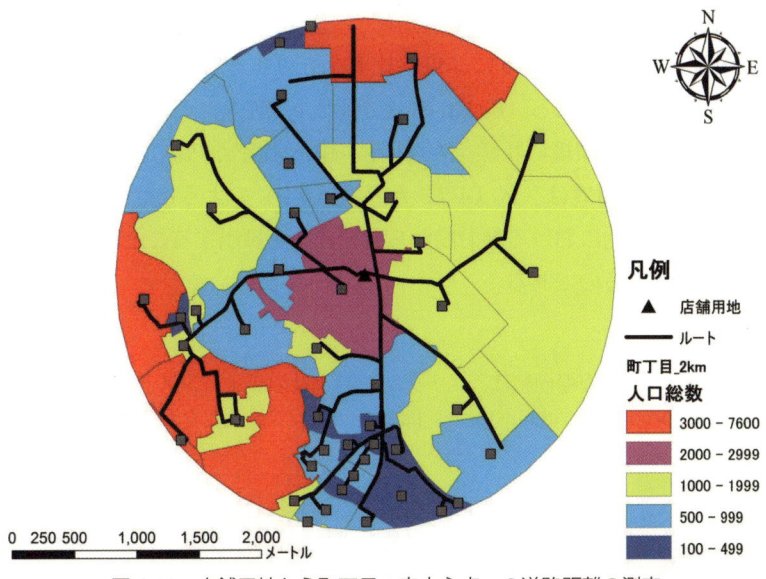

図4-11　店舗用地から町丁目・字中心点への道路距離の測定

列を作成することも可能である。表4-3は、店舗用地から2km圏内の町丁目・字に対し、人口を示すとともに、それらの町丁目・字中心点から店舗用地と三つの競合店舗への道路距離をまとめたものである。このような居住地区と店舗間の距離行列を作成することで、店舗用地と競合店舗が人口分布の中に置かれている競合環境を再現することができる。

（2）供給比率による競合状態の測定

表4-4は、前掲の図4-10に示した集客圏内の競合環境に対し、競合状態を測定している。店舗用地に立地する新規店舗の売場面積を1,000m²とすると、2kmの集客圏内における競合店舗を含めた売場面積の供給比率（supply ratio）は、新規店舗では25.9％にしかならない。このように、供給比率を計算することで、集客圏内における競合環境の厳しさを測定ができる（Birkin *et al.* 2002, p.142）。

表4-3　居住地区から店舗への道路距離

地域コード	人口総数	道路距離（m）			
		店舗用地	競合店舗1	競合店舗2	競合店舗3
112010460	599	2560	1575	2315	2265
112010641	976	1383	14	797	2661
112010642	579	1859	462	1273	2864
112010650	1161	1597	1289	1011	3222
112010670	125	2532	1135	1946	3372
112010720	1682	872	1801	1128	2498
112010730	787	1578	2325	1834	1075
112010750	4929	669	1633	1069	1529
112010760	1775	1834	2549	1964	3460
112010780	2985	998	997	412	2624
112010790	1300	1349	2746	1935	2922
112010800	2547	1046	2443	1632	1541
112010810	671	1031	570	445	2104
112010820	637	1207	885	759	1835
112010840	184	2084	2802	2339	258
112011490	698	962	1781	1218	994
112450010	557	683	2080	1269	2199
11201088001	7259	3131	3850	3387	1194
11201088002	1699	2829	3548	3085	892
11245005003	373	1400	2797	1986	2916
11245032001	568	1828	3225	2414	3344
11245032002	779	1533	2930	2119	3048
11245032003	449	1362	2759	1948	2878

表4-4　新規店舗と集客圏内の競合店舗の売場面積の供給比率

店舗名	売場面積（m²）	供給比率（％）
新規店舗	1,000	25.9
競合店舗1	1,600	41.4
競合店舗2	845	21.8
競合店舗3	422	10.9
計	3,867	100.0

以上の事例では、競合環境の状態を売場面積の供給比率から測定した。本章2.2で論じたように、店舗の魅力度は、式（4-7）から式（4-9）のようにさまざまな形で測定できることから、集客圏内における魅力度から供給比率を算出することにより、より実態に近い競合状態を分析するのである。

注
1）スーパーマーケットの売場面積は、ストアジャパン社のチェーンストア最新店舗一覧（http://www.sji.gr.jp/contents/chainstore_s_list/sa.html）で見ることができる。

第5章 顧客発生源の集客効果

　店舗用地を取り巻く既存の「商業環境」において、第4章で分析した同種の既存店舗は「競合環境」を形成する。それに対し、異種の既存店舗は、共生的な存在になり、新規店舗にとって相乗効果をもたらす。新規店舗は、商業集積地に立地することによって、この「集積の経済」を享受することになる。本章では、集客圏内の商業集積地の集客効果を考察する。

　林原（1998）は、立地評価において、顧客発生源（CG：customer generator）と交通発生源（TG：traffic generator）が重要であることを指摘した。CGとは、スーパーマーケットやデパートなどの大型商業施設があげられているが、広く見るならば、商店街、ショッピングセンター、商業ビルなどの商業集積地も含まれる。また、TGとは、鉄道駅やバス停留所、主要道路の交差点などの交通拠点であり、いずれも大量の顧客や交通客を発生する源である。店舗用地はCGやTGに隣接することで、CGやTGに集まる顧客や交通客の一部を、新規店舗の顧客として取り込む波及効果を受ける。そこで本章では、店舗にとって有益となる商業環境としての商業集積地を取り上げ、それが持つ集客効果を考察するとともに、交通拠点としての鉄道駅が店舗用地に及ぼす影響を分析する。

1　商業集積地と集客効果

1.1　店舗用地が位置する商業集積地の階層水準

　表5-1は、わが国における商業集積地の階層水準と商業機能の階次を示している（髙阪, 2011）。商業集積地の階層水準は、最高位、高位、上位、中位、低位の5段階に分けられる[1]。最高位の商業集積地は、最高階次、高階次、上階次、中階次、低階次の5種類の商業機能を持つ。商業集積地は階層が下がるにつれて、その階層を特徴づける階次とそれ以下の商業機能を持つ。表5-1では、最高、高、上、中、低の各階次の商業機能を、5〜1で指数化している。

表5-1　商業集積地の階層水準と商業機能の階次の配列

商業集積地の 階層水準	商業機能の階次				
	最高階次	高階次	上階次	中階次	低階次
最高位	5	4	3	2	1
高位		4	3	2	1
上位			3	2	1
中位				2	1
低位					1

　図5-1は、店舗用地（▲）を中心に、2kmの集客圏内における商業集積地の分布を示している。商業集積地を構成する店舗は、同色の点で表現されている。商業集積地の階層は、その中心点に彩色表示されている。2km圏内には、最高位と上位を除く、高位（ピンク）、中位（空色）、低位（青）の3階層が存在する。

　店舗用地は、駅の南側の中位階層に属する商業集積地に位置している。その周囲の商

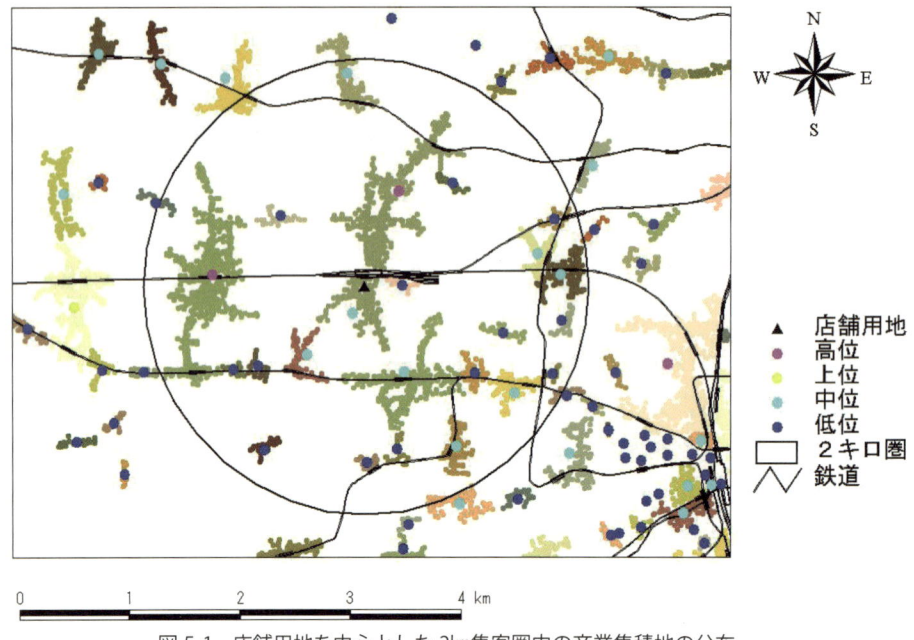

図5-1 店舗用地を中心とした2km集客圏内の商業集積地の分布

業集積地に注目すると、駅の北側には、高位階層の商業集積地がある。西側の隣駅にも、高位階層の商業集積地がある。南側は、同水準の中位階層に属する二つの商業集積地が見られる。このことから、店舗用地が立地する商業集積地は、駅北側の一段階高い高位階層の商業集積地の傘下にあることが読み取られる。

1.2 商業集積地の内部構造と集客力

図5-2は、最高位の商業集積地を例にして、商業集積地の内部構造を、地価の側面から模式的に表現している。商業集積地での地価は、交通の便が良い中心部で最も高く、中心部から離れるにつれて低下する。その結果、中心部では、地代支払能力が最も高い最高階次の財・サービスを販売する店舗（SH）が立地する。中心部から離れるにつれて地価も下がるので、高階次の財・サービスを販売する店舗（H）、上階次（M）、中階次（L）の店舗と順次立地し、低階次の財・サービスを販売する店舗（S）が最も外側に立地する（ジョーンズ・シモンズ 1991, 86-91）。商業集積地の中心部に立地する最高階次の店舗は、地点の利便性を活かして広範囲から集客し、最高位の商圏を形成する。それに対し、商業集積地のはずれに立地する低階次の店舗は、地点の利便性があまり良くないため狭い範囲からしか集客できず、低位の商圏になる。

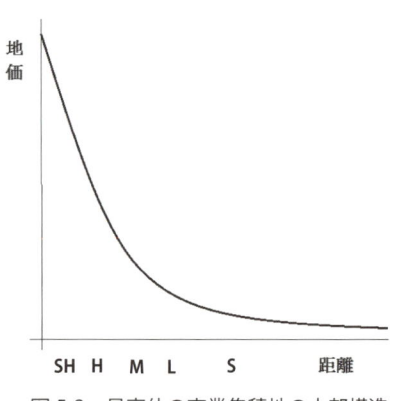

図5-2 最高位の商業集積地の内部構造

このように、最高位の階層水準に属する商業集積地であっても、店舗用地が位置する場所（ロケーション location）によって、その場所が有する潜在的集客力が異なることに

注意すべきである。したがって、店舗用地が、どの水準の商業集積地のどの場所に位置しているかを見極めるべきである。一般に、高い階層水準の商業集積地になるほど商業集積地の空間的なひろがりも大きくなるので、商業集積地の内部構造を知ることが必要になる。高い階層水準の商業集積地の中心部は、

 ①ターミナル駅やバスターミナルなどの交通の結節点である、
 ②デパートや大型店が立地する、
 ③最多の歩行者流動量が見られる、
 ④地価の最高地点である、

というような特徴を持つ。以上のように、商業集積地で店舗用地が受ける集客効果は、商業集積地の階層水準だけでなく、商業集積地の機能的中心からの位置関係も考慮して、評価される。

1.3　商業集積地における地価の分布

　そこで、地価に注目して中心地の内部構造を見てみよう。図5-3は、店舗用地が位置する中位階層の商業集積地（図5-1を参照）に対し、構成店舗を黄土色の点で示すとともに、その商業集積地における地価（路線価：千円、平成22年[2]）の分布を6階級（クラス）で表している。駅前の2地点では、1㎡当たり200万円を超える最高クラス（赤色）の地価を示している。以下、100万円台のクラス（ピンク色）、80万〜99万円（黄色）、60万〜79万円（緑色）と、駅から遠ざかるにつれて地価が下がる。地価の低下につれて商業機能の階次も下がるので、中位階層の商業集積地の中で、どの地点が中階次機能の集客力を有し、どの地点が低階次機能なのかが判別できる。この商業集積地においては、地価100万円以上の地点（赤色とピンク色）が商業集積地の中心部を形成している

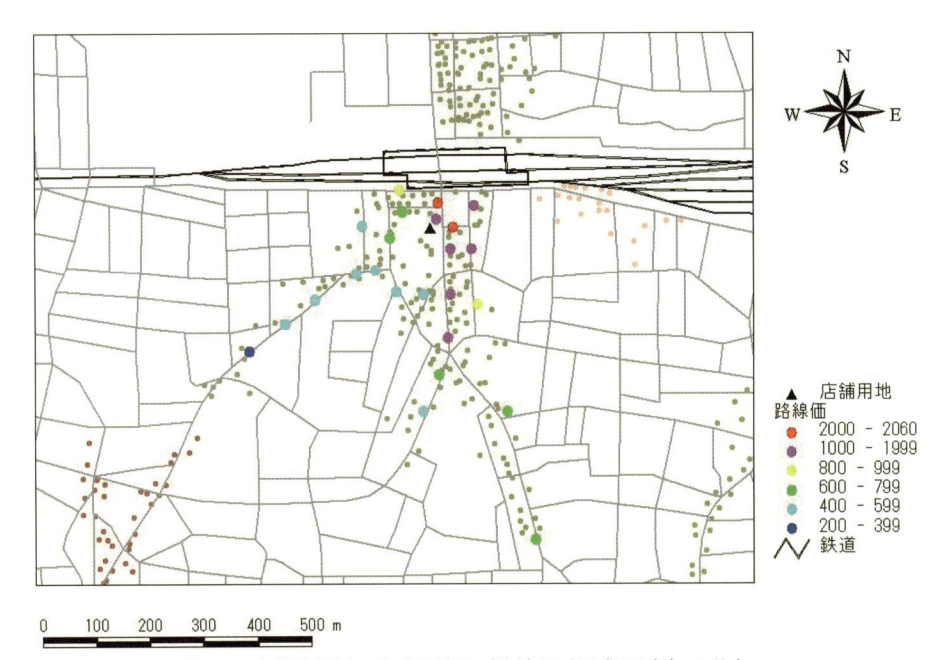

図5-3　商業集積地における地価（路線価：平成22年）の分布

と考えられるので、この地区が中階次機能の集客力を有している。

店舗用地（▲）の前面道路の地価は、最高クラス（赤色）ではないが第2クラス（ピンク色）なので、店舗用地が受ける集客効果は、中位階層の中階次機能（表5-1の指数2）に相当するものと評価される。このように、商業集積地の中で店舗用地が受ける集客効果は、階層水準と機能の階次の二つの側面から測定される。

2　駅勢圏と駅の集客効果

次に、交通拠点としての駅が店舗用地に及ぼす集客効果を分析する。交通拠点としての駅は、乗車客、通過客、乗り換え客、降車客の4種類の利用者に対し交通サービスを提供している。通過客は駅のホームに乗降しないため、その駅および周辺地域に影響しない。鉄道路線が交差し結節性を有している駅では、鉄道路線の乗り換え客が発生するため、乗り換え客は駅ホームに乗降する。そのため、駅構内で需要が発生する。駅中（エキナカ）の商業施設開発は、この需要も販売対象にしている。本節で注目するのは、駅の外側の地域に位置する店舗用地に需要をもたらすものであり、乗り換え客は対象とならず、駅の乗降客が対象となる。

駅の外側にある店舗用地にとって、その前面道路を駅へ向かう人口（乗車客）と駅から出た人口（降車客）が通過する数量、および、それらの特性を把握することは重要である。前面道路でのそれらの通過量を知るために、駅勢圏を設定し、その圏内での乗車客の駅への移動パターンと、降車客の駅からの移動パターンを捉える。

本節では、駅とその外側の地域との関わりを、駅利用者の出発地点を基準にして二つに分けて考察する。居住地を出発地点とする駅利用者は、周辺地域の居住（常住）人口であり、駅は周辺地域の居住人口に対し「集中性」を持つ。それに対し、駅を出発地点とする駅利用者は、勤務先への従業者、事業所への訪問者、店舗への買物客などであり、駅は周辺地域に対し「発散性」を持つ。駅の「集中性」とは乗車客を駅へ集める機能であり、「集中的な駅勢圏」を形成する。一方、駅の「発散性」とは降車客を駅から吐き出す機能であり、「発散的な駅勢圏」を形成する。もちろん当然のことではあるが、集中的な駅勢圏を形成する居住人口は、帰宅時には駅から自宅への発散的な駅勢圏を形成する。しかし、居住人口と従業者や訪問者のような非地元住民とでは、店舗用地に与える影響の重要度や意味は異なる。例えば、郊外の衛星都市の駅では、「集中的な駅勢圏」が顕著に形成されるであろう。それに対し、新宿駅などのターミナル駅では、後述するように「集中的な駅勢圏」の形成は弱く、むしろ「発散的な駅勢圏」が顕著に形成される。

そこで本節では、まず駅勢圏の設定方法について考察する。次に、「集中的な駅勢圏」と「発散的な駅勢圏」における人口流動を分析する。

2.1　駅勢圏の設定方法

駅勢圏は、駅の利用データを使って実証的に設定する。駅の利用データとしては、大都市交通センサス[3]を用いる。最新の平成22年第11回調査における端末交通手段別人員

表（初乗り駅別・居住地基本ゾーン別）のファイルでは、居住地基本ゾーンから初乗り駅までの通勤・通学定期券利用者（乗車客）を集計している。このデータを利用するならば、町丁目に比べると少し大きい居住地基本ゾーンという地域単位であるが、駅勢圏を設定することが可能となる。

最も基本的な駅勢圏の設定方法としては、駅利用率法が考えられる（井上ほか 2012）。この方法では、居住地基本ゾーンごとに駅利用率を算出し、一定基準（例えば、駅利用率が5％や10％）を設け、それを満たす居住地基本ゾーンを駅勢圏とする。

以下では、駅利用率の基準を5％として駅勢圏を設定した。居住地基本ゾーンiにおける駅jの利用率は、次式で算出される。

居住地基本ゾーンiにおける駅jの利用率
　＝　居住地基本ゾーンiにおいて初乗り駅jを利用する調査人員数／居住地基本ゾーンiにおいてすべての初乗り駅での調査人員数　　　　　　　　(5-1)

式（5-1）を用いて、店舗用地の最寄りの駅に対し、居住地基本ゾーンごとにその駅の利用率を計算し、5％以上の居住地基本ゾーンを抽出した。大都市交通センサスには、基本ゾーンコードと町丁目・字名の対照表が用意されているので、抽出した居住地基本ゾーンごとに、それを構成する町丁目を列挙し、同一の駅利用率を付与すると、表5-2のようになる（一部分のみ示す）。例えば、居住地基本ゾーンコード11415では、駅の利用率は14.8％であり、南台1丁目から5丁目を含んでいる。

表5-2　集中的な駅勢圏内の町丁目別駅利用率と駅利用推定人口数（一部のみ示す）

居住地基本ゾーンコード	町丁目コード	町丁目名	駅利用率	駅利用推定人口数
11415	13114001001	南台1丁目	0.148	192
11415	13114001002	南台2丁目	0.148	745
11415	13114001003	南台3丁目	0.148	739
11415	13114001004	南台4丁目	0.148	611
11415	13114001005	南台5丁目	0.148	592
11412	13114003004	本町4丁目	0.399	2746
11412	13114003005	本町5丁目	0.399	1471
11412	13114003006	本町6丁目	0.399	1873
11412	13114004003	中央3丁目	0.399	2085
11412	13114004004	中央4丁目	0.399	2347
11412	13114004005	中央5丁目	0.399	1964
11409	13114007001	上高田1丁目	0.246	1311
11408	13114007002	上高田2丁目	0.837	4265
11409	13114007003	上高田3丁目	0.246	777
11409	13114007004	上高田4丁目	0.246	897
11409	13114007005	上高田5丁目	0.246	813
11408	13114008001	新井1丁目	0.837	3669
11408	13114008002	新井2丁目	0.837	4171
11408	13114008003	新井3丁目	0.837	2528
11408	13114008004	新井4丁目	0.837	2455
11408	13114008005	新井5丁目	0.837	1959

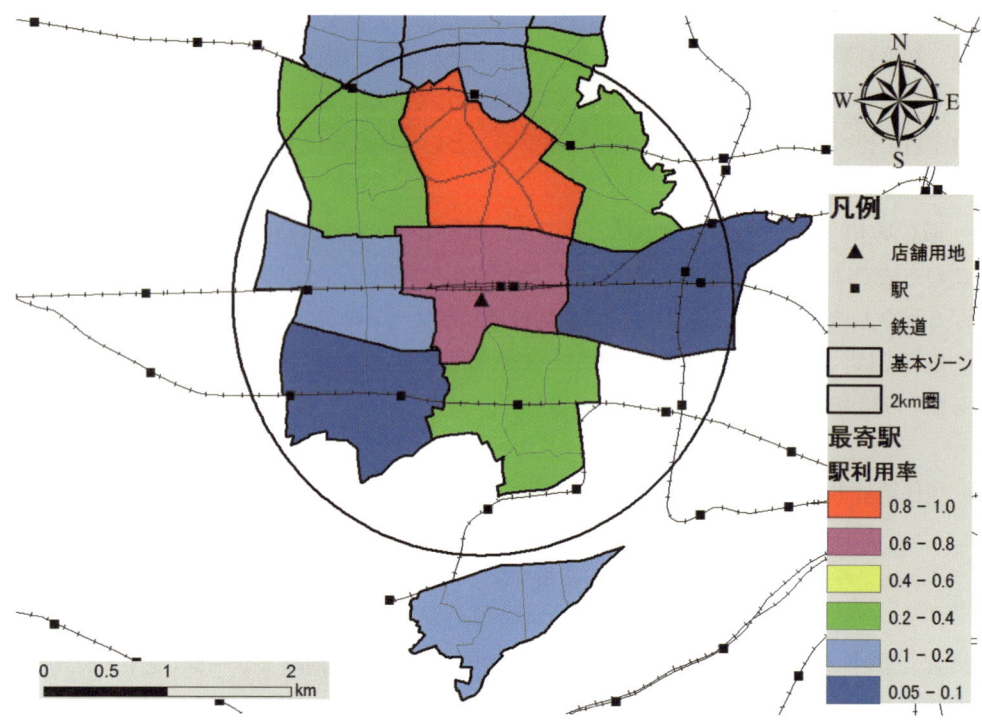

図 5-4　店舗用地を中心とした 2km 集客圏内の集中的な駅勢圏の分布

　次に、駅利用率法に基づき店舗用地の最寄駅の駅勢圏を設定してみよう。表5-2に示されている駅利用率を用いて、町丁目別の階級区分図を作成するならば、駅勢圏の範囲と形成状態を示すことができる。図5-4は、駅利用率の町丁目別階級区分図に居住地基本ゾーンを太線で重ね合わせたものであり、居住地基本ゾーンとそれを構成する町丁目が読み取られる。さらに、店舗用地を中心とした2kmの集客圏を重ね合わせると、集中的駅勢圏は、2km集客圏の外側まで広がっている。駅の北側の居住地基本ゾーンで駅利用率が高く、南側の居住地基本ゾーンで低い。また、南側では、飛び地的に駅勢圏が広がっている。

2.2　集客圏内での居住人口の移動パターン

（1）集客圏内の駅勢圏と駅利用推定人口数の分布

　この居住地基本ゾーンごとの駅利用率から、町丁目ごとに駅利用推定人口数が算出される。

町丁目 k の駅利用推定人口数
　＝　町丁目 k の常住（夜間）人口×町丁目 k が属する居住地基本ゾーンの駅利用率
(5-2)

　式（5-2）を用いて算出した駅利用推定人口数は、前掲の表5-2の右端の項目に示されている[4]。図5-5では、2km集客圏内での町丁目ごとの駅利用推定人口数の階級区分図を表しており、店舗用地が位置する駅の南側では、北側より、駅利用推定人口数が少ない。この駅利用推定人口数の分布図は、本節の最初で説明したように、居住地を出発点とする

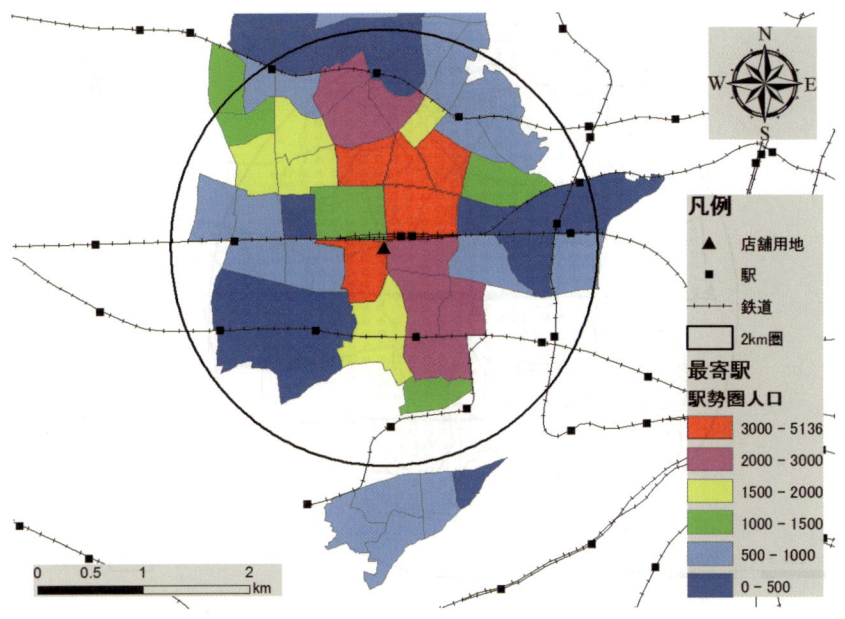

図 5-5　店舗用地を中心とした 2km 集客圏内の駅利用推定人口数の分布

居住人口による「集中的な駅勢圏」であることから、「集中的な駅勢圏」内での居住人口の移動パターンの解明につながる。

（2）駅勢圏内の居住人口の移動パターンと店舗用地の前面道路通過人口数

「集中的な駅勢圏」内での居住人口の移動パターンを分析するために、GIS 上で駅勢圏内での詳細な人口分布を再現するとともに、駅への移動シミュレーションを実行する。まず、町丁目ごとの駅利用推定人口数を 100 m 間隔の格子点（メッシュ中心点）に配分して、詳細な駅利用推定人口分布を再現する。ArcGIS 上で、100 m メッシュを生成するとともに（メッシュの生成は、高阪・関根 2005, 151-152 を参照）、そのメッシュの中心点レイヤを作成する（中心点レイヤの作成は、高阪・関根 2007, 154-156 を参照）。次に、駅勢圏界レイヤ（駅利用推定人口数の階級区分図をディゾルブしたレイヤ）でメッシュ中心点レイヤをクリップし、駅勢圏界に入るメッシュ中心点を抽出する。さらに、駅勢圏界内のメッシュ中心点レイヤを町丁目・字界レイヤ（駅利用推定人口数の階級区分図）でインターセクトして、メッシュ中心点がどの町丁目・字に入るかを同定する。その結果、例えば、ある町丁目に 20 個のメッシュ中心点が入ったならば、そのメッシュ中心点に町丁目の駅利用推定人口数を均等に（すなわち、駅利用推定人口数を 20 等分して）配分する。図 5-6 は、このようにして配分された 100m メッシュ中心点ごとの駅利用推定人口数の分布を示している。

次に、駅への移動シミュレーションを実行する。ArcGIS のエクステンションのひとつである Network Analyst を利用して、メッシュ中心点から駅への最短経路を探索し、駅勢圏内での駅利用推定人口の移動パターンを明らかにする。まず、道路レイヤに道路長を付与し（高阪・関根 2007, 149-150 を参照）、ネットワークデータセットを作成する（高阪・

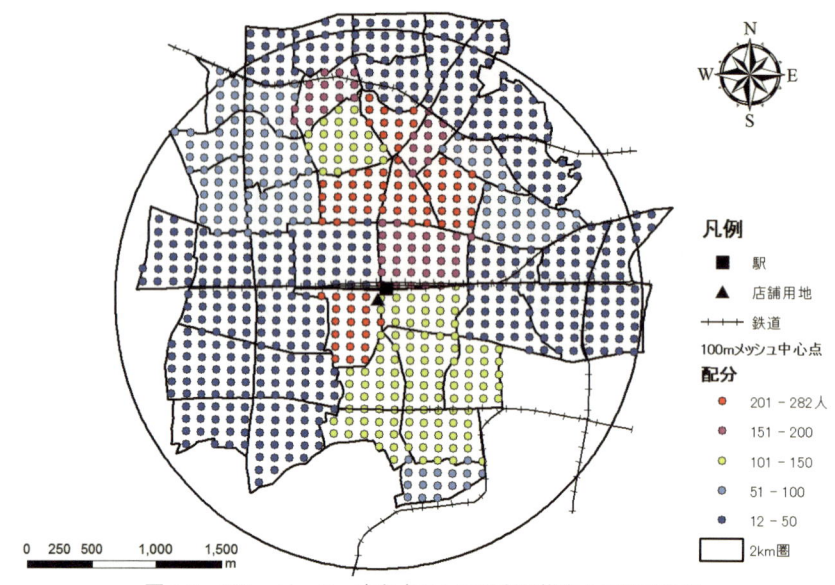

図5-6　100mメッシュ中心点ごとの駅利用推定人口数の分布

関根 2007, p.151 を参照）。次に、Network Analyst の「最寄施設の検出」を選択し、「インシデント」としてメッシュ中心点レイヤを読み込み、「施設」として駅レイヤを読み込む。実行ボタンをクリックすることで、メッシュ中心点から最短経路で駅へ向かう経路が生成される。

　図5-7は、店舗用地が位置している駅の南西部におけるメッシュ中心点の分布と、メッシュ中心点から最短経路で駅へ向かう経路を示している。赤色で表されたメッシュ中心点は、店舗用地の前面道路を通過するメッシュ中心点であり、その駅利用推定人口数の

前面道路通過人口数：13,929 人

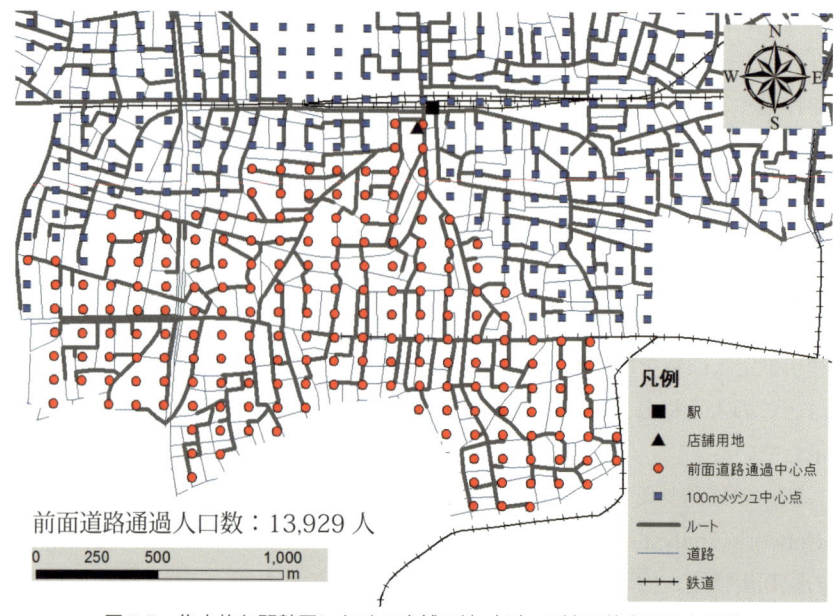

図5-7　集中的な駅勢圏における店舗用地（▲）の前面道路通過人口数

合計を求めると、13,929人になる。図5-6に示された2km集客圏内の駅利用推定人口は68,949人であるので[5]、「集中的な駅勢圏」に位置する店舗用地では、その約2割に当たる人口が前面道路を通過する。「集中的な駅勢圏」内で、店舗用地が位置する場所として受ける駅の集客効果は、この前面道路通過人口数で測定される。

2.3 駅勢圏内での従業者の移動パターン

上記のように駅が周辺の居住人口に対し持つ「集中性」のほかに、駅の「発散性」も考慮しなければならない。「発散性」とは、降車客を駅から吐き出す機能である。吐き出された降車客は、目的に応じ、就業者（通勤者で通学者も含む）は勤務先（通学先）へ、事業所訪問者は事業所へ、買物客は店舗へ分散していく。このことから、駅からの降車客によって「発散的な駅勢圏」が形成される。

駅から吐き出される上記の3種類の降車客（従業者、事業所訪問者、買物客）のうち、平成22年大都市交通センサス第11回調査における端末交通手段別人員表（最終降車駅別・勤務地・就学地基本ゾーン別）鉄道定期券〔定期券合計〕のファイルでは、最終降車駅から勤務地・就学地基本ゾーンまでの通勤・通学定期券利用者を集計している。このデータを用いるならば、定期券利用者数から[6]、「発散的な駅勢圏」を設定することが可能となる。

「発散的な駅勢圏」を設定するにあたり、もうひとつの駅勢圏の設定方法である駅利用数法を用いる（井上ほか 2012）。この方法では、居住地基本ゾーンごとに駅利用数を算出し、一定基準（例えば、駅利用数が100人）を設け、その基準を満たす居住地基本ゾーンを駅勢圏とする。なお、複数路線が連結している駅では、路線ごとに駅利用数を求め、合計した数値が駅利用数となる。図5-8は、この方法を用いて基本ゾーンごとに算出された定期券利用者の分布を示している。店舗用地の最寄駅は、JRの2路線と地下鉄の1路線が連結しているので、これら3路線において最終降車駅とする定期券利用者数の基本

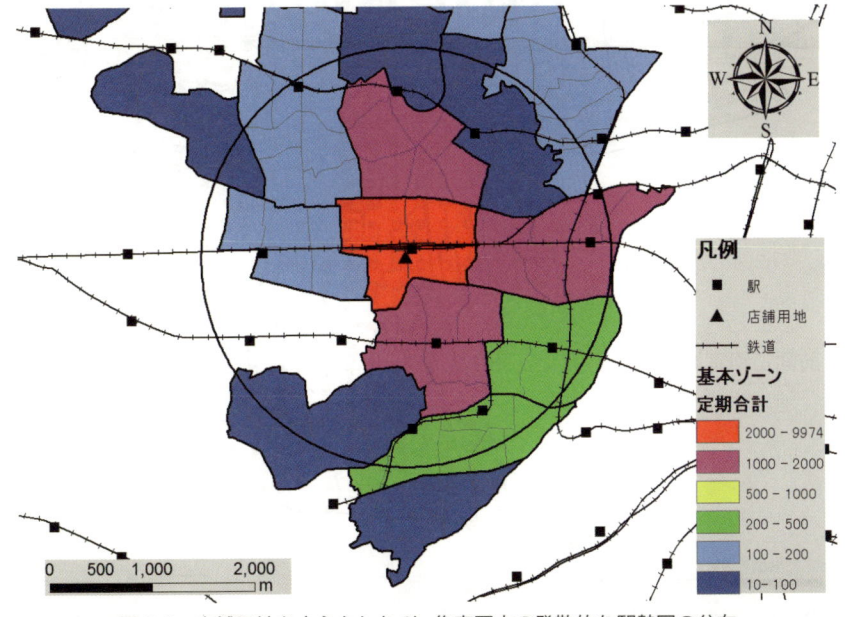

図5-8 店舗用地を中心とした2km集客圏内の発散的な駅勢圏の分布

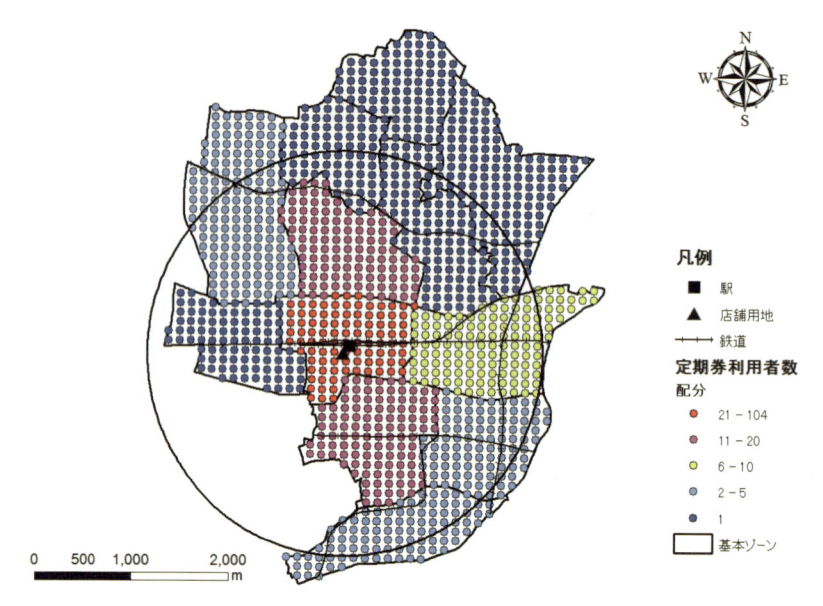

図 5-9　100m メッシュ中心点ごとの定期券利用者数の分布

ゾーン別分布を表している。「発散的な駅勢圏」内の定期券利用者数は、16,229 人であった。
　「集中的な駅勢圏」と同様に、「発散的な駅勢圏」内での定期券利用者の移動パターンを分析するために、GIS 上で駅勢圏内の 100 m メッシュ中心点ごとに定期券利用者数を求めた（図 5-9）。さらに、Network Analyst を利用して、駅からメッシュ中心点への最短経路を探索し、「発散的な駅勢圏」内での定期券利用者の移動パターンをシミュレーションした。図 5-10 は、店舗用地が位置している駅の南西部におけるメッシュ中心点の分布と、駅か

前面道路定期券利用者数：3,180 人

図 5-10　発散的な駅勢圏における店舗用地（▲）の前面道路を通過する定期券利用者数

ら最短経路でメッシュ中心点へ向かう経路を示している。赤色で表されたメッシュ中心点は、店舗用地の前面道路を通過するメッシュ中心点であり、その定期券利用者数を求めると、3,180人になる。「発散的な駅勢圏」に位置する店舗用地では、図5-10に示された2 km集客圏内の定期券利用者数の約2割が前面道路を通過する。「発散的な駅勢圏」に位置する店舗用地が受ける駅の集客効果は、この前面道路通過人口数で測定される。

　本章では、店舗用地が位置している「場所」の集客効果を考察した。事例で取り上げた店舗用地が商業集積地の中で受ける集客効果は、中位階層の中階次機能（指数2）に相当するものと評価された。また、「集中的な駅勢圏」と「発散的な駅勢圏」の中で、店舗用地が受ける駅の集客効果は、それぞれ13,929人と3,180人と測定された。

注
1) なお、本書末尾の資料の付表2は、東京都における商業集積地の階層区分を最高位（SH）、高位（H）、上位（M）、中位（L）、低位（S）で示している。
2) 路線価の分布を示した地図は、http://www.rosenka.nta.go.jp/（2013年5月19日現在）で見ることができる。
3) 大都市交通センサスは、首都圏（東京都、神奈川県、埼玉県、千葉県、茨城県、群馬県、栃木県、山梨県）、中京圏（愛知県、岐阜県、三重県）、近畿圏（大阪府、兵庫県、京都府、奈良県、滋賀県、和歌山県、三重県）の三大都市圏について、大量公共交通機関の利用実態を把握することを目的に昭和35年以来、5年毎に調査を実施している。最新は、平成22年の第11回調査である。11回調査のうち、データサービスを行っているのは、第5回（昭和55年）、第6回（昭和60年）、第7回（平成2年）、第8回（平成7年）、第9回（平成12年）、第10回（平成17年）、及び第11回（平成22年）の7回分である。
4) このようにして算出された駅利用推定人口数とは、式（5-1）からも明らかなように、定期券利用者の駅利用率で居住人口を配分した値である。居住人口の中でも通勤者は毎日駅を利用するが、幼児はほとんど利用しないというように、駅利用頻度は考慮されていない。しかし、この数は、居住人口に対する駅の「集中性」に基づく集客力を表す指標として利用できるであろう。
5) なお、集中的な駅勢圏全体の駅利用推定人口数は、79,918人である。
6) 定期券利用者数は、抽出調査である鉄道定期券利用者調査結果に拡大係数を設定することで推定された値である。

第6章 障害物の影響

　顧客が店舗用地に到達するための交通手段は、徒歩や自転車など人力によるものと、自動車やオートバイなど動力によるものに分けられる。集客圏内に存在する各種の障害物が、店舗用地の集客力に与える影響は、交通手段によって異なる。徒歩や自転車による顧客に対しては、主要道路、鉄道線路、河川、大型施設、地形などが障害物（バリア）となる。それに対し、自動車では、上記の各種障害物のほかに、道路規制が障害となることが多い。前章では、店舗用地の集客力にプラスに作用する効果を分析したが、本章では、徒歩と自動車の交通手段に分けて、これらの障害物が店舗用地の集客力に与えるマイナスの影響を考察する。

1　歩行者交通に影響する障害物

1.1　主要道路

　道路は、顧客が徒歩で店舗用地へ行くための通行路である。しかし、片側2車線以上の主要道路では、道路の幅員が広くなり、横断することが難しくなることから、顧客にとって障害物となる。また、片側1車線の道路でも、車両交通量が多い場合、横断が困難になり、障害物と見なされる。図6-1は、店舗用地を中心とした1.5kmの集客圏内の道路障害を示している。図6-1aは道路車線数の分布を表しており、店舗用地の西側約700mのところに車線数6（片側3車線）の道路がほぼ南北に通っていることがわかる。図6-1bで

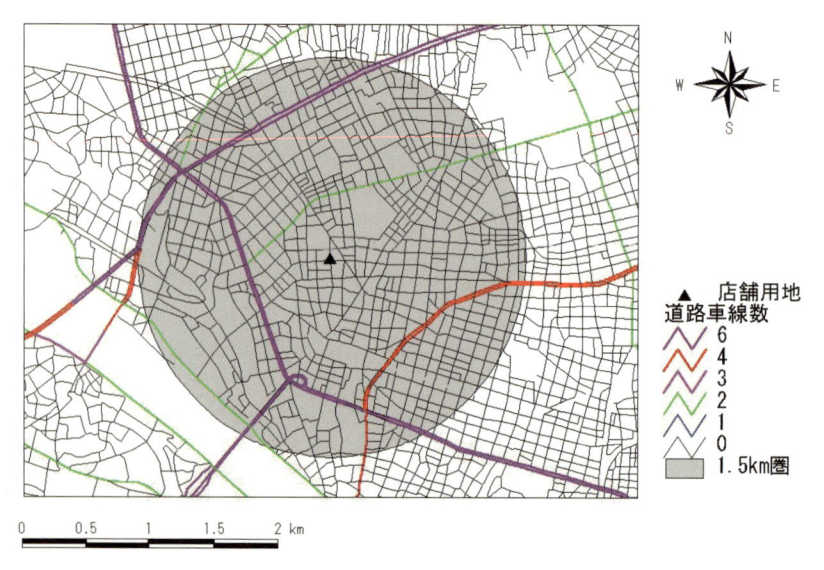

図6-1a　店舗用地（▲）を中心とした1.5km集客圏内の道路障害：道路車線数の分布

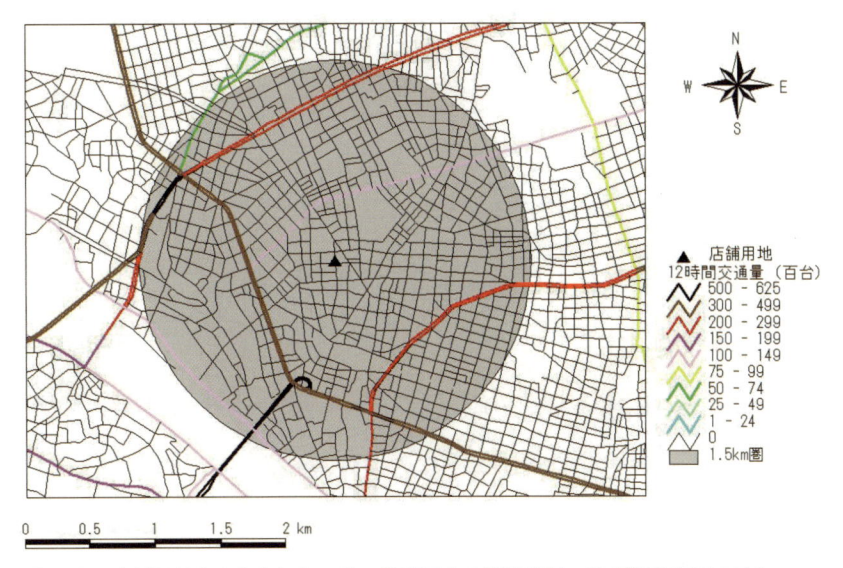

図 6-1b　店舗用地を中心とした 1.5km 集客圏内の道路障害：12 時間交通量の分布

　12 時間交通量の分布を見ると、この道路では 3 万台～ 4 万台と車両交通量が非常に多いことも読み取れる。これらのことから、片側車線数が 1 車線以上で、12 時間交通量が 2 万台以上の道路を障害物と見なすと、この店舗用地にとっては、北東側を除くいずれの方角にも、1.5km 圏内に障害物と見なされる道路が通過しており、歩行者に対し店舗用地の集客力を低下させると考えられる。

　それでは、障害物としての道路は、どのような形で店舗用地の集客力を低下させるであろうか。図 6-2 は、片側 3 車線道路の西側に位置する顧客が徒歩で店舗用地へ行く場合の状況を表している。黒の太線で示されるルートは、顧客から店舗用地への最短経路を表している（移動距離は約 1,200m）。図 6-2 で、片側 3 車線の紫色で示される道路が障害

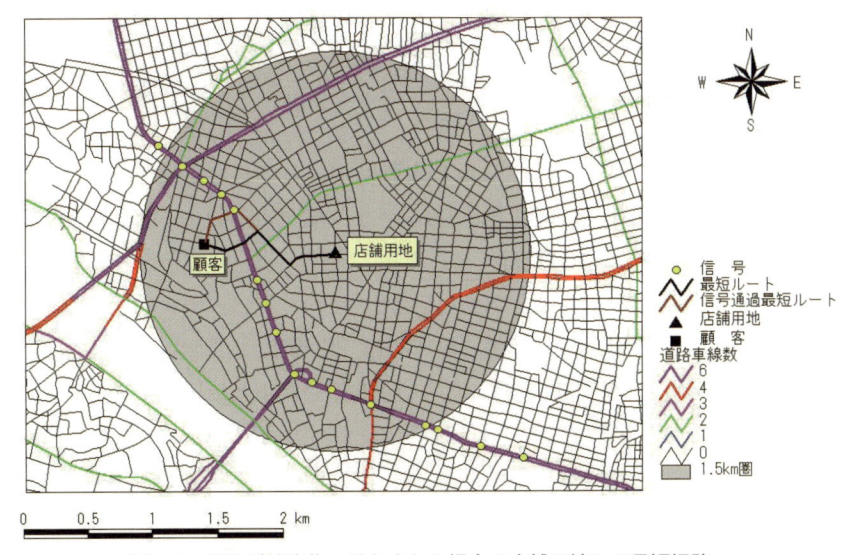

図 6-2　道路が障害物と見なされる場合の店舗用地への最短経路

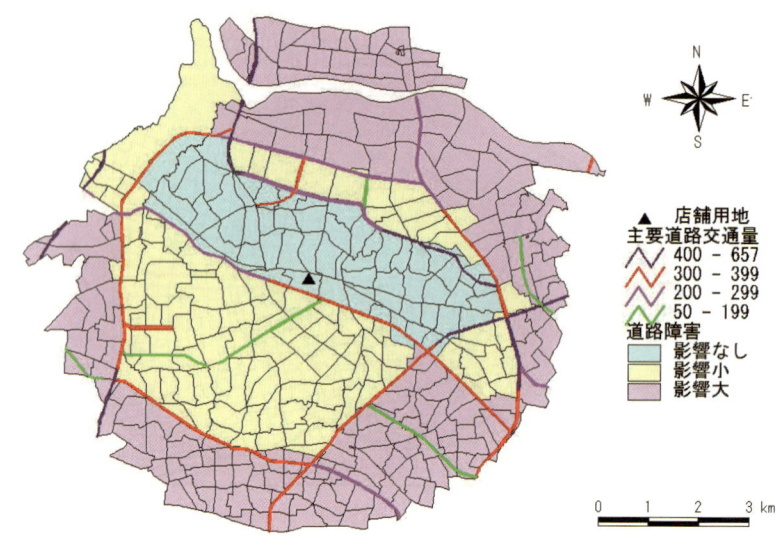

図6-3　店舗用地を中心とした集客圏内における道路の障害度の分布

物と見なされないならば、その道路はどの場所でも横断できるので、このような黒の太線のルートが最短経路となる。それに対し、道路車線数が多くかつ交通量も多い道路は、自由に横断できず、信号のある場所（図6-2で黄色の地点）で横断しなければならないという点で、障害物と見なされる。その結果、店舗用地への最短経路は茶色で示すように一部分変わり、移動距離は180mほど増加する。また、信号での横断の際には、信号が変わるまで数分間待たなければならないであろう。

　以上のことから、店舗用地に徒歩で行く顧客にとっての道路障害は、店舗用地への移動距離と、横断にかかる時間の双方を増加させることになる。信号が道路に密に分布していれば、移動距離の増加は少ないが、疎に分布している場合には、移動距離は大きく増加するであろう。また、通過する車両数が多く、なかなか信号が変わらない場合は、横断の待ち時間が長くなる。したがって、障害物と見なされる道路の障害度は、信号の分布密度（図6-2で黄色の地点の1km当たりの密度）と、信号が赤になっている待ち時間に依存していると考えられる。

　図6-3は、店舗用地を中心とした5kmの集客圏内における主要道路の障害度の分布を表している。片側車線数が1車線以上の（あるいは、道路幅員が12m以上の）主要道路で、12時間交通量が2万台以上の道路は、ピンク色、赤色、紫色の暖色系で表示され、障害物と見なされる。道路の障害度としては、店舗用地に行く場合、障害となる道路を渡らないですむ町丁目は「影響なし」、1度渡る町丁目は「影響小」、2度以上渡る町丁目は「影響大」とした。店舗用地の南側は、交通量の多い主要道路が東西に通っていることから、「影響なし」の地区が見られず、すぐに「影響小」の地区が広がっている。

1.2　鉄道

　鉄道もまた、主要道路と同様に、自由に横断できないので、顧客が店舗用地に行くとき

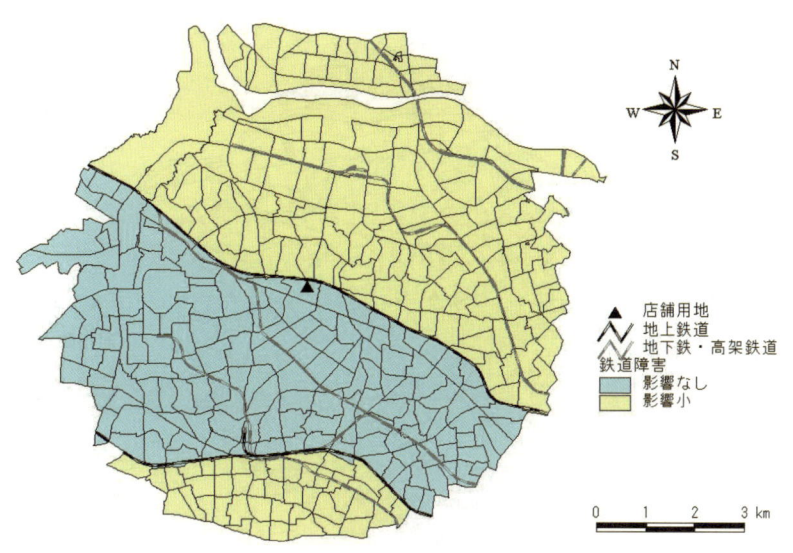

図 6-4 店舗用地を中心とした集客圏内における鉄道の障害度の分布

の障害物になる。横断は踏み切りで行わなければならず、したがって、鉄道障害は、鉄道に対する踏み切りの密度と踏み切りの閉鎖時間で決まる。よく言われるように"開かずの踏み切り"は、鉄道の向こう側の地域へのアクセスを低下させる。なお、鉄道が高架になっており、鉄道の下を自由に行き来できる場合には、鉄道は障害物にはならない。しかし、自由に行き来できるかどうかを示している地図はないので、これを知るには実際に調査しなければならない。

図 6-4 は、店舗用地を中心とした集客圏内における鉄道の障害度の分布を表している。この集客圏内には、地上を通る鉄道のほかに、鉄道障害にならない地下鉄や高架鉄道も見られる（図 6-4 で灰色で表示されている）。主要道路と同様に、鉄道を渡らなくても店舗用地に行ける場合「影響なし」、1 度渡る場合「影響小」とした。店舗用地の北側では、東西に鉄道が通っているので、「影響なし」の地区が見られず、すぐに「影響小」の地区が広がっている。それに対し南側では、「影響なし」の地区が広がっている。

1.3 河川

河川は、主要道路や鉄道と異なり自然がもたらした障害物である。それを克服するには、架橋するか、暗渠化が行われる。すべての道路に架橋すれば、あるいは、河川を暗渠化すれば、河川障害を取り除くことができる。河川の障害度は、橋による渡河の待ち時間と、全道路に対する架橋された道路の割合で測定される。

図 6-5 は、店舗用地を中心とした集客圏内における河川の障害度の分布を表している。主要道路と同様に、河川を渡らないですむ町丁目は「影響なし」、1 度渡る町丁目は「影響小」、2 度以上渡る町丁目は「影響大」とした。店舗用地の周辺には、地域を分断するような河川がないので、河川障害の影響はない。

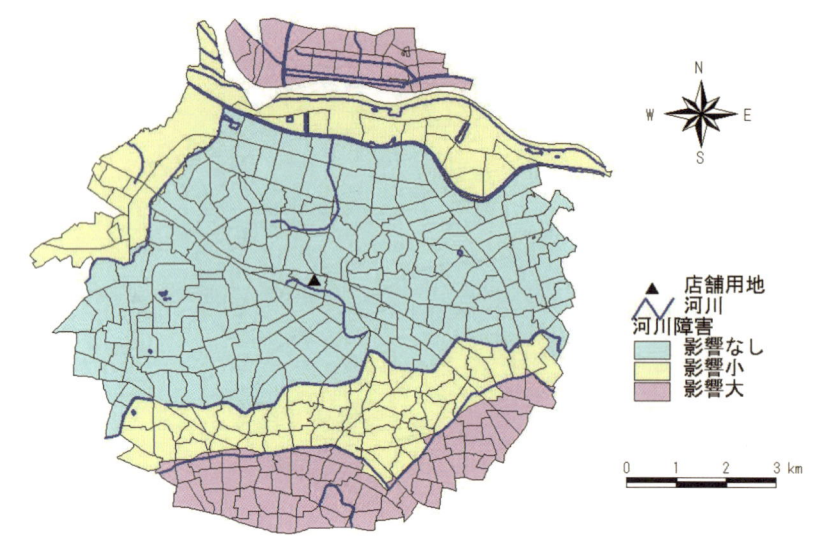

図6-5　店舗用地を中心とした集客圏内における河川の障害度の分布

1.4　地形

　地形も、河川と同様に自然がもたらす障害物である。図6-6は、店舗用地を中心とした集客圏内の地形の標高分布を表している。標高データとしては、国土地理院の「基盤地図情報ダウンロードサービス」から、数値標高モデル10mメッシュを取得した[1]。店舗用地は、標高30m台の台地上に位置している。その北側には谷が入り、店舗用地から2km北では標高が5m以下へと低下する。このことから、店舗用地の北側2kmに位置する住

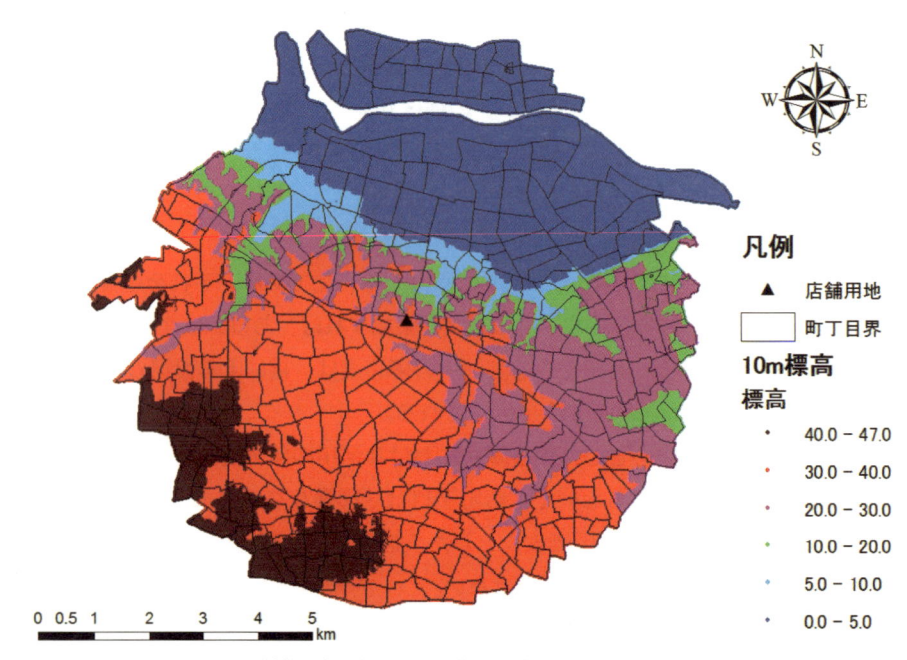

図6-6　店舗用地を中心とした集客圏内における地形の標高分布

民は、店舗用地に行くのに標高差が30mほどある台地に上ってこなければならない。徒歩、あるいは、自転車で行く場合、この標高差はかなりの障害になるであろう。

　このように店舗用地に行くときに上り坂の場合は、帰りは下り坂となる。店舗用地が低い標高に位置する場合は、この逆になる。いずれの場合も、一度は上りを体験しなければならない。また、店舗用地と居住地間の標高差はないが、一（ひと）山、あるいは、二（ふた）山向こうに店舗用地がある場合は、上り下りを何度も繰り返すことになり、標高差があるのと同じような障害となる。

　図6-7は、店舗用地を中心とした集客圏内における地形の障害度の分布を見るため、店舗用地との標高差の分布を示している。20m未満の町丁目では地形障害の「影響なし」、20m～35mでは「影響小」、35m以上では「影響大」と考えるならば、店舗用地の北側の集客圏は、地形障害の影響を大きく受けていることが明らかとなる。

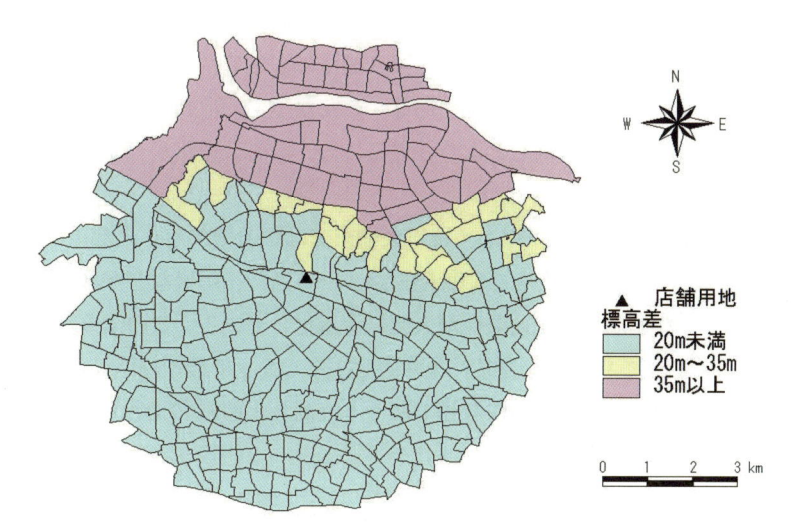

図6-7　店舗用地を中心とした集客圏内における地形の障害度の分布

1.5　大型施設、土地利用、自然

　店舗用地の近隣に顧客と結びつかない大型施設がある場合には、その施設は障害物になる。このような大型施設とは、墓地、運動場、倉庫、操車場などが挙げられる。集客圏内にこのような施設がある場合には、そこだけ顧客がない空白地区となる。集客圏内での空白地区の割合が高いほど、店舗用地の集客力は低下するであろう。また、大型施設の背後に居住する住民は、大型施設を横切って移動できない場合もあるので、迂回する分だけ移動距離が長くなり、大型施設障害が発生することになる。

　それに対し、大型施設であっても大学や病院、工場、公園のように、施設の利用者や就業者が顧客になる場合は、店舗用地にとって有益施設と見なされる。

　また、店舗用地を中心とした集客圏内に、田畑、林地などの土地利用が広く分布している場合、さらに、臨海部や山間部でよく見られることであるが、集客圏内に海や山が広く入ってしまう場合、店舗用地の集客力は大きく低下するので注意を要する。

2　自動車交通に影響する障害物

　交通手段として自動車やオートバイなど動力を利用する場合、店舗用地の集客力に影響を与える障害物の種類は、徒歩や自転車に比べ異なる。次に、自動車利用の場合における障害物の影響を考察する。

　前節で考察した主要道路、鉄道、河川、地形、大型施設の障害物の中で、まず、土地の高低差による地形障害は、自動車を利用する場合小さくなるであろう。また、大型施設に対しても、自動車は容易に迂回することができる。それでは、主要道路、鉄道、河川を渡る場合はどうであろうか。

　一般に、歩行の場合には、公道であればどこへでも移動可能であるが、自動車の場合には、物理的に、また、社会的に移動が規制されている。物理的には、狭隘な幅員の道路に自動車は侵入できない。社会的には、道路交通法によって、進入禁止、一方通行、右左折禁止などの自動車に対する道路規制がある。したがって、自動車を利用する場合、主要道路、鉄道、河川を渡る場合はもとより、どこに行くにも、道路が有する物理的、社会的規制が障害となる。

　道路が持つ物理的、社会的障害は、特に大都市では顕著である。大都市の道路網では、自然条件のほかに、車が通行できない狭隘道路、一方通行、信号などが多数存在するとともに、渋滞の発生などにより交通条件が大幅に複雑化している。このような特徴を持つ大都市の道路網に対し、これらの交通条件を考慮せずに GIS 上で最短経路探索を実行しても、その結果は現実とかけ離れたものになるであろう（高阪・関根 2007, 96-99）。

2.1　狭隘道路・一方通行道路

　第一の障害は、狭隘道路と一方通行道路である。GIS 上に大都市の道路網レイヤを表示してみると、道路網が良く発達しているように見えるが、車の進入を阻止する狭隘道路や一方通行道路の多い地区が存在する。図 6-8a は、狭隘道路と一方通行道路を考慮した場合の、居住地区の出発地点から店舗用地への自動車による最短経路を示している。出発地点から店舗用地へは、直線距離で見ると 700m と近いが、狭隘道路と一方通行道路があることから、このように 1,900m と 2 倍以上の距離を遠回りしなければならない。このことから、狭隘道路と一方通行道路の存在は、自動車にとって大きな障害物になる。

2.2　主要道路の中央分離帯

　片側 2 車線、3 車線などの主要道路では、中央分離帯が設けられている場合が多い。このような場合には、普通の道路のように右折して対向車線側に面する店舗用地に直接入ることはできない。図 6-8b は、そのような場合を示しており、居住地区から店舗用地へ向かうが、店舗用地の前には中央分離帯があるので、用地の前を一旦通り過ぎ、700 m 先の交差点（図 6-8b で黄色の地点）で U ターンして用地側の車線に入り 700 m 戻ることになる。中央分離帯や U ターン禁止帯は、自動車交通にとってこのような形で障害となっ

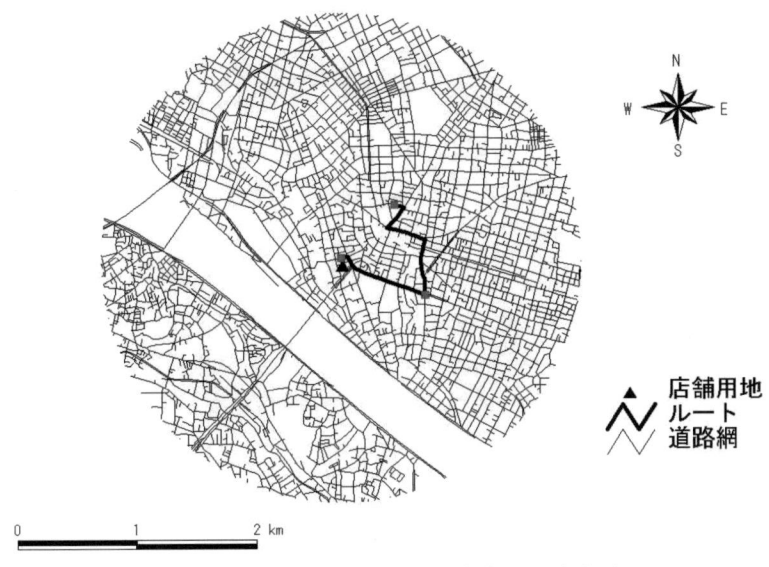

図 6-8a　狭隘道路と一方通行道路を考慮した最短経路

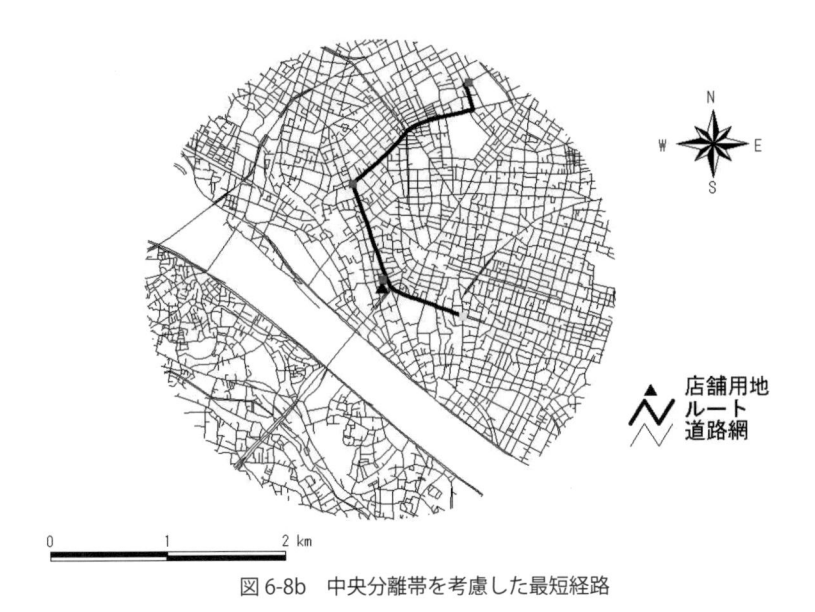

図 6-8b　中央分離帯を考慮した最短経路

ている。

3　障害度のパラメータ化

　それでは、各種の障害物は、交通に対しどの程度の障害度を与えるのであろうか。一般に、障害度は、障害が無い場合を 100％とした通過率で測定される。通過率 80％とは、障害によって 20％の交通が遮断されることを意味する。障害度は、例えば空間的相互作用モデルに通過率を組み込むことによって、集客予測に反映させることができる。

3.1　河川の障害度のパラメータ化

　河川の障害度は、前掲の図6-5からパラメータ化される。店舗用地へ行くのに、河川を渡る場合には、どんな幅の河川を何回渡るかで、町丁目は区分される。すなわち、河川を渡ることがない町丁目は水色で表され、パラメータは0である。河川を1度渡らなければならない町丁目は黄色で示され、パラメータは1である。河川を2度、あるいは、大河川を渡らなければならない町丁目はピンク色で示され、2のパラメータを与える[2]。このように区分された町丁目に、パラメータ0の場合は障害が無いので100％、パラメータ1は80％、パラメータ2は50％のような通過率が付けられる。

　河川の障害度は、通過率を空間的相互作用モデルに組み込むことで、集客予測に反映される。なお、主要道路、鉄道、地形に対する障害度のパラメータ化も、上記の河川の障害度をパラメータ化したのと同様の方法で行われる。

3.2　交通条件の障害度のパラメータ化

　地域における交通条件の障害を見るには、各種の交通条件を考慮して、居住地点から店舗用地までの道路距離の測定が行われる。図6-9では、GISのネットワーク分析を利用し、複雑な交通条件を考慮して測定された各町丁目中心点から店舗用地への道路距離を町丁目中心点の属性データとして付与し、その値に基づき等値線を引いたものである。交通条件としては、①渡河のための遠回り、②Uターンための遠回り、③狭隘道路・一方通行道路による迂回、の三つの条件を考慮した。

　図6-9で、店舗用地を中心とした直線距離2km圏内での道路距離圏の分布を見ると、道路距離1km圏、2km圏は小規模となり、幹線道路に沿って南東方向に尾を引いた形で形成されている。北部と河川の南側では道路距離は長くなり、北部では3km台、河川の南側では4km～7km台にも達する町丁目が見られる。交通条件の影響は、複雑な交通条件を考慮して道路距離で測定し、その道路距離を空間的相互作用モデルの距離関数に組

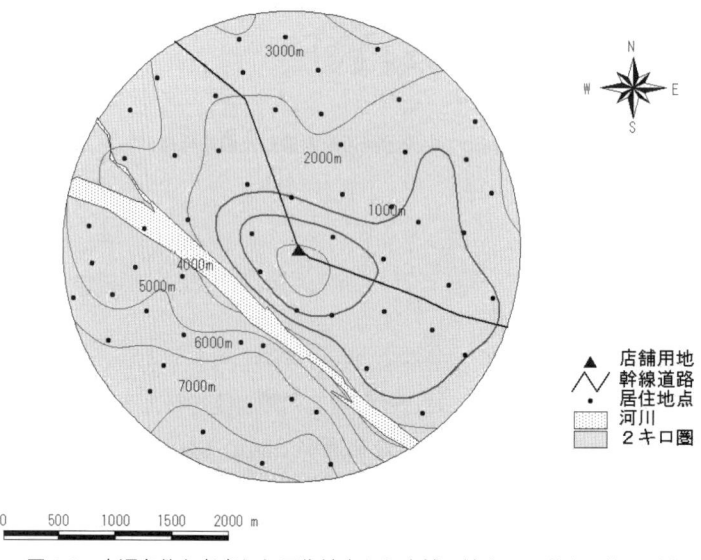

図6-9　交通条件を考慮した居住地点から店舗用地までの道路距離の測定

み込むことによって、集客予測に反映される。

注
1）国土地理院の「基盤地図情報ダウンロードサービス」は、以下の URL でアクセスできる。
　http://www.gsi.go.jp/kiban/index.html（2013 年 6 月 2 日現在）。
2）なお、パラメータの数値 0、1、2 は町丁目を区別するためのもので、数値には意味はない。

II部 GISを利用した立地評価と集客予測

第 7 章 用地評価

　Ⅰ部では、集客圏の市場規模、市場の質、競合環境、顧客発生源の集客力、障害物の影響を分析した。Ⅱ部では、これらの「集客圏分析」の結果を利用して、「立地評価」と「集客予測」を行う。

1　立地評価の方法

1.1　店舗の立地評価に関わる三レベルの因子

　店舗の売上に影響する要因として、マッカーシーは4Pを指摘した（浦郷ほか, 1978）。第一のPは商品（Product）であり、有形財や無形サービスそのものに対し、顧客が付与する価値が高ければ、それを販売する店舗の売上は上がる。第二は価格（Price）であり、その高低は売上に影響する。第三は地点（Place）であり、本章の研究課題なので、以下に詳述する。なお、第四は宣伝（Promotion）である。

　第三のPとなる地点は、商品を販売する場所であり、店舗の立地点に相当する。顧客が集まる良い地点に店舗が立地すれば、売上は増大するが、良くない地点では思うように売上を伸ばすことはできない。そこで、店舗にとっての立地点の良し悪しを見るため、出店する前に、小売企業は「立地評価」を行う（会田 1999, 112-131）。

　店舗の立地評価に際して、図7-1に示すように、三つのレベルの因子を考察する必要がある。第一は、「施設（ファシリティ）」の因子である。どんなに素晴らしい商品を販売しようと、商品を置く施設（店舗）が薄汚れていれば、売上は落ちるであろう。第二は、施設が建っている「用地（サイト）」の因子である。用地とは、施設が立地する土地（敷地）であり、施設と直接に関わる物的環境を指す。極端な例になるが、どんなに洒落た店舗を作っても、道路に接続していない用地では、顧客は集まらない。第三は「場所（ロケーション）」の因子であり、用地の周辺環境にあたる。例えば、用地の周辺に多くの人口が居住していれば、店舗に多くの顧客が来るので、場所が良いのである。Ⅰ部の「集客圏分析」では、この場所の因子について、さまざまな側面を取り上げた。

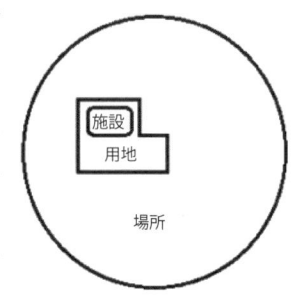

図7-1　店舗の立地評価に関わる三レベルの因子

　このように、店舗の売上は、図7-1に示すような入れ子型の階層を成す三レベルの因子の影響を受けている。このことから、立地評価では、三レベルの因子の中で、地点に関わる「用地」と「場所」を測定し、評価する[1]。本章では、「用地評価」に関わる因子を取り上げ、次章で「場所評価」に関わる因子を考察する。

1.2 立地評価に関わる測定方法と評価方法

立地評価では、用地と場所の因子に対し、さまざまな要素が関わっている。それらの多くの要素を考慮して評価を行うため、評価点付け法（レーティング法：rating approach）が利用される（Birkin *et al.* 2002, 139-142）。この方法では、さまざまな尺度で測定された要素を、相互に比較できるように標準化する。また、店舗の売上に寄与する度合いに応じて、因子や要素の重要度を変える。そのため、因子や要素に重み（ウエイト）を与えることで、それらが持つ重要度を評価に反映させる。

表7-1は、立地評価に関わる評価因子に対し、評価要素、評価項目などの用語の関係を表している。同表では、事例として、評価因子を「用地」としているが、これは理解をしやすくするためであり、「場所」の因子に対しても、同様の表が作成される。一般に、「評価因子（ファクター）」は、数個の「評価要素（エレメント）」で構成される。例えば、「用地」因子は、敷地、交通状況、視認性、駐車場の四つの評価要素で成り立っている。表7-1では、これらは、評価要素1、同2、…、とn個まで縦に列挙されている。次に、評価要素は、複数の「評価項目（アイテム）」で構成される。例えば、交通状況であると、道路幅員と交通量の二つの評価項目で成り立っている。これらは、表7-1では、評価項目1、同2、…、と縦に示される。

表7-1 評価因子を構成する評価要素と評価項目の関係

評価因子	評価要素	評価項目	評価変数	評価基準
用地	1	1	1	1～10
		2	2	：
		：	：	
	2	1	1	1～10
		2	2	：
		：	：	
	：			
	n	1	1	1～10
		2	2	：
		：	：	

さらに、評価項目は「評価変数(バリアブル)」で測定される。前面道路の交通量であると、1時間当たりの歩行者通過量が変数となり、その値が測定される。評価変数に対する「評価基準（クライテリア）」では、測定量（1時間当たりの歩行者通過量）を標準化するため、例えば1～10の評価点が付与される。評価因子と評価要素の関係、及び、評価要素と評価項目の関係が「1対多」であるのに対し、評価項目と評価変数、及び、評価変数と評価基準の関係は、「1対1」の関係である。

このようにして店舗の立地評価に関わる因子は、測定され、評価される。そして、それらを総合して、立地評価は行われる。すなわち、地点iの評価点E_iは、

$$E_i = \Sigma_j \Sigma_k \Sigma_h F_{ijkh} \times W_j \tag{7-1}$$

で示される。ただし、F_{ijkh}は地点iにおける因子jの要素kの項目hの評価点を表す。W_j

は因子 j の重みであり、その因子が持つ重要度を示す。店舗の立地評価では、地点 $i = 1, 2, \cdots, m$ の中で、

$$\text{Maximize } E_i \atop \{i\} \tag{7-2}$$

となる地点が、最も高く評価された地点として選ばれることになる。

2　用地評価

2.1　用地因子の評価要素と評価項目

　前節で示したように、店舗の売上に影響する因子には、施設、用地、場所の三つのレベルがある。本節では、店舗が立地する土地（敷地）に関わる「用地因子」の評価を行う。表7-2は、店舗の用地因子に関する典型的な四つの評価要素を示している。それらは、敷地、交通状況、駐車場、視認性の四要素である。しかし、評価要素は、店舗の業種によって異なる。幹線道路に立地するガソリンスタンド、カーディーラー、家具店、ファミリーレストランなどでは、敷地、特にその規模が重要な要素になる。一方、

表7-2　用地因子の評価要素

因子	評価要素
用地	1．敷地の制約 2．地域の交通状況 3．駐車場 4．視認性

出典：藤田・村山 (1991) p.250.

市街地のコンビニエンスストアやドラッグストア、飲食店などでは、交通状況の中でも前面道路の交通量が重要となるであろう。以下に示す用地の評価要素の測定は、かなり詳細なものであり、用地の評価要素の中で敷地や駐車場が重要となるカーディーラーに対するものである。敷地や駐車場の要素が重要とならない業種は、その一部の項目の測定に留めればよい。

　表7-3は、大きな敷地を必要とする業種に対する、用地因子の評価要素ごとの評価項目をリストしている。「敷地」の評価要素では、面積、間口、形状、位置の四つの評価項目で測定される。店舗と駐車場を設けるために十分な面積があること、間口はできるだけ広いこと、形状は矩形で長辺が出入り口となる前面道路に面していること、位置としては角地であることが望ましい条件である。

　「交通状況」の評価要素では、前面道路の道路幅員と交通量の評価項目が用いられる。㈱昭文社のデジタル地図 MAPPLE10000 は、属性データとして道路幅員のデータを持っている。図7-2に示されるような道路幅員の分布図を作成しておけば、用地の前面道路の幅員と周囲の道路環境を知ることができる。

　12時間交通量、ピーク速度、片側車線数は、三井造船システム社（2003）の道路地図の属

表7-3　用地因子の評価項目

用地の評価要素	評価項目
敷地	面積 間口 形状 位置
交通状況	道路幅員 交通量
駐車場	駐車台数 イン（入車）場所の識別 入りやすさ
視認性	店舗 看板

図 7-2　道路幅員の分布

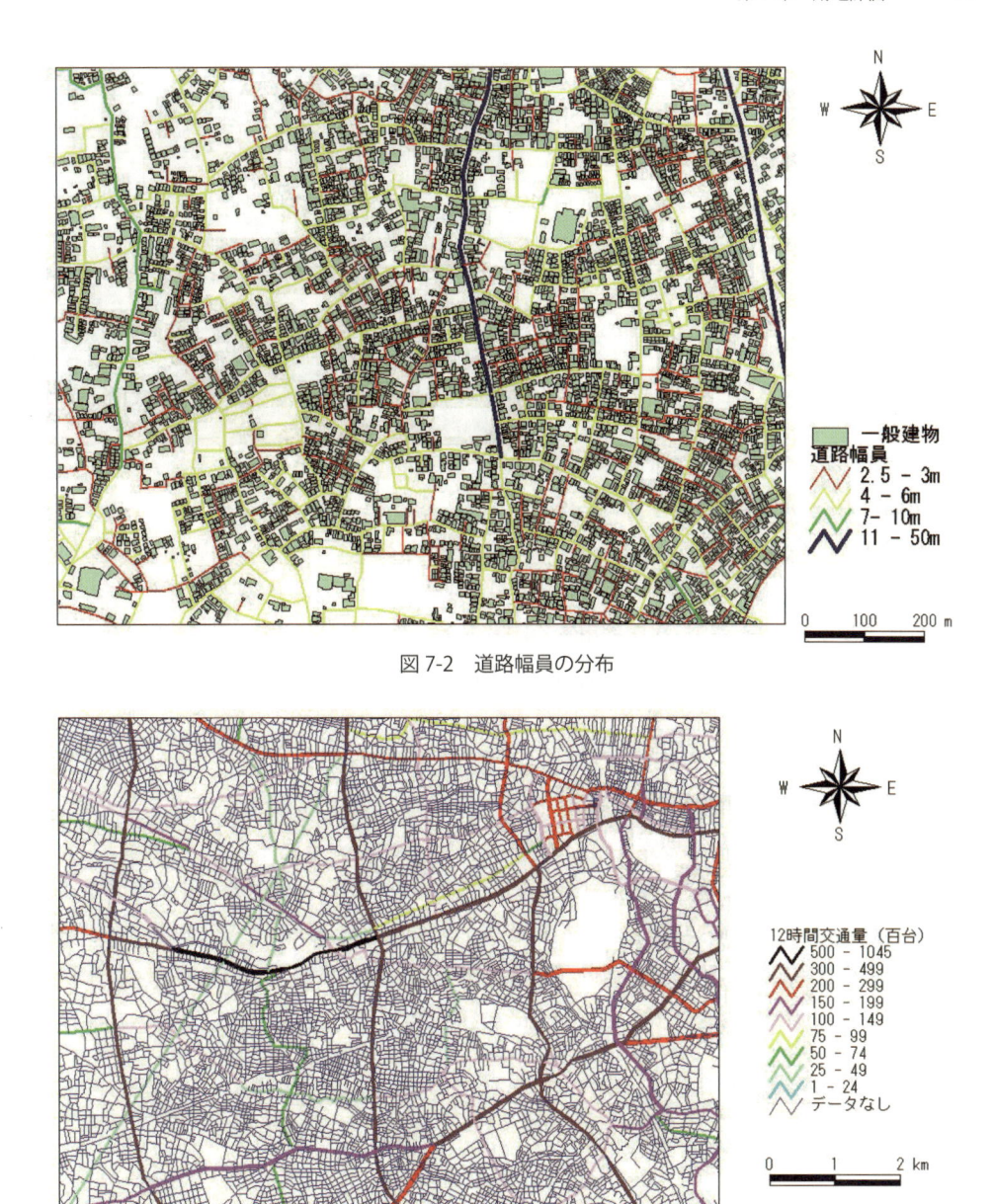

図 7-3　道路の 12 時間交通量の分布

性表から入手できる。図 7-3 は、東京西部における道路の 12 時間交通量の分布を示している（高速道路は除かれている）。北東部に見られる田の字の赤色（2 万台／12 時間）の道路網は、新宿新都心である。その北側と南側を放射状に西に伸びる道路は、青梅街道と甲州街道である。新宿新都心から西側には、山手通り、環状七号線、環状八号線が南北に通る。12 時間交通量が 5 万台以上の黒色で示される区間は、甲州街道の環七と環八間で現れる。中央分離帯、信号、狭隘道路、一方通行、Uターン、有料道路の情報は、㈱昭文社（2004）の地図から得られる。中央分離帯があると右折ができないので、車でのアクセスは不便になる。狭隘道路や一方通行道路の存在も、車の進入を阻害する。用地の手前に信号があると、信号で車の速度が落ちたり、停車したりするので、用地へ入りやすく

なる。

　カーディーラーやファミリーレストランなど車による利用客が多い業種では、店舗としての敷地のほかに、「駐車場」の評価要素が関係する。駐車場は、待たずに入れる駐車台数があるのかのほかに、イン（入車）の場所の識別のしやすさや、入りやすさの項目から評価される（表7-3）。

　「視認性」の評価要素は、店舗や看板が車や通行者からよく見えるかを表している。用地がよく見える場所に位置しているならば、人々への認知度は高まり、顧客になる可能性は高まる。視認性を調査するには、図7-4に示すように、写真を撮影しておくと、現状をリアルに記録できる。車を利用する顧客が多い業種では、車中から視認性を確認する必要がある。歩行者の顧客が多い場合は、歩行者の視点で店舗や看板が見える用地が望ましい。

図7-4　店舗や看板の視認性

2.2　用地因子の評価変数と評価基準

　表7-4は、用地因子の評価要素ごとの評価項目と評価変数の一覧である。評価変数とは、評価項目を測定する際に用いられる変数であり、それらの関係は前掲の表7-1ですでに論じた。評価項目は、店舗の業種によって異なり、カーディーラーのようにドライバーを相手にする場合は、前面道路の車両通過台数や駐車場の台数が重要項目になるのに対し、コンビニエンスストアでおもに歩行者を相手にする場合は、歩行者通行量や看板の視認性が

表7-4　用地因子に対する評価要素ごとの評価項目と評価変数

1	敷地
	面積：用地の面積の測定（平方メートル）
	間口：間口の測定（メートル）
	形状：どんな形状か
	長方形（横長）が良い、正方形、長方形（縦長）、不等辺四辺形（要図面）
	位置：角地との関係　二面で道路に面している角地が最高である
2	交通状況
	交通量：車両通過台数：上下線12時間車両通過台数（台）
	歩行者通行量：1時間あたりの歩行者通行量（人）
	片側車線数：いくつか（側道などは入らない）（本）
	中央分離帯：（ある／ない）
	一方通行：一方通行の制限（ある／ない）
3	駐車場
	入りやすさ：イン・アウトが容易であるか（はい／いいえ）
	台数：待たずに駐車できる台数があるか（はい／いいえ）
4	視認性
	看板：店頭に看板を立てた場合、歩行者やドライバーの視界に入ってくるか（はい／いいえ）
	店舗：店舗自体が、歩行者やドライバーの視界に入るか（はい／いいえ）
	視界をさえぎるものは何か：建物、看板、道路標識、信号、陸橋、街路樹、電線・電柱

重要となる。

表7-5は、評価点付け法で用いられる評価項目ごとの評価基準と評価点の一覧である。用地因子は、50点の最高評価点が与えられており、各評価要素では、敷地で15点、交

表7-5 用地評価のための評価項目ごとの評価基準と評価点の一覧

	最高評価点	
1 敷地	15	
面積	4	～750m^2：0　～1000m^2：1　～1250m^2：2　～1500m^2：3 ～2000m^2：4
間口	4	～20m：0　～25m：1　～30m：2　～35m：3　35m～：4
形状	4	不等辺形：0　縦長長方形：2　横長長方形：4
位置	3	角地でない：0　角地である：3
2 交通状況	15	
交通量	5	～10,000台：0　～20,000台：1　～30,000台：2 ～40,000台：3　～50,000台：4　50,000台～：5 *台数／12時間
片側車線数	3	狭隘：0　1車線：1　2車線：2　3車線以上：3
中央分離帯	2	前面にある：0　ない：2
一方通行	5	一方通行の制限がある：0　ない：5
3 駐車場	10	
入りやすさ	5	入りにくい：0　普通：3　入りやすい：5
台数	5	駐車場なし：0　1～5台：2　6～9台：3　10～15台：4 16台～：5
4 視認性	10	
看板	5	見えない：0　少し見える：1　普通：2 よく見える：3　非常に良く見える：5
店舗	5	見えない：0　少し見える：1　普通：2 よく見える：3　非常に良く見える：5
計	50	

用地

1 敷地	測定値	評価点	最高評価得点	参考資料
面積	500m²	0	4	
間口	15m	0	4	
形状	不等辺形	0	4	
位置	角地である	3	3	
2 交通状況				
交通量	35,000台	3	5	図7-3
片側車線数	2車線	2	3	
中央分離帯	前面にある	0	2	
一方通行	制限ある	0	5	
3 駐車場				
入りやすさ	入りにくい	0	5	
台数	3台	2	5	
4 視認性				
看板	良く見える	5	5	図7-4
店舗	普通	2	5	
合計		17	50	

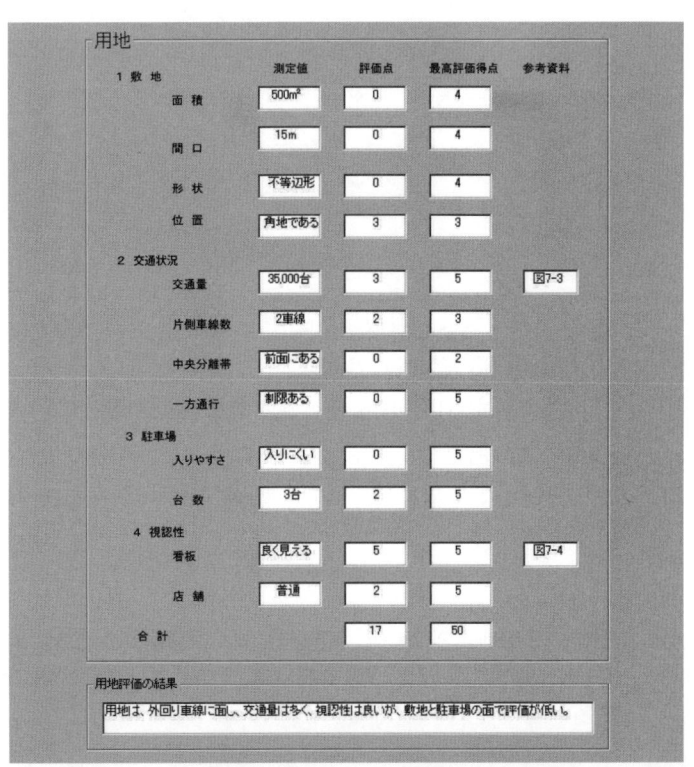

用地評価の結果
用地は、外回り車線に面し、交通量は多く、視認性は良いが、敷地と駐車場の面で評価が低い。

図7-5 カーディーラーの店舗候補用地に対する用地因子の評価要素ごとの評価結果

通状況で15点、駐車場で10点、視認性で10点が付けられている。評価項目では、その最高点を上限、ゼロを下限として、評価基準が構成される。例えば、片側車線数では、狭隘道路に0点、1車線道路に1点、2車線道路に2点、3車線以上の道路に3点が付けられる。評価点の付け方も、店舗の業種によって異なるので工夫を要する。

2.3　用地評価の結果

店舗用地は、用地因子の各評価変数に対するこの評価基準に従って評価点が付けられ評価される。図7-5は、表7-5に示された評価基準に基づく、カーディーラーの候補用地に対する用地評価の結果を示している。変数ごとに、測定値、評価点、最高評価点の欄がある。測定値は、用地の現地調査、GISによる地図作成などで得られる。用地因子の中で

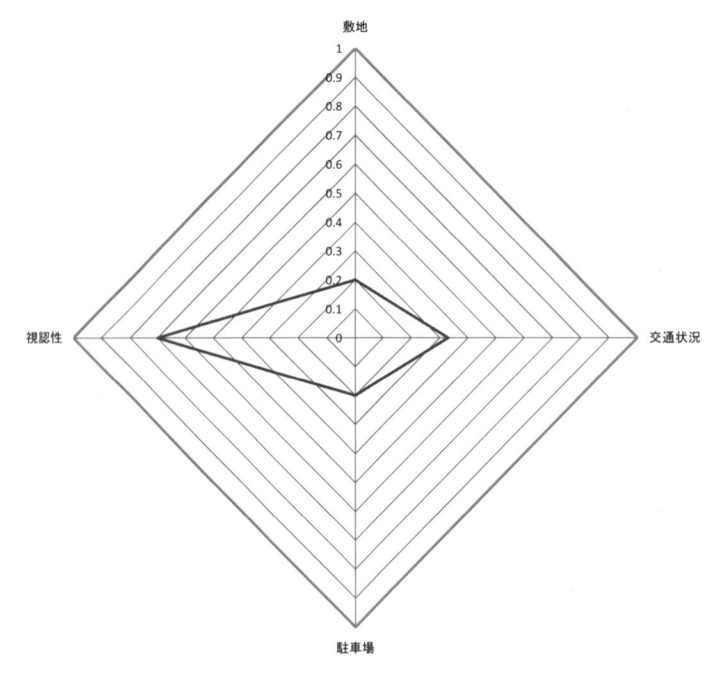

図7-6　用地因子の評価要素ごとの評価結果のレーダーチャート

高い評価点を取っている評価変数は、看板の視認性、交通量、敷地の位置であるが、50点中17点しか取れず、用地評価の結果は低い。

図7-6は、店舗候補用地に対する用地因子の評価要素ごとの評価結果をレーダーチャートで示している。この用地は、視認性のみ高く評価されることが明らかとなる。複数の用地の評価結果をレーダーチャートに重ねることで、個々の用地の特徴を読み取ることができる。

注
1) 立地評価とは、本書では「用地」と「場所」の因子に対し評価を行うときに用いる。「用地」因子を評価する場合や、「場所」因子を評価する場合は、それぞれ「用地評価」と「場所評価」を用いる。

第8章 場所評価

　前章では、店舗の立地評価に際して取り上げる三レベルの因子を示し、「用地因子」に関わる評価要素を評価した。本章では、「場所因子」に関わる「市場」と「競合」に関する評価要素を取り上げ、それらを構成する評価項目から場所評価を行う。

1　市場規模の評価

1.1　距離を考慮した集客圏の市場規模の推定

　「市場」では、市場規模、市場の質、市場の成長性の三つの評価要素を評価する。「市場規模」は、場所因子に関わる「市場」の中で、最も重要な評価要素である。すでに第1章において、店舗用地を中心とした集客圏内の集客人口を算出することにより、「市場規模」の推定を行った。

　店舗用地を中心とした集客圏内の集客人口は、店舗用地ごとに大きく異なる。そこで、以下では、ドラッグストアの店舗用地A～Mの13用地を事例として、「市場規模」を評価する。表8-1は、AからMの店舗用地に対し、2kmの集客圏内の人口数を測定している。最低は用地Eの3万2千人で、最高は用地Gの12万7千人である。最低と比較すると、最高は3.9倍も多い。なお、平均は8万2千人である。このように、2kmの集客圏内の市場規模は、店舗用地ごとに大きく異なる。

　次に、店舗用地を中心とした集客圏内でも、店舗用地の直近の人口と周辺部の人口では、売上に占める重み（ウエイト）が異なるであろう。そこで図8-1では、ドラッグストアの用地Aを中心とした2km圏の人口分布図上に、500mごとにバッファを生成し、0-500

表8-1　集客圏内の人口数、距離重み人口数、市場規模の評価点

用地ID	2km圏内の人口数	0-500m	500m-1km	1km-1.5km	1.5km-2km	距離重み人口数	市場規模の評価点
A	36,871	4,798	9,797	7,101	15,175	1,193	2
B	107,252	7,915	26,279	38,911	34,147	2,558	5
C	67,050	6,356	17,800	19,970	22,924	1,839	3
D	110,295	8,307	23,948	34,190	43,850	2,520	5
E	32,859	2,071	6,881	13,414	10,493	698	1
F	88,091	6,696	21,785	27,465	32,145	2,111	4
G	127,135	12,019	29,072	34,720	51,324	3,309	6
H	93,327	6,102	21,619	29,628	35,978	2,036	4
I	121,476	11,614	30,707	41,030	38,125	3,326	6
J	106,722	5,805	19,962	36,529	44,426	2,003	4
K	41,419	3,186	8,633	12,794	16,806	945	1
L	33,493	3,204	7,094	11,496	11,699	873	1
M	108,458	9,248	27,063	31,054	41,093	2,748	5
平均	82,650	6,717	19,280	26,023	30,630	2,012	-

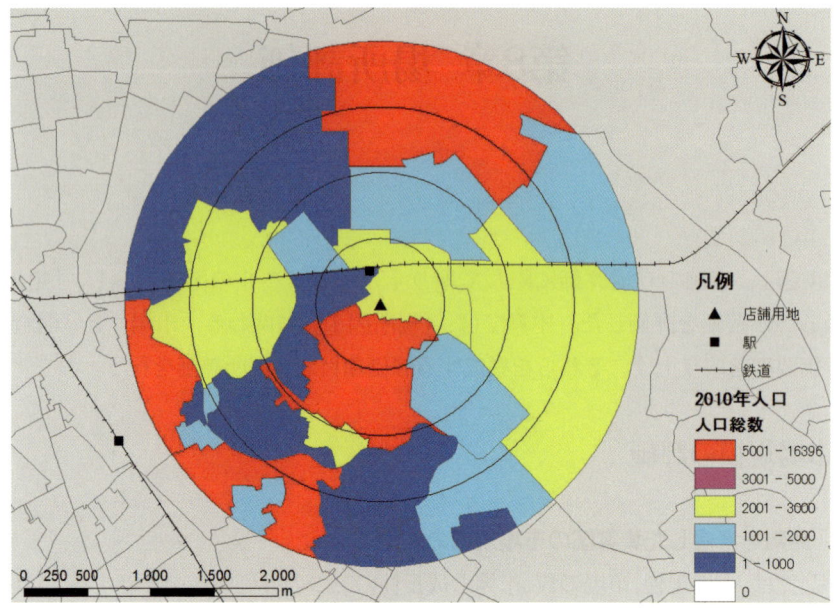

図 8-1　用地 A を中心とした 2km 集客圏内における 500 m 距離圏ごとの人口分布

m 圏、500m-1km 圏、1km-1.5km 圏、1.5km-2km 圏を重ね合わせている。そして、500 m 距離圏ごとの人口数を、町丁目・字の面積按分を用いて算出した。表 8-1 の中央の欄は、13 用地に対し、500 m 距離圏ごとの人口数をまとめている。0-500m 圏の人口数は、用地 E が最低で 2 千人、用地 G が最高で 1 万 2 千人にのぼる。500m-1km 圏では、最低が用地 E の 6 千人で、最高は用地 I の 3 万人である。このように、用地ごとに集客人口は大きく変化する。距離圏ごとの人口数の平均を見ると、0-500m 圏で 6 千人、500m-1km 圏で 1 万 9 千人、1km-1.5km 圏で 2 万 6 千人、1.5km-2km 圏で 3 万人となり、外側ほど圏域の面積が大きくなるので当然ではあるが、人口数も多くなる。

　店舗用地から遠くなる距離圏の人口ほど、用地に立地する店舗の売上に対する寄与率は低下することから、図 8-2 では、横軸に店舗からの距離（x）、縦軸に人口 100 人当たりの店舗利用数（y）を取り、店舗利用数に距離逓減関数を当てはめた。その結果、

$$y = 33.64\exp(-0.003x) \tag{8-1}$$

で表される指数関数が、決定係数 58.5％で適合することが明らかになった。表 8-2 では、人口に付与する距離圏ごとの重み（ウエイト）値として、0-500m 圏では、店舗から 250m の地点での式（8-1）の期待店舗利用数を、500m-1km 圏、1.5km-2km 圏、1.5km-2km 圏では、それぞれ 750m、1250m、1750m の地点での期待店舗利用数を用いている。これらの重み値は、店舗利用の距離逓減率を表しており、このように実データが入手できるならば、それを用いるとよい。

　表 8-1 の右の欄には、各用地に対し、この距離による重みを考慮した人口数（利用人口数）を示している。最高は、用地 I と G の 3 千 3 百人である。逆に、最低は用地 E であり、6

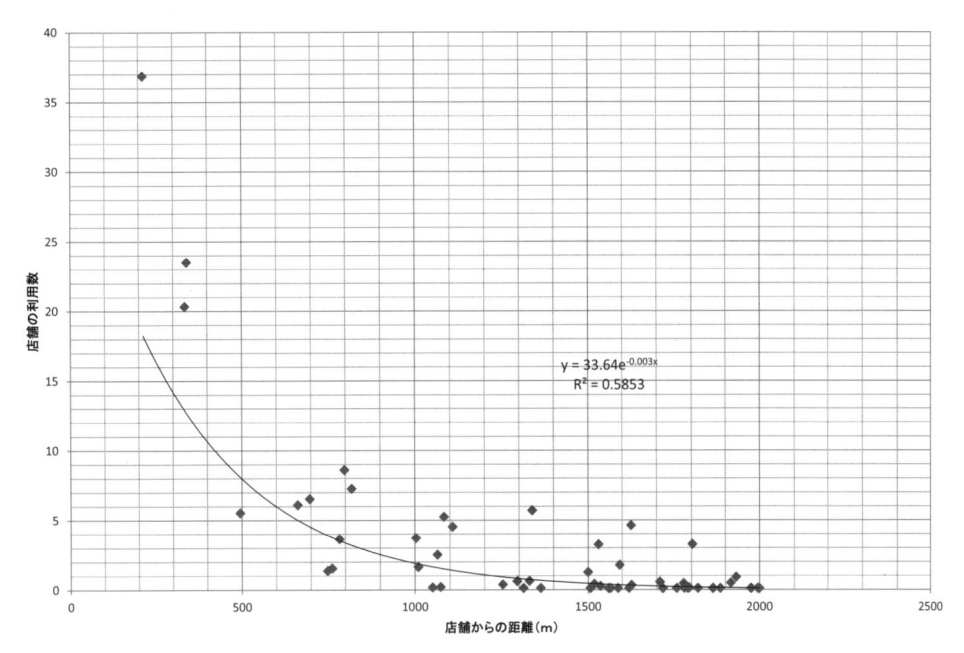

図8-2 店舗からの距離に伴う店舗利用数の逓減関数

表8-2 集客人口に付与する距離圏ごとの重み値

距離圏	重み値（期待店舗利用数）
0-500m	15.9 回／100 人
500m-1km	3.5
1km-1.5km	0.8
1.5km-2km	0.2

百人で、最高の用地の五分の一である。

1.2 市場規模の評価

次に、2km集客圏内の距離重み人口数を基準にして、店舗用地に対する市場規模を評価する。表8-3は、市場規模の評価項目に対する評価基準と評価点を示している。評価基準は、2kmの集客圏内の距離重み人口数を5百人ごとに分け、0点から10点までの評価点で成り立っている。この評価基準に基づき13用地を評価すると（表8-1の右端の欄を参照）、市場規模で最も評価が高いのは用地IとGであり、10点満点中6点を獲得している。それに対し、用地E、K、Lは最も評価が低く1点である。

表8-3 市場規模の評価項目に対する評価基準と評価点

評価基準（2km圏内の距離重み人口数）	市場規模の評価点
0-499 人	0
500-999	1
1000-1499	2
1500-1999	3
2000-2499	4
2500-2999	5
3000-3499	6
3500-3999	7
4000-4499	8
4500-4999	9
5000-	10

2 市場の質の評価

市場は、人口数のような市場の量的側面のほかに、市場の質的側面からも評価される必要がある。集客圏内の人口数がほぼ同じであっても、経済的水準が高ければ、市場規模は

拡大し、高齢化が進んでいれば、市場規模は縮小する場合がある。第3章では、地域住民の質的側面として、経済的側面と人口的側面を考察した。本節では、地価と老年人口比の評価項目から経済的側面と人口的側面に注目し、場所因子に関わる評価要素の一つである「市場の質」を評価する。

2.1 経済的側面から見た市場の質の評価

ドラッグストアの顧客は、薬品・化粧品・日用雑貨などを大量に購入する子どもを持った世帯や若者である。地価が高い地域では、このような居住者の経済活動も活発と考えられるので、ドラッグストアにとってもプラスとなる。表8-4は、A〜Mの13用地が位置している町丁目・字内の地価（2012年）を示している[1]。地価の最高は、24万円の用地Gであり、次いで19万円の用地Iである。それに対し低いのは、用地Eの5万円であり、用地LとKの6万円が続く。用地の所在地は、大都市圏の郊外なので、それほど高価な地価は含まれていない。

表8-4 地価（2012年）から見た市場の質の評価点

ID	地価（円／m²）2012年	市場の質（地価）の評価点
A	122,000	2
B	117,000	2
C	98,700	1
D	160,000	3
E	53,400	1
F	134,000	2
G	248,000	4
H	119,000	2
I	196,000	3
J	148,000	2
K	67,400	1
L	62,100	1
M	157,000	3

「国土数値情報ダウンロードサービス」に基づく

表8-5は、地価の評価項目から見た市場の質に対する評価基準と評価点を示している。一般に、地価が高くなると、地域住民の購買活動も活発になると考え、評価点を付けた。この評価点に基づき、表8-4の右端の欄では、用地ごとに地価から見た市場の質の評価点を付与した。用地Gはこの中で最高の4点であるのに対し、用地Eなどでは最低の1点であった。

表8-5 地価から見た市場の質の評価基準と評価点

評価基準（地価：2012年，万円／m²）	市場の質（地価）の評価点
5万円未満	0
5.0 - 9.9	1
10.0-14.9	2
15.0-19.9	3
20.0-24.9	4
25.0-29.9	5
30.0-39.9	6
40.0-49.9	7
50.0-59.9	8
60.0-69.9	9
70.0 以上	10

2.2 人口的側面から見た市場の質の評価

ドラッグストアの顧客対象は、上記のように、おもに子どもを持った世帯と若者なので、集客圏内の人口の高齢化は、ドラッグストアにとってマイナスと考えられる。表8-6は、2010年における13用地に対する2km集客圏内の老年人口比（65歳以上の人口の割合）を示している。老年人口比が最高の集客圏は、23.0％の用地Fであり、20.0％を超える用地は6か所も出現している。それに対し、最も少ないのは用地Iで、14.6％であった。2010年における日本全体の老年人口比は23.1％であるので、用地Fは日本全体とほぼ同じ水準である。

表8-7は、老年人口比から見た市場の質の評価基準と評価点を示している。一般に、老

表 8-6　老年人口比（2010年）から見た市場の質の評価点

ID	老年人口 2010年	老年人口比 2010年	市場の質（老年人口比）の評価点
A	7,395	20.1	5
B	23,647	22.0	5
C	13,590	20.3	5
D	19,166	17.4	7
E	6,774	20.6	5
F	20,255	23.0	4
G	20,730	16.3	7
H	17,808	19.1	6
I	17,689	14.6	8
J	18,078	16.9	7
K	6,774	16.4	7
L	7,176	21.4	5
M	21,228	19.6	6

表 8-7　老年人口比から見た市場の質の評価基準と評価点

評価基準（2km圏内の老年人口比）	市場の質（老年人口比）の評価点
32.5 以上	0
30.0-32.4	1
27.5-29.9	2
25.0-27.4	3
22.5-24.9	4
20.0-22.4	5
17.5-19.9	6
15.0-17.4	7
12.5-14.9	8
10.1-12.4	9
10.0 以下	10

年人口比が高くなると、地域住民の購買活動も低下すると考えて、低い評価点を付けた。この評価点に基づき、表8-6の右端の欄では、用地ごとに老年人口比から見た市場の質の評価点を付与した。用地Fでは最低の4点であるのに対し、用地Iでは最高の8点を得た。

3　市場の成長性の測定と評価

3.1　市場の成長性の測定

「市場」に関わる評価要素の中で、第三は「市場の成長性」である。店舗用地を中心とした集客圏内の市場が、成長しているのか、現状維持なのか、衰退しているのかを分析し、評価する必要がある。市場の成長性の最も一般的な測定方法は、集客圏内の人口数を市場規模と考え、その変化を捉えることである。表8-8は、2000年の国勢調査小地域集計を用いて、2000年の人口分布図を作成するとともに、AからMの13用地を中心とした2km集客圏内の2000年の人口数を算出した。そして、2010年の2km集客圏内の人口数と比べ、10年間の人口数の変化を求めている。用地Gでは、1万2千人と最も人口数が増加したのに対し、用地Fでは、3千人と人口数が最も減少した[2]。

表 8-8　2000年から2010年における集客圏内の人口数の変化

用地ID	2010年の人口数	2000年の人口数	10年間の人口数の変化	成長性の評価点
A	36,871	32,628	4,243	6
B	107,252	108,938	-1,686	4
C	67,050	64,879	2,171	6
D	110,295	98,337	11,958	8
E	32,859	33,589	-730	4
F	88,091	91,440	-3,349	3
G	127,135	114,198	12,937	8
H	93,327	90,234	3,093	6
I	121,476	111,228	10,248	8
J	106,722	95,430	11,292	8
K	41,419	40,636	783	5
L	33,493	33,712	-219	4
M	108,458	100,288	8,170	7

3.2 市場の成長性の評価

このような集客圏内の人口数の変化から、市場の成長性を評価するため、表8-9では、市場の成長性の評価項目に対する評価基準と評価点を示している。評価基準は、2km圏内の人口数の変化を、1.5万人以下の減少の0点から、2万人以上の増加の10点までの評価点で成り立っている。この評価基準に基づくと、表8-8の右端の欄に見るように、用地D、G、I、Jは評価点が8点であり、評価が高い。

表8-9 人口数の変化から見た市場の成長性の評価基準と評価点

評価基準（2km圏内の人口数の変化）	市場成長性の評価点
－15,000人以下	0
－10,000から－14,999	1
－5,000から－9,999	2
－2,000から－4,999	3
0から－1,999	4
1から1,999	5
2,000から4,999	6
5,000から9,999	7
10,000から14,999	8
15,000から19,999	9
20,000以上	10

4 競合環境の分析と評価

以上は、場所因子に関わる「市場」に対し、市場規模、市場の質、市場の成長性の三つの評価要素を取り上げ、評価を試みた。次に、場所因子に関わるもう一つの重要な評価要素である「競合」について評価する。

第4章で論じたように、まず集客圏内において、競合店舗の同定作業を行う。次に、店舗用地に近い距離圏から順番に競合店舗数を集計し、店舗用地を中心とした距離圏ごとに競合環境を分析する。表8-10は、AからMの13用地に対し、500m距離圏ごとの競合店舗数をまとめている。例えば、用地Aにおいては、0-500m圏内に1店舗、500m-1km圏内に1店舗、1km-1.5km圏内に1店舗が立地している（第4章の図4-9を参照）[3]。

出店しようとする店舗用地の近隣に競合店舗が多く立地しているほど、競合環境は厳しいので、表8-11では、距離圏ごとに競合店舗の重み値を表している。0-500m圏では3点、500m-1km圏では1点、1km-1.5km圏では0.3点である。用地から0-500m圏内に競合店舗がある場合には、新規店舗は既存競合店舗の1次商圏から集客することになるの

表8-10 用地から500m距離圏ごとの競合店舗数と距離重み競合店舗数

用地ID	距離圏ごとの競合店舗数			距離重み競合店舗数	競合の評価点
	0-500m	500m-1km	1km-1.5km		
A	1店	1	1	4.3	8
B	3	10	0	19.0	2
C	0	3	2	3.6	8
D	4	9	5	22.5	0
E	0	2	1	2.3	10
F	1	2	8	7.4	7
G	2	7	5	14.5	4
H	3	7	2	16.6	3
I	3	9	5	19.5	2
J	1	5	6	9.8	6
K	2	1	4	8.2	6
L	0	3	0	3.0	8
M	4	6	6	19.8	2

で、非常に厳しい競合環境下で営業しなければならない。そこで、既存競合店舗の距離重み値を3点とした。競合店舗からの距離が遠ざかるにつれて、1次商圏の重複度合いは少なくなるので、距離重み値も1点、0.3点と逓減するように設定した。

表 8-11　距離圏ごとの競合店の距離重み値

距離圏	競合店の距離重み値
0-500m	3点
500m-1km	1点
1km-1.5km	0.3点

すると、用地Aに対する1.5km圏内の「距離重み競合店舗数」は、4.3店となる。表8-10の右の欄には、13用地に対し距離重み競合店舗数がまとめられている。最低は、用地Eの2.3店であり、競合が最も弱く、最高は用地Dの22.5店で、競合が最も激しい。

表8-12は、競合の評価要素に対する評価基準と評価点を示している。評価基準は、1.5km

表 8-12　競合の評価基準と評価点

評価基準 (1.5km圏内の距離重み競合店舗数)	競合の評価結果	競合の評価点
0-2.4	非常に弱い	10
2.5-4.9	弱い	8
5.0-7.4	弱い	7
7.5-9.9	やや弱い	6
10.0-12.4	普通	5
12.5-14.9	やや強い	4
15.0-17.4	強い	3
17.5-19.9	強い	2
20-	非常に強い	0

圏内の距離重み競合店舗数を2.5ごとに分け、0点から10点までの評価点を付与している。競合が「非常に弱い」と「非常に強い」は極端な状態なので、±2点の差をつけた。表8-10の右端の欄には、この評価基準に基づき評価された各用地に対する競合の評価点がまとめられている。13用地に対する競合環境は、0（非常に強い）から10点（非常に弱い）まで、広く分布している。

5　場所評価の結果

最後に、13店舗用地に対し、場所評価の結果をまとめてみよう。表8-13は、場所因子に関わる5評価項目に対し各用地が獲得した評価点を示している。総得点を求めると、50点満点中最高点を得たのは用地Gであり、29点であった。最低は18点の用地Bであり、11点の差がついた。評価の欄では、10点台を低、20点台前半を中、後半を高とした。

高の評価を受けた用地は、G、I、Jの3用地であるが、50点満点の半分を少し超えた得点しか取れていないことになる。

最終的に、どの用地を選ぶかの決定を下すにあたり、図8-3に示されるように、高評価を得た3用地に対し、評価項目のレーダーチャートを作成し比較を試みる。「市場の成長性」は、いずれの用地も同一の8点をとっている。大きく相違する評価項

表 8-13　場所因子に関わる評価項目ごとの評価点と総得点

用地ID	市場規模	市場の質		市場の成長性	競合	総得点	評価
		地価	老年人口比				
A	2	2	5	6	8	23	中
B	5	2	5	4	2	18	低
C	3	1	5	6	8	23	中
D	5	3	7	8	0	23	中
E	1	1	5	4	10	21	中
F	4	2	4	3	7	20	中
G	6	4	7	8	4	29	高
H	4	2	6	6	3	21	中
I	6	3	8	8	2	27	高
J	4	2	7	8	6	27	高
K	1	1	7	5	6	20	中
L	1	1	5	4	8	19	低
M	5	3	6	7	2	23	中

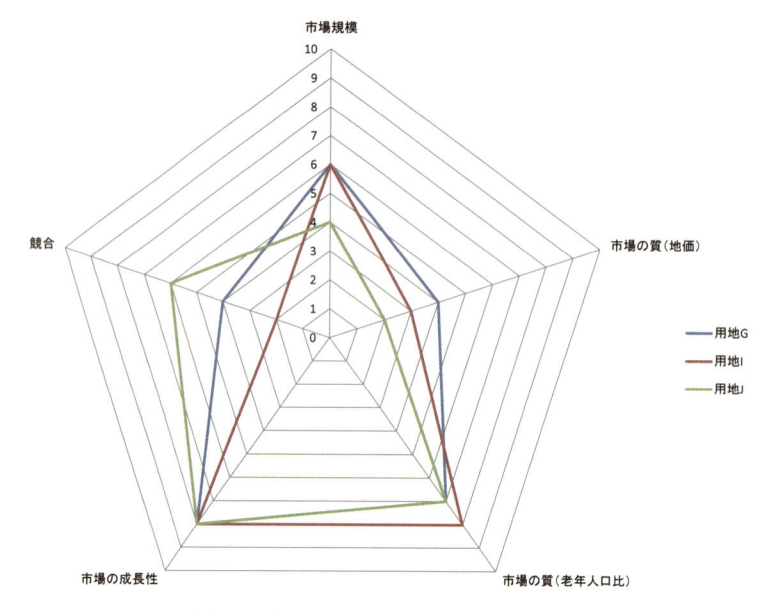

図8-3 高評価を得た3用地のレーダーチャートによる比較

目は「競合」であり、用地Jが6点、Gが4点、Iが2点である。また、「市場規模」では、用地GとIが6点であるのに対し、Jは4点と低い。さらに、地価から見た市場の質も、用地G、I、Jの順で4点、3点、2点と下がっていく。

　これらを総合的に評価すると、二つの案が提案できる。第一の案は、市場規模が大きく、地価が高いが、競合がやや強い用地Gである。もう一つの案は、市場規模が少し小さく、地価が低く、競合がやや弱い用地Jである。用地Gは、都市化が進んだ地域に位置し、用地Jは都市化がそれほど進んでいない地域にある。強い競争力を有する小売企業であるならば、用地Gの選択も可能であるが、競合をできるだけ避けたいならば、用地Jが適切である。

　以上で示した場所評価の方法は、中規模の集客圏を持つドラッグストアを事例としている。コンビニエンスストアのような小規模の集客圏を持つ業種や、スーパーマーケットのように大規模の集客圏を持つ業種では、当然であるが評価方法は異なる。また、本事例のドラッグストアでは、競合の評価要素で、店舗の魅力度は考慮しなかった。店舗の床面積などに大きな相違が見られる業種では、競合店数ではなく、店舗の床面積など店舗の魅力度を考慮した評価方法も考えられるであろう。

注
1）同じ町丁目・字内に地価（「地価公示」と「都道府県地価調査」）の調査地点が複数ある場合は、高価な方を採った。調査地点がない場合は、最寄りの調査地点の地価を用いた。
2）このように人口数の実際の変化を見る代わりに、距離重み人口数の変化から市場の成長性を見ることもできる。
3）調査の都合上、1.5km圏に限定した。

第9章 立地評価システムの構築

　第7章と第8章では、立地評価で用いられる「評価点付け法」を示すとともに、用地因子及び場所因子に対する評価を行った。一般に、評価点付け法は、複雑な市場を持つ業種の立地評価に対し、特に適していると言われている。好例は、コンビニエンスストアやスーパーマーケットである。英国GMAP社は、この複雑な市場を持つ業種に対する立地評価を、評価点付け法に基づき自動化するため、「立地評価システム」を開発してきた。本章では、GMAP社が開発した立地評価システムを参考として、立地評価を自動化するために立地評価システムの構築を考察する[1]。

1　立地評価システムの基礎

1.1　立地型と集客圏

　立地評価を行う場合、用地は、それが位置する地理的なビジネス環境に従って、「立地型（タイプ）」に分けられる。例えば、「都心部」、「市街地」、「郊外」、「都市外縁部」、「大都市圏外」の五つの立地型である（Jones and Mock 1984, 354-358）。このような異なった立地型は、「地理的市場セグメンテーション」と呼ばれ、地理的条件のほかに、企業の経験や管理体系などを通じて識別される。

　東京を例にとるならば、都心3区（千代田、中央、港）、山手線内、下町と山の手、23区、国道18号線の内側、東京の郊外などさまざまな地理的市場セグメンテーションを設定することができる。用地を正しく評価するためには、まず、用地がどの立地型に位置しているか識別する必要がある。

　各市場セグメンテーションに対しては、売上に関係する主要要因も相違し、異なった価格戦略や販売促進戦略が採られる。都心部や市街地では郊外地域や都市外縁部に比べ人口密度が高く、したがって集客圏の規模も小さくなる。集客圏は、図9-1に示すように、「核心地域」、「集客圏」、「外縁地域」の三つの構成要素で成り立っている。核心地域は1次商圏に相当し、顧客の8割を集客する範囲である。外縁地域は、集客圏の外側に広がり、隣接する競合を捉えるときに利用される。

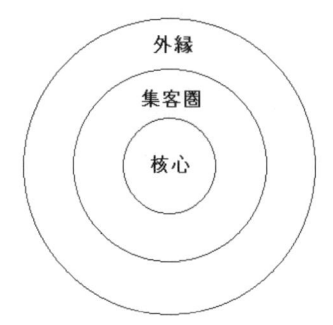

図9-1　集客圏を構成する三つの要素

　表9-1では、立地型ごとの用地の集客圏、核心地域、外縁地域の規模を示している。店舗の業種としてコンビニエンスストアで示すと、都心部や市街地では、集客圏は0.5km

や 1km 程度である。それに対し、郊外では 1.5km、都市外縁の「農村部」では 2km になる。核心地域の半径はさらに小さくなる。外縁地域の半径は都心で 1km 程度、都市外縁部で 4km ほどになる。このように、立地型は集客圏の範囲を決める。一般に、都心部の用地は集客距離が短く、周辺部になるほど集客距離は長くなる。

表 9-1　立地型ごとの用地の集客圏、核心地域、外縁地域の規模

立地型	集客圏半径 (km)	核心地域半径 (km)	外縁地域半径 (km)
都心部	0.5	0.3	1
市街地	1	0.6	2
郊外	1.5	0.9	3
都市外縁部	2	1.2	4

また、都心部や市街地では鉄道網が発達しているため、用地へのアクセスは徒歩が主であり、用地に駐車場を設ける必要性は低い。逆に郊外や都市外縁部では、交通手段は車になるため、用地に広い駐車場を設ける必要がある。その結果、集客圏の定義も異なる。例えば、郊外のスーパーマーケットに対しては、核心地域、集客圏、外縁地域は、それぞれ、車で 5 分圏（ドライブ圏）、10 分圏（5 − 10 分圏）、15 分圏（10 − 15 分圏）となるであろう。

1．2　評価要素と重み付け

次に、GMAP 社の立地評価システムで取り上げられている評価要素を見てみよう。表 9-2 では、コンビニエンスストアとスーパーマーケットに対する、評価要素と重み（ウエイト、最高評価点）をまとめている。評価要素としては、コンビ

表 9-2　立地評価システムの評価要素と重み

	コンビニエンスストア	重み	スーパーマーケット	重み
評価要素	市場規模	45	市場規模	40
	市場の質	35	人口混成	20
	競合	15	供給比	25
	集積	5	小売シナジー	15
	合計	100	合計	100

ニエンスストアでは、「市場規模」、「市場の質」、「競合」、「集積」の四つが取り上げられている。スーパーマーケットに対しても、評価要素の名称は異なるが、同じような内容である。重みは、100 点満点で、市場規模に 40％台と最大を与えている。業種による相違としては、コンビニエンスストアでは二番目に市場の質を、スーパーマーケットでは二番目に競合（供給比）を取り上げている点である。要するに、コンビニエンスストアの立地評価では、市場の質が重要であり、スーパーマーケットでは競合が重要であることを意味している。

2　評価要素の評価点付け法

以下では、GMAP 社が開発したコンビニエンスストアに対する立地評価システムを参考として、上記の四つの評価要素に対する評価点付け法を考察する。

2.1　市場規模

場所因子の主要な評価要素である「市場規模」は、集客圏内の「人口数」と「就業者数」で測定される。図 9-2 は、コンビニエンスストア用地に対する「集客人口」の変動を示し

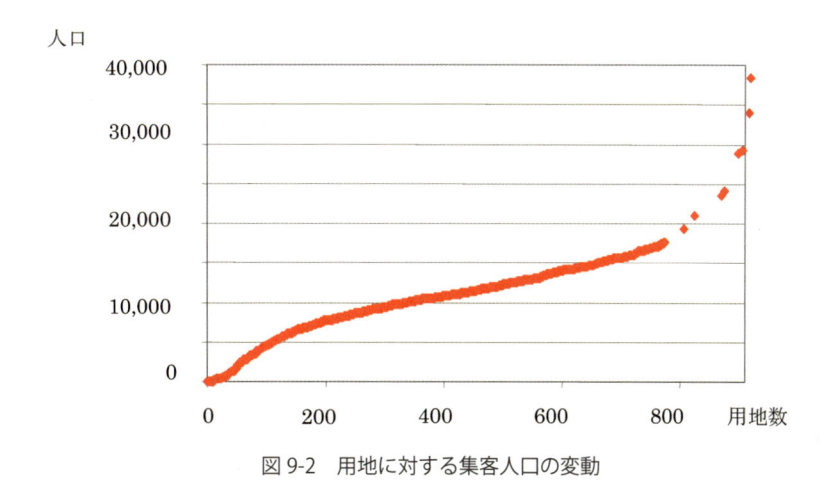

図9-2 用地に対する集客人口の変動

ている。この分布から、人口から見た集客圏内の市場規模の評価点付け（レーティング）に対する適切な区分点が見出される。表9-3は、集客人口に基づく「評価点」を示している。集客人口が多くなるほど、1点から10点へと高い評価点が用地に付与される。例えば、都心部の用地を評価するとき、まず、その用地を中心に半径500 mの集客圏

表9-3 集客圏内の人口と就業者数に基づく評価点

評価点	人口	就業者数
1	0-3,000	0-2,000
2	3,000-6,000	2,000-4,000
3	6,000-9,000	4,000-6,000
4	9,000-12,000	6,000-8,000
5	12,000-15,000	8,000-10,000
6	15,000-18,000	10,000-12,000
7	18,000-21,000	12,000-14,000
8	21,000-25,000	14,000-18,000
9	25,000-30,000	18,000-26,000
10	30,000-	26,000-

を設定する（表9-1を参照）。そして、GISのバッファ生成とクリップ分析を利用してその集客人口を求めたところ10,000人であった。その結果、4点に評価された。同表では、集客圏内の就業者数の変動を示す図9-3に基づく評価点も示している。同様に、集客圏内の就業者数を求めたところ5,000人であった場合、3点に評価される。

市場規模に対しては、最高評価点は45点であり（表9-2を参照）、その内8割が人口で、残りの2割が就業者で重み付けされる（表9-4）。すなわち、人口の最高点は45点×0.8 = 36点、就業者数の最高点は45点×0.2 = 9点となる。このことから、前掲の表9-3に示した人口及び就業者数の評価点はそれぞれ10点満点なので、それらの評価点に対しては、それぞれ3.6倍と0.9倍を乗じる必要がある。上記の都心部の用地例で示すと、人口は4点×3.6 = 14.4点、就業者数は3点×0.9 = 2.7点となり、市場規

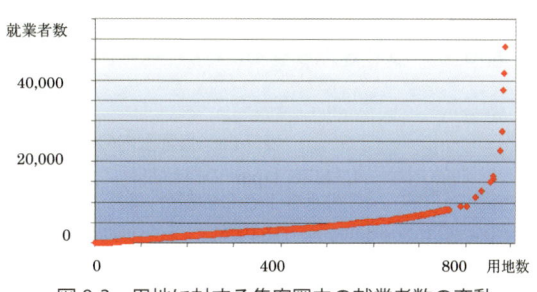

図9-3 用地に対する集客圏内の就業者数の変動

表9-4 市場規模に対する最高評価点と重み値

評価要素	最高評価点	重み値
市場規模	45	80%　人口 20%　就業者数

模に対する得点は45点満点中17.1点となる。

2.2 市場の質

場所因子の第二の評価要素は、「市場の質」であり、三つの評価項目で測定される。第一に、住民が豊かな集客圏ほど、売上にプラスの影響をもたらすと考えられる。そこで、住民の「豊かさ」を表す指標として、「ジオデモグラフィックス（地理人口統計分析）」を用いる。ここでは、GMAP社のCAMEO Japanを使う。CAMEO Japanでは、46の居住地区タイプを豊かさに基づき5水準に分けている。その中で、表9-5に示すように、上位2水準に属する地区タイプに居住する世帯の割合（全国では約4割）を、「豊かさ指数 Affluence Index」として第一の評価項目とした。

表9-5　CAMEO Japanの豊かさの居住地区分類

地区タイプ	構成割合%	豊かさ得点	豊かさ指数	豊かさ水準
3A	1.65	251	178.2	1
2A	1.27	249	176.8	1
1A	3.25	234	166.1	1
2B	1.47	224	159	1
3B	1.57	218	154.8	1
1B	3.58	209	148.4	1
3C	2.97	205	145.5	1
3D	4.88	203	144.1	1
4A	0.99	196	139.1	2
4B	1.14	192	136.3	2
5A	1.12	188	133.4	2
5B	1.56	183	129.9	2
5C	2.85	182	129.2	2
4C	1.8	181	128.5	2
5D	2.97	179	127.1	2
5E	3.65	174	123.5	2
5F	1.24	173	122.8	2
4D	2.67	172	122.1	2

第二は、「学生の割合」である。学生は一般に流動性は低いが、コンビニエンスストアを大いに利用する。第三は、世帯あたりの「自家用車保有数」である。都市では、車の保有率が低いほど高評価点に、農村では保有率が高いほど高評価点になるように設定した。

表9-6aでは、集客圏内の人口の質に基づく評価点を示している。例えば、都心部の用地に対し、半径500mの集客圏において、CAMEO Japanの居住地区分類で豊かさの水準1に該当する3A〜3Dまでの地区タイプと水準2の4A〜4Dまでの地区タイプ（表9-5を参照）に居住する世帯数が、同集客圏内の全世帯数の63%を占めている場合、7点となる。同様に、全人口に占める学生数の割合が7.8%の場合は4点、世帯当りの車保有数が0.56であると8点となる。

表9-6a　集客圏内の人口の質に基づく評価点

評価点	CAMEO Japanの豊かさの水準1と2の割合	学生の割合	車/世帯数 都市	車/世帯数 農村
1	0-10%	0-2.5%	1.5台-	0-0.5台
2	10-20	2.5-5.0	1.45-1.5	0.5-0.7
3	20-30	5.0-7.5	1.3-1.45	0.7-0.8
4	30-40	7.5-10.0	1.15-1.3	0.8-0.9
5	40-50	10.0-12.5	1.0-1.15	0.9-1.0
6	50-60	12.5-15.0	0.85-1.0	1.0-1.1
7	60-70	15.0-17.5	0.7-0.85	1.1-1.2
8	70-80	17.5-20.0	0.55-0.7	1.2-1.3
9	80-90	20.0-22.5	0.4-0.55	1.3-1.4
10	90-	22.5-	0-0.4	1.4-

表 9-6b　市場の質に対する最高評価点と重み値

要因	最高評価点	重み値
市場の質	35	50%　豊かさの水準1と2の割合 10%　学生の割合 40%　車／世帯数

　表9-6bは、市場の質に対する最高評価点と重み値を表している。市場の質に対しては、35点が割り振られ（表9-2を参照）、豊かさ水準に50%の17.5点が重み付けされる。したがって、上記の評価点7は1.75倍されて、12.25点となる。また、学生の割合では評価点に対し0.35倍、車保有数は1.4倍が重み付けされ、それぞれ1.4点、11.2点になる。その結果、市場の質に対する得点は、35点満点中24.85点となる。

2.3　市場における競合

　場所因子の第三の評価要素は、市場における「競合」であり、二つの評価項目を考慮する。一つは、集客圏内の競合であり、表9-7に示すように競合店舗の業種ごとに異なる重みで評価される。例えば、都心部の用地を中心とした500 mの集客圏内

表 9-7　競合店舗と重み値

競合店舗	重み値
大型スーパーマーケット	4
食料品店	3
コンビニエンスストア	2
ドラッグストア	1

に大型スーパーマーケット1店、コンビニエンスストア2店、ドラッグストア1店が既に立地している場合には、競合の重み値は、4＋2×2＋1＝9となる。すると、500 mの集客圏内に3,000世帯が居住しているとき、「千世帯当たりの競合の重み値」は9／3＝3点となり、表9-8aより、評価点は3点である。

　競合の第二の評価項目は、集客圏の外縁地域（前掲の図9-1を参照）における競合環境である。集客圏の周りの地域でスーパーマーケットの浸透水準が低いならば、新規用地に立地するコンビニエンスストアは、そこからも顧客を吸引するであろう。都心部の用地の場合、前掲の表9-1から、その外縁地域の半径は1kmである。「外縁地域の競合環境」は、1km圏内に立地する大型スーパーマーケット数と世帯数を求め、「千世帯当たりのスーパーマーケット数」を算出することで評価される（表9-8a）。1km圏内に立地する大型スーパーマーケットは1店、1km圏内の世帯数は4,000世帯とすると、千世帯当たりのスーパーマーケット数は0.25となるので、評価点は7点である。

　表9-8bでは、競合に対する最高評価点と重み値を示している。競合に対する最高評価点は15点で（表9-2を参照）、その8割（12点）が競合の重み値に割り振られる。残りの2割（3点）が外縁地域のスーパーマーケットの立地に当てられる。すると、競合の重み値は

表 9-8a　集客圏内の競合の評価点

評価点	競合重み値／千世帯	スーパーマーケット数／千世帯
1	5.5-	0.8-
2	3.5-5.5	0.7-0.8
3	2.5-3.5	0.6-0.7
4	2.0-2.5	0.5-0.6
5	1.6-2.0	0.4-0.5
6	1.2-1.6	0.3-0.4
7	0.9-1.2	0.2-0.3
8	0.6-0.9	0.1-0.2
9	0.3-0.6	0.01-0.1
10	0-0.3	0-0.01

表 9-8b　競合に対する最高評価点と重み値

要因	最高評価点	重み値
競合	15	80%　競合重み値／千世帯 20%　スーパーマーケット数／千世帯

3点×1.2＝3.6点、スーパーマーケットの立地は7点×0.3＝2.1点となり、競合に対する得点は、15点中5.7点を獲得することになる。

2.4 市場における集積

場所因子の第四の評価要素は、市場における「集積」である。用地の周りに人口が集積しているほど、用地にとって好ましいであろう。人口の集積は、核心地域と外縁地域における人口密度の比率として計算される。都心部の用地を例にとると、核心地域は半径300m圏であり、外縁地域は1.0km圏であった（表9-1を参照）。それぞれの圏内の人口密度を測定し、比率を求めることによって、表9-9から評価点が得られる。なお、集積に対する最高評価点は5点で（表9-2を参照）、100％がそれに当てられる。都心部の用地の例では、核心地域の人口密度は40,000人／km^2、外縁地域の人口密度は26,667人／km^{2}であるとすると、比率は1.5倍になる。したがって、集積指数の評価点は5点となり、最高評価点が5点なので、獲得得点は2.5点である。

表9-9 集積指数

評価点	集積
1	0-0.5
2	0.5-0.75
3	0.75-1.0
4	1.0-1.25
5	1.25-1.5
6	1.5-1.75
7	1.75-2.0
8	2.0-2.5
9	2.5-3.5
10	3.5-

2.5 総合評価

以上のように、都心部の用地に対し、四つの評価要素に対し評価点が算出されたならば、最後に総得点を合計し、「総合評価」を行う。この用地は、表9-10に示されるように、100点中50.15点を獲得したことになり、コンビニエンスストアに対する用地潜在力から見ると、平均的であると評価される。

表9-10 主要な評価要素から見た用地の総合評価

評価要素	最高評価点	都心部の用地の獲得得点
市場規模	45	17.1
市場の質	35	24.85
競合	15	5.7
集積	5	2.5
合計	100	50.15

3 立地評価システムの構築

以上で示した評価点付け法に基づく立地評価は、個々の評価要素の評価点と重み値を考慮して総得点を計算することで、総合評価が行われた。細かな計算が必要なことから、立地評価を実際に行うには、計算式をプログラム化し、コンピュータ上のフォームに評価要素に関わる変数のデータ値を入力することで、総得点を計算する「立地評価システム」が構築される。図9-4は、GMAP社が総合食品スーパーマーケットに対し開発したその立地評価システムのフォームを示している（Birkin *et al.* 2002, p.141）。このシステムでは、「市場規模」、「人口混成」のほかに、「小売シナジー」と「供給比」の4要素を測定し評価している（表9-2を参照）。

立地評価システムのフォームは七つで構成されている。フォームの最上段は「用地の位置（Site Location）のレポート」であり、住所、土地利用、郵便番号、位置コードが表示される。フォーム左上の「市場規模」では、用地からの距離を車で5分圏（ドライブ圏）、

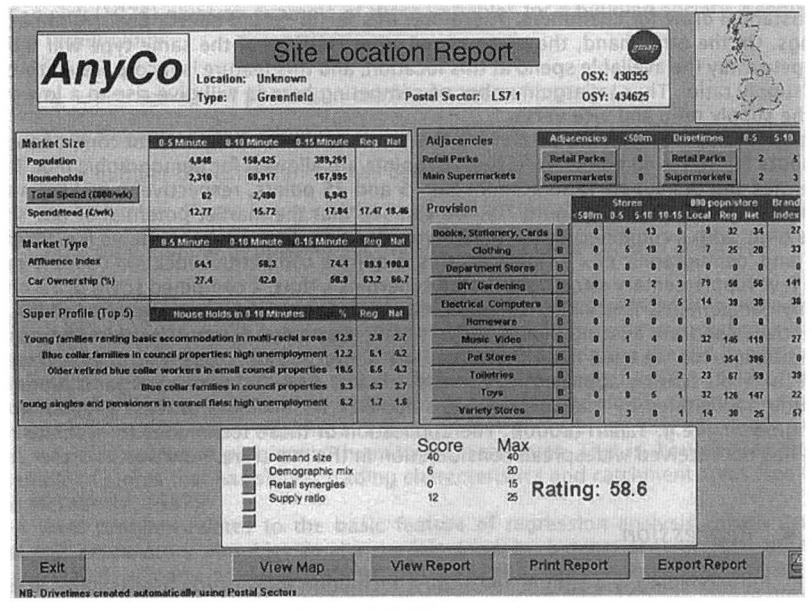

図9-4 立地評価システム

出典：Birkin *et al.* 2002.

10分圏（0－10分圏）、15分圏（0－15分圏）と3分割し、それぞれの圏内の人口数と世帯数を測定している。さらに、三つの「ドライブ圏」に対し、週単位の「支出額」と1人当たりの支出額が計算され、相対的な比較が可能になるよう、地域と全国に対しても表示される。市場規模要素の評価点の計算では、5分圏の顧客は、5－10分圏や10－15分圏の顧客に比べ重要なので、ドライブ圏ごとに重み付けがなされる。重み付けは、用地の立地型によって異なり、都市部では半農村や郊外よりも、5分圏に高い重みが付与される。また、1人当たりの平均支出額は市場規模に影響するので、ローカル市場の豊かさの関数として総支出額を推定し、市場規模の測定の際に考慮している。

「人口混成」の要素では、ジオデモグラフィックス（地理人口統計分析）を利用する。フォーム左側の中段の「市場タイプ」では、豊かさ指数（本章2．2を参照）と自家用車保有率（％）に関し、5分ドライブ圏、10分圏、15分圏の状況を記録するとともに、地域平均と全国平均も示されている。人口混成の要素では、豊かさ指数が同じであっても、若者は中高年より衣料品への支出額が多いので、支出プロファイルを通して評価点に影響するよう考慮される。フォーム左側の「スーパープロファイル（上位5位）」では、CDMS社により市販されているジオデモグラフィックス製品による、10分圏内の上位5位までの居住地区タイプとそれらの構成割合を示すとともに、地域平均と全国平均を表示している。それらは、若い世帯、労働者世帯、退職者世帯など典型的なインナーシティに見られる「人口プロファイル」であり、地域平均や全国平均に比べると顕著に高い。

「シナジー効果」とは、結合相乗効果であり、1＋1が2以上の効果を生むことである。ショッピングセンターに店舗が集まるのは、小売シナジー効果を期待するからである。したがって、「小売シナジー」要素は、同一用地における他の小売活動の影響を測定する。例えば、同一用地における大型スーパーマーケットや百貨店などの他業種の存在は、自店

舗にとっても顧客の実質的吸引力となるであろう。このように小売シナジーは、評価点付けにプラスの影響をもたらす。

　フォームの右側では、「小売シナジー」要素の測定に関わり、「隣接 Adjacencies」と「既存店舗 Provision」がある。「隣接」では、隣接（500m）圏内と、ドライブ時間で5分圏と5－10分圏内での、小売パークと大型スーパーマーケットの立地数を示している。また、「既存店舗」では、11業種（書店・文具店、衣料品店、デパート、ホームセンター、電気店、家具店、音楽・ビデオ店、ペットショップ、ドラッグストア、おもちゃ屋、日用品店）を取り上げ、隣接（500m）圏内と、5分ドライブ圏、5－10分圏、10－15分圏の店舗数を記録している。また、1店舗当たりの人口（千人単位）を、地元のほか、地域平均と全国平均に対し示している。さらに、ブランド指数（Brand Index）も表されている。候補用地に隣接する（500m）圏内の大型スーパーマーケットや11業種の既存店舗の立地状況を見ると、全く立地していないので、「小売シナジー」要素の評価はゼロであることがわかる。

　一方、同業他社の競合店舗の存在は、その用地で獲得できる需要量を取り合うことになる。この競合は「供給比」を通じて組み込まれ、多数の競合店舗の立地は、その用地にとって低い供給比を生じる。上記の「隣接」において、5分ドライブ圏と5－10分圏には、小売パークがそれぞれ2施設と5施設、大型スーパーマーケットがそれぞれ2店と3店立地している。供給比は、これらの競合店を考慮して計算される。

　図9-4の下段には「評価結果」があり、四つの要素の最高評価点と候補用地が獲得した評価点、そして総得点が示されている。市場規模は主要要素であり、40点が与えられている。さらに、人口混成に20点が、小売シナジーと供給比にそれぞれ15点と25点が当てられる。用地の需要潜在力に関わる二つの需要要素（市場規模と人口混成）の得点は46点であり、かなり高い評価を受けている。それに対し、二つの供給要素（小売シナジーと供給比）は合計12点で、低い評価しか得られていない。その結果、全体としては58点となり、この用地は平均的な魅力度しか有していないと評価される。

注
1）本章で紹介するGMAP社の評価システムは、GMAP社の社長をしていたMartin Clarke氏（現Leeds大学名誉教授）から発表用のパワーポイントとして提供を受けたものである。用地評価システム（site rating system）と呼ばれているが、用地と場所の双方の因子を評価している。本書では、用地と場所を分けているので、それらを一括して評価するシステムとして、立地評価システム（location rating system）と呼ぶ。

第10章 空間的相互作用モデルに基づく集客予測

1 空間的相互作用モデルの考え方

　高校の物理学の教科書に、万有引力の法則というのが載っている。この法則は、図10-1に示すように、二つの物体に働く引力（相互作用）が、物体の質量に比例し、その間の距離に反比例することを示している。すなわち、この法則は、次のような一般式として書くことができる。

　　相互作用　＝　因子×質量×質量×距離関数　　　　　　　　　　　　　　（10-1）

　空間的相互作用モデル（SIM：spatial interaction model）は、この万有引力の一般式の考えに基づいている。物体を地域と考え、一方の地域を発地（origin）、もう一方の地域を着地（destination）と捉える。相互作用は、両地域間の人、物資、情報などの流れである。空間的相互作用モデルは、地域の需要と供給から、地域間の相互作用（人、物資、情報などの流れ）を予測するモデルとして、地理学や都市計画学で研究されてきた。

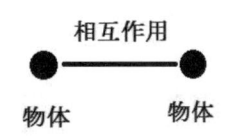

図10-1　万有引力の法則

　空間的相互作用モデルは、無制約モデル、発生制約モデル、吸収制約モデル、二重制約モデルの4種類が存在する。無制約モデルとは、引力（重力）モデルとも呼ばれ、地域の発生量と吸収（到着）量に条件は課せられていない。発生制約モデルと吸収制約モデルは、無制約モデルに条件を付けたモデルで、それぞれ、地域の発生量と吸収（到着）量を所与としている。また、二重制約モデルでは、地域の発生量と吸収（到着）量のいずれも所与としている。発生制約モデルとしては、発地の人口を所与とした人口移動モデルが挙げられる。二重制約モデルとしては、発地の就業者数と着地の就業機会数を所与とした通勤移動モデルが考えられる。

2 小売モデル

　小売モデル（retail model）は、発生制約モデルの一つである（Wilson 1974, 63-68；高阪 1979a；岩﨑 1999, 22-38；Dennett 2012）。図10-2に示すように、一方の地域を居住地区、他方の地域を商店街（ショッピングセンターや店舗）と考え、その間の相互作用を買物流動として捉えるモデルである。居住地区では一定の「需要」が発生し（すな

図10-2　小売モデルの考え方

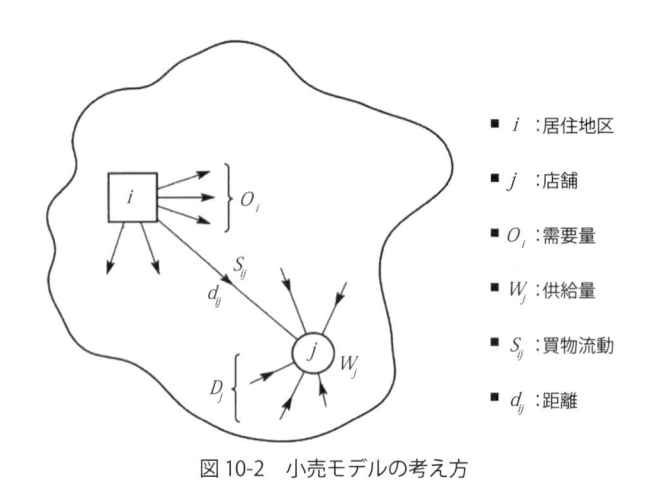

わち、発生が一定に制約されており）、商店街は「供給」と考えられ、いくらでも顧客を受け入れる（売上に上限はない）という意味で制約はない。また、その間の距離は「アクセス」である。すると、万有引力の一般式は、小売モデルでは次のように書くことができる。

買物流動数　＝　因子×需要×供給×アクセス　　　　　　　　　　　　　　　　　（10-2）

居住地区から商店街へと発生する買物流動数は、その居住地区の需要量と商店街の供給量、そして、それらの間のアクセスの良さで決まることを、式（10-2）は表現している。

　小売モデルには、さらにさまざまな形式のものが考案されている。一つは、需要と供給間のアクセス（距離抵抗）をいかに測定し、どのような関数で定義するかである。もう一つは、小売店舗の魅力度をどのような側面から測定し、どのような関数で定義するかである。以下では、小売モデルとして基礎的なべき乗型モデルと指数型モデルを取り上げる。

2.1　べき乗型モデル

　小売モデルの中で最も標準的なモデルは、距離逓減関数を距離のべき乗とするべき乗型モデルである。日本では、このモデルは、ハフモデルとして一般に知られている（Huff 1963, 1964；高阪 2004）。

$$S_{ij} = A_i e_i P_i W_j^{\alpha} d_{ij}^{-\beta} \tag{10-3}$$
$$A_i = 1 / \Sigma_j W_j^{\alpha} d_{ij}^{-\beta} \tag{10-4}$$

ただし
　S_{ij} ＝ 居住地区 i の住民による商店街 j での売上額、
　P_i ＝ 居住地区 i の人口、
　W_j ＝ 商店街 j の売場面積、
　d_{ij} ＝ 居住地区 i から商店街 j への距離、

A_i = 居住地区 i の均衡因子、

α = 商店街の魅力度係数、

β = 居住地区から商店街への距離抵抗係数、

e_i = 居住地区 i の1人当たりの平均支出額。

なお、式（10-3）で、$e_i P_i$ は居住地区の需要額を示す。A_i は均衡因子であり、式（10-4）で表され、各居住地区に発生した需要量を、商店街の魅力度と距離抵抗とを考慮して各商店街に割り振る因子である。

2.2　指数型モデル

距離逓減関数は、べき乗関数以外にさまざまな関数をとることができる。式（10-5）は、負の指数関数をとる指数型モデルを表している。

$$S_{ij} = A_i e_i P_i W_j^\alpha \exp(-\beta d_{ij}) \tag{10-5}$$

$$A_i = 1 / \Sigma_j W_j^\alpha \exp(-\beta d_{ij}) \tag{10-6}$$

なお、指数関数（exp）は、居住地区に商店街がある場合には顧客になる確率が 1.0、商店街への距離の増加に伴い、その確率が限りなくゼロに近づく距離逓減曲線を表わしている。

2.3　小売モデルの特長

以上で示した空間的相互作用モデルに基づく小売モデルは、従来の回帰式で表される小売売上モデルに比べ、どこが異なり、どの点が優れているのであろうか。空間的相互作用モデルに基づく小売モデルが、回帰式型の小売売上モデルと異なる点は、

①居住地区と商店街間の距離を組み込んでいる、

②居住地区と商店街間での買物（売上）流動を発生させるプロセス（相互作用）を組み込んでいる、

点にある。

①を行うには、居住地区と商店街を地図上に落とし、その間の距離を測定する必要がある。最近ではGISを利用することによって、居住地区と商店街間の道路距離や車での移動時間を容易に測定することができるようになった。②では、買物流動のプロセスをモデルに組み込むことによって、一つの商店街の変化（開店、閉店、増床）が、相互依存の関係にある他の商店街へ与える影響を分析するインパクト分析が可能となる。

以上から、空間的相互作用モデルに基づく小売モデルは、GISと組み合わせて利用することで、地図上で店舗の商圏を再現しながら売上予測を行う点に特長がある。回帰式型のモデルでは、全体としての売上は予測するが、個別の居住地区ごとには売上を予測しないので、商圏の再現にはつながらない。地域の諸条件をGIS上に再現し、その上で空間的相互作用モデルに基づく小売モデルを実行することで、予測の精度を高めることにもつなげ

ることが可能となる。

3　小売モデルのキャリブレーション

予測の精度を高めるためには、観測された買物流動を最もよく再現できるよう小売モデルの係数を決める必要がある。そのため、観測された買物流動データに基づいて、モデルはキャリブレーションされる。キャリブレーション（calibration）とは、観測された買物流動パターンとモデルで予測された買物流動パターンとが最も適合するモデルの係数（小売モデルに場合αとβ）の値を推定することである。

小売モデルのキャリブレーションには、原理的に異なった二つの方法がある。それらは、回帰法と最尤法である（Fischer 2000；矢野 2003）。本節では、これらのキャリブレーションの方法を考察する。

3．1　回帰法によるキャリブレーション

回帰法（regression method）は、線形回帰式の係数を推定するときの方法であり、通常最小二乗法（ordinary least square：OLS法）が用いられる。小売モデルは非線形なので、まず、小売モデルを線形回帰式に変換する[1]。そして、観測された商店街の選択確率とモデルで予測された商店街の選択確率との間の偏差の二乗和を最小化するような係数が計算される。すなわち、式（10-7）を最小化するような、係数値αとβを見出すことになる。

$$\text{Minimize} \sum_{ij} (S_{ij} - T_{ij})^2 \quad (10\text{-}7)$$
$$\{\alpha, \beta\}$$

ただし、
　T_{ij}＝居住地区iの住民が商店街jを選択する観測確率、
　S_{ij}＝居住地区iの住民が商店街jを選択する予測確率。

Nakanishi and Cooper（1974）は、OLS法を利用して小売モデルの係数を推定する方法を提案した。OLS法を用いて小売モデルをキャリブレーションするためには、小売モデルは対数変換され、次式のような形になる。

$$\ln(T_{ij}/T_{i*}) = \alpha \ln(W_j/W_*) + \beta \ln(d_{ij}/d_{i*}) \quad (10\text{-}8)$$

ただし、
　T_{i*}＝居住地区iにおいて観測される各商店街の選択確率（買物シェア）分布の幾何平均、
　W_*＝商店街の魅力度の幾何平均、
　d_{i*}＝居住地区iにおける商店街への距離の幾何平均。

なお、上式の ln とは、自然対数[2]を示している。また、幾何平均とは、

$$T_{i*} = (T_{i1} \times T_{i2} \times T_{i3} \cdots \times T_{im})^{1/m} = (\Pi_j T_{ij})^{1/m} \qquad (10\text{-}9\text{-}1)$$
$$W_* = (W_1 \times W_2 \times W_3 \cdots \times W_m)^{1/m} = (\Pi_j W_j)^{1/m} \qquad (10\text{-}9\text{-}2)$$
$$d_{i*} = (d_{i1} \times d_{i2} \times d_{i3} \cdots \times d_{im})^{1/m} = (\Pi_j d_{ij})^{1/m} \qquad (10\text{-}9\text{-}3)$$

で表され、データの分布が対数正規分布に近い場合によく使われる。実際には、データを対数変換した後、平均値を求め、それを元に戻したものである[3]。

　式（10-8）は、係数に関して線形なので、標準的な統計パッケージの中にある OLS 法を利用して回帰係数を推定することができる。ただし、この式は、線形回帰モデルで一般的に存在する切片の項を持たない。したがって、このような回帰モデルをキャリブレーションする場合は、SPSS のようなコンピュータ統計ソフトで、切片項を入れないオプションを選択することで係数を推定することができる。なお、本章4.1（1）では、商店街への買物流動予測を行うため、回帰法により小売モデルの二つのパラメータを推定する事例が取り上げられている。

　上記のすべての変換は、相互作用（買物流動）の対数を取ることと関係しているので、2地点間の相互作用が零であるとき、その対数は定義されないという問題が生じる。この問題に対する最も明白な解は、分析から相互作用が零のすべてを単に除くことである。しかしながら、結果として生じた係数推定は、ある発地と着地間で発生する少ない量の相互作用を反映しないであろう。したがって、それは誤りへと導く。

　相互作用の零を取り扱う方法で、最も一般的な方法は、零流動のすべてに1を加えることである。この方法は、記録される流動が一般に整数であり、1がゼロに最も近い近似値であるということで正当化される。それはまた、対数の相互作用が零の最小値を持つことをも保証する。なお、このような零の問題は、次に論じる最尤推定では起こらない。

3.2　最尤法によるキャリブレーション

（1）最尤法によるキャリブレーション

　最尤法（maximum likelihood method）では、まず、相互作用（買物流動）に対する理論分布が識別される。次に、小売モデルの係数の側面から理論分布の最尤関数を最大化し、最尤関数の最大化を保証する式を導出する。対数の最尤関数は、最尤関数が最大のときは常にその関数も最大になるので、便宜上用いられる。最尤関数を最大化する係数の推定は、最尤推定（maximum likelihood estimate：MLE）と呼ばれる。

　ベキ乗型モデルの場合、距離抵抗係数 β の最良推定は次式を解くことによって見出される。なお、係数の最良推定の詳細は、末尾の資料の付録1にまとめられている。

$$\Sigma_i \Sigma_j S_{ij} \ln d_{ij} = \Sigma_i \Sigma_j T_{ij} \ln d_{ij} \qquad (10\text{-}10)$$

同様に、店舗の魅力度の係数 α の最良推定は、

$$\Sigma_i \Sigma_j S_{ij} \ln W_j = \Sigma_i \Sigma_j T_{ij} \ln W_j \tag{10-11}$$

で得られる。

　式（10-10）と式（10-11）は、次式のように書き直され、数値法や探索法で解かれる。

$$\text{Minimize } F_1(\alpha, \beta) = \text{Minimize } | \Sigma\Sigma S_{ij} \ln d_{ij} - \Sigma\Sigma T_{ij} \ln d_{ij} | = 0 \tag{10-12}$$

$$\text{Minimize } F_2(\alpha, \beta) = \text{Minimize } | \Sigma\Sigma S_{ij} \ln W_j - \Sigma\Sigma T_{ij} \ln W_j | = 0 \tag{10-13}$$

α と β の値を見出す手法は、式（10-12）と式（10-13）を組み合わせた統計を用いることである。

$$\text{Minimize } \wedge (\alpha, \beta) = \text{Minimize } | F_1(\alpha, \beta) + F_2(\alpha, \beta) | = 0 \tag{10-14}$$

　式（10-12）は、式（10-10）の平均トリップ費用式に基づいている。一方、式（10-13）は、平均トリップ利益式と呼ばれる式（10-11）に基づいている。予測された平均トリップ費用と利益が観測値に等しいときのみ、式（10-12）と式（10-13）、それゆえ、式（10-14）の広域的な（グローバルな）最小値が生じる（Batty 1976, 182-185）。

（2）最尤キャリブレーションに対するアルゴリズム

　小売モデルの最尤キャリブレーションを論述するため、距離のベキ関数を持った小売モデルにおいて、距離抵抗係数 β を推定してみよう。上記のように距離抵抗係数 β の最良推定は、制約式（10-10）を解くことによって見出されるので、この方程式を用いて β の推定値を得るための一般的方法を示すと、図 10-3 のようになる。β' に対する初期値（負のベキ関数において、通常は 1.0）が選択される。次に、A_i の初期値が計算される。そして、一組の予測された相互作用（買物流動）が（$\beta = 1.0$ に関し）得られる。もし制約式がこの段階で満たされるならば、β' 値が保有される。もしそうでなければ、β' は変えられ、β に対する制約式が満たされるまで、全サイクルは繰り返される。

　上記の方法における唯一の変動は、β' を変える仕方にある。この目的のため、速度と複雑性の度合いを変えた多くのアルゴリズムが存在する。例えば、最も単純であるが速度が遅い方法は、直接反復法（straightforward iteration）である。β' は、各反復において一定量ずつ変えられる。ほかのより速い方法は、1 次反復、ニュートン・ラプソン法、Scant 法、シンプレックス法などである（Batty and Mackie 1972）。

```
Σᵢ Σⱼ Tᵢⱼ ln dᵢⱼ を計算する
      ↓
β'の初期値を決める
      ↓ ←─────────────────────────────────────────┐
Aᵢ を計算する                                          │
      ↓                                              │
      ↓                    ↑           ↑             │
      ↓                    ↑           ↑             │
Tᵢⱼ'を計算する            β'を減少させる  β'を増加させる  │
      ↓                    ↑                        │
Σᵢ Σⱼ Tᵢⱼ' ln dᵢⱼ を計算する   Yes                       │
      ↓                    ↑                        │
Σᵢ Σⱼ Tᵢⱼ' ln dᵢⱼ = Σᵢ Σⱼ Tᵢⱼ ln dᵢⱼ ? → No → Σᵢ Σⱼ Tᵢⱼ' ln dᵢⱼ < Σᵢ Σⱼ Tᵢⱼ ln dᵢⱼ ? → No ─┘
      ↓
     Yes
      ↓
β'を印刷する
      ↓
     終了
```

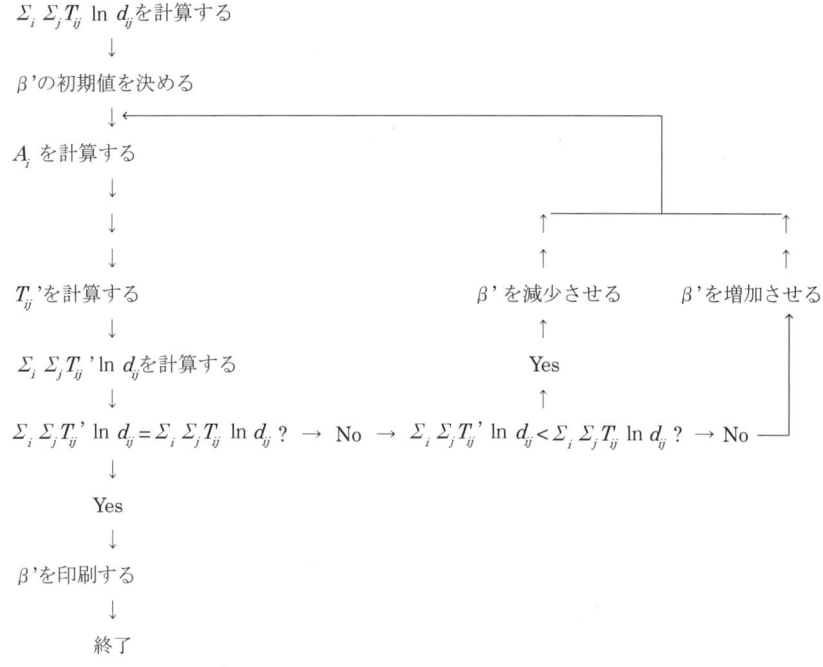

図10-3 小売モデルに対する最尤キャリブレーションの方法

（3）ニュートン・ラプソン法

本項では、ニュートン・ラプソン反復公式を小売モデルの係数推定に応用するため、最も広く適用されているニュートン・ラプソン法の概略を示す。なお、詳細は、末尾の資料の付録2にまとめられている。

小売モデルの目的関数は、次式で示される。

$$\wedge(\alpha, \beta) = F_1(\alpha, \beta) + F_2(\alpha, \beta) \tag{10-15}$$

ただし、

$$F_1(\alpha, \beta) = \Sigma_i \Sigma_j \left((P_i W_j^\alpha d_{ij}^{-\beta}) / \Sigma_j W_j^\alpha d_{ij}^{-\beta} \right) \ln d_{ij} - \Sigma \Sigma T_{ij} \ln d_{ij} \tag{10-16}$$

$$F_2(\alpha, \beta) = \Sigma_i \Sigma_j \left((P_i W_j^\alpha d_{ij}^{-\beta}) / \Sigma_j W_j^\alpha d_{ij}^{-\beta} \right) \ln W_j - \Sigma \Sigma T_{ij} \ln W_j \tag{10-17}$$

である。

式（10-16）と式（10-17）を計算するには、右辺第1項の分子と分母は係数αとβを持っているので、何らかの係数値が必要になる。例えば、まず初期値（$m = 1$）を$\alpha = \beta = 1$と置いて、計算する。最後の項には係数が無く観測値だけで成り立っているので、その値を計算することは可能である。このような計算を何回も反復していくのであるが、次の係数値は、

$$\alpha^2 = \alpha^1 + \varepsilon_1^1$$
$$\beta^2 = \beta^1 + \varepsilon_2^1$$

と係数の変動値ε_1^1とε_2^1を式（10-18）から算出して、第２期（$m=2$）の係数値をα^2とβ^2と置き、式（10-16）と式（10-17）を計算する。

$$\varepsilon = -1 / (\partial F_1(\alpha^m, \beta^m)/\partial \alpha^m \times \partial F_2(\alpha^m, \beta^m)/\partial \beta^m - \partial F_1(\alpha^m, \beta^m)/\partial \beta^m \times \partial F_2(\alpha^m, \beta^m)/\partial \alpha^m)$$
$$\times \begin{bmatrix} \partial F_1(\alpha^m, \beta^m)/\partial \alpha^m & \partial F_1(\alpha^m, \beta^m)/\partial \beta^m \\ \partial F_2(\alpha^m, \beta^m)/\partial \alpha^m & \partial F_2(\alpha^m, \beta^m)/\partial \beta^m \end{bmatrix} \begin{bmatrix} F_1(\alpha^m, \beta^m) \\ F_2(\alpha^m, \beta^m) \end{bmatrix} \quad (10\text{-}18)$$

許容誤差（トレランス）以下になるまで反復計算がなされ、αとβが求められる。

4 小売モデルによる集客予測

4．1 商店街への応用

（１）回帰法によるキャリブレーションの事例

　商店街への買物流動予測を行うため、小売モデルの二つのパラメータを推定してみよう（高阪 1979b）。必要なデータは、一般に、
　　①商店街の魅力度
　　②商店街への買物流動
　　③居住地区から商店街へのアクセス
　　④居住地区における需要量
である。

表 10-1　商店数からみた商店街の魅力度の測定

商店街 No	1	2	3	4	5	6	7	8	9	10
商店数	12	36	27	53	171	48	44	42	23	27

　商店街の魅力度（①）の測定としては、商店街における小売店数や従業者数、年間販売額などが考えられる。表 10-1 は、愛知県岡崎市内の 10 の主要商店街に対し、年買物財を販売する商店数[4]を用いて魅力度を測定している。買物流動データ（②）は、買物行動調査などから得られる。表 10-2 は、買物行動調査から得られた資料で（商業近代化委員会岡崎地域部会，1973, 309-331）、岡崎市を構成する 14 の居住地区（中学校区）の住民による 10 の主要商店街の選択確率（％）を示している。各商店街の選択確率は、居住地区の世帯数でそれぞれの商店街の利用世帯数を割ったものであることから、表 10-2 は、②の商店街への買物流動（利用世帯数）と④の居住地区における需要量（世帯数）の２種類のデータから計算された。居住地区から商店街へのアクセス（③）では、GIS 上で居住地区の中心点を発生させ、ネットワーク分析を用いて、居住地区の中心点と商店街の

表 10-2 居住地区ごとの商店街の選択確率（%）

商店街 居住地区	1	2	3	4	5	6	7	8	9	10
1	15.8	8.8	7.0		56.1	7.0				
2	14.7	9.4			67.6	6.1				
3					54.7	14.2				
4		16.7	6.0		68.9					
5			8.4		80.9					
6				35.7	53.1	8.2				
7					65.8	10.7	19.4			
8				14.3	64.3	8.6				
9					38.8	44.4				
10					48.3	7.7			24.3	
11					46.4	8.7		35.4		
12					28.5	18.0		16.7		10.5
13				5.0	50.3	21.5			8.3	
14					43.0	13.6				39.5

表 10-3 居住地区と商店街間の道路距離（m）

商店街 居住地区	1	2	3	4	5	6	7	8	9	10
1	7146	9678	11739	12706	12194	12923	13714	16078	17043	18934
2	3159	5197	6945	7719	7246	7975	9240	11129	11644	13986
3	7944	7520	8609	8465	8887	9434	11067	12566	12053	15422
4	3791	1810	2744	2634	2874	3422	5202	6584	6559	9440
5	5094	2374	411	1829	688	1339	2284	4494	6167	7350
6	5478	3506	3276	1644	2655	2969	5141	5740	4946	8596
7	7137	4522	4049	4999	4015	4401	1779	6268	9229	8721
8	15934	13866	12678	10703	11849	11562	14160	11899	8279	13867
9	7354	4880	3022	2322	2189	1487	4053	1930	3727	4786
10	9418	7350	6086	4187	5252	4870	7467	5657	2379	7876
11	9352	6878	5020	4020	4186	3485	6045	673	3090	3489
12	11688	8970	7408	7540	6910	6210	7292	4405	7924	2705
13	15063	12996	11441	9614	10607	10157	12810	8802	5749	10146
14	11574	9100	7242	6626	6408	5707	8230	2638	4597	1404

中心点との間の最短道路距離を測定した（表10-3）。

　小売モデルの係数をキャリブレーションするのに必要なデータを入手したならば、次に、前掲の式（10-8）を利用して、回帰法により小売モデルのキャリブレーションを行ってみよう。まず、商店街の選択確率、商店数、道路距離のそれぞれに対し、幾何平均を求める。注意すべき点は、前節で指摘したように、相互作用（すなわち、商店街の選択確率）が零のセルには、1を代入することである。また、商店街の数は10なので、幾何平均を求めるには変数の数値を10回掛け合わせることになる。したがって、距離などの大きな数値は、そのままの値ではコンピュータがオーバーフローしてしまう。そこで、距離（m）は100で、選択確率（%）と商店数は10で割ってから幾何平均を求めた。実際のデータ処理は、プログラム1（calibration1のフォルダー内にある）で実行できる[5]。

　表10-4は、参考までに、回帰式に投入するデータの一部を出力したものである。このデータは、次にSPSSなどの統計ソフトに読み込ませて、従属変数として選択確率（t）を、独立変数として商店数（W）と道路距離（d）を指定し回帰分析を実行する。ただし、オプションで、「回帰式に定数項を含む」のチェックをはずすように指示する。その結果、$\alpha = 1.135$、$\beta = -1.318$の係数が得られた。なお、決定係数（調整済み）は、$R^2 = 0.540$であった。

居住地区1の住民が商店街5を選択する確率（$\hat{T}_{15}$）を予測式から求めると、前記の式（10-8）から、

$$\ln (\hat{T}_{15} / T_{1*}) = 1.135 \ln (W_5 / W_*) - 1.318 \ln (d_{15} / d_{1*}) \tag{10-19}$$

となる。表10-1から$W_5 = 171 / 10 = 17.1$、また、表10-3から$d_{15} = 12194 / 100 = 121.94$が求められる。さらに、居住地区1における商店街の選択確率、商店街の魅力度、及び、居住地区1における商店街への距離の幾何平均は、それぞれ、前記の式（10-9-1）〜式（10-9-3）から、$T_{1*} = 0.3616$、$W_* = 3.7715$、$d_{1*} = 127.736$が算出される（計算は省略）。これらを代入すると、

表10-4　回帰法による小売モデルのキャリブレーションのデータ（部分）

選択確率（t）	道路距離（d）	商店数（W）
1.475	-0.581	-1.145
0.889	-0.278	-4.65E-2
0.661	-0.084	-0.334
-1.285	-5.33E-3	0.340
2.742	-4.64E-2	1.512
0.661	1.16E-2	0.241
-1.285	0.071	0.154
-1.285	0.230	0.108
-1.285	0.288	-0.495
-1.285	0.394	-0.334
1.593	-0.906	-1.145
1.146	-0.408	-4.65E-2
-1.095	-0.118	-0.334
-1.095	-0.013	0.340
3.119	-7.58E-2	1.512
0.713	0.020	0.241
-1.095	0.167	0.154
-1.095	0.353	0.108
-1.095	0.399	-0.495
-1.095	0.582	-0.334

$$\ln (\hat{T}_{15} / T_{1*}) = 1.77687$$
$$\hat{T}_{15} = e^{1.77687} \times 0.3616 = 2.1375$$

となる。したがって、予測式から求められる居住地区1の住民が商店街5を選択する確率は、21.4％となる。表10-2から、観測確率は56.1％なので、予測値はかなり低い値になっている。

（2）最尤法によるキャリブレーションの事例

前項で取り上げた岡崎市の魅力度（商店数）、年買物行動、道路距離の三つのデータ（表10-1〜表10-3を参照）を利用して、ニュートン・ラプソン法によりαとβの係数値を推定してみよう。選択確率（％）はそのまま、距離（m）は100で、商店数は10で割ってから、べき乗型の空間的相互作用モデルに投入した。係数の初期値は$\alpha^1 = \beta^1 = 1.5$とした。なお、実際のデータ処理は、プログラム2（Newtonのフォルダー内にある）で実行できる[6]。

表10-5は、そのキャリブレーション結果を示している。13回で最低値に達し、$\alpha = 1.189$、$\beta = -1.249$の係数が得られた。回帰（OLS）法による結果は、$\alpha = 1.135$、$\beta = -1.318$であったので、各係数値は異なっているが、ほぼ同じような値であることが注目される。これは、OLS法と最尤法（MLE法）が異なった基準に基づいていることによる。OLS法では、基準は従属変数の予測値と観測値との間の偏差の平方和を最小化することであり、MLE法では、基準は非線形の制約を満たすことである。しかしながら、ML制約が満たされるとき相互作用（商店街の選択確率）の予測と観測は同じようになり、それらの間の偏差の平方和も最小に近いであろうため、係数推定はほぼ同じようになるのである。

表 10-5　ニュートン・ラプソン法による小売モデルのキャリブレーション結果

反復回数	係数 α	係数 β	$F_1(\alpha, \beta)$	$F_2(\alpha, \beta)$	$\wedge(\alpha, \beta)$
1	1.5	1.5	226.100	752.598	978.699
2	1.470	1.483	204.364	753.177	957.540
3	1.440	1.465	183.140	754.104	937.244
4	1.412	1.447	162.438	755.382	917.820
5	1.384	1.428	142.260	757.015	899.275
6	1.357	1.408	122.608	759.002	881.610
7	1.331	1.387	103.479	761.347	864.826
8	1.306	1.366	84.869	764.050	848.919
9	1.281	1.344	66.771	767.114	833.884
10	1.257	1.322	49.175	770.538	819.713
11	1.234	1.298	32.071	774.324	806.395
12	1.211	1.274	15.445	778.473	793.918
13	1.189	1.249	0.716	782.986	783.702
14	1.168	1.224	16.428	787.864	804.293
15	1.148	1.198	31.710	793.109	824.818
16	1.128	1.170	46.577	798.720	845.297
17	1.108	1.143	61.050	804.700	865.750
18	1.090	1.114	75.149	811.050	886.198
19	1.071	1.085	88.893	817.770	906.663
20	1.054	1.054	102.304	824.863	927.167

4.2　百貨店への応用

次に、小売モデルを百貨店に応用してみよう。百貨店を取り上げたのは、立地数が限られており、自社店舗のみならず、競合他社の店舗に対しても、年間販売額や店舗面積が公表されており、他の小売業種に比べデータが揃っているからである。

首都圏の 1 都 3 県において、おもな百貨店の立地場所から、19 の中心地を識別した。図 10-4 は、これらの中心地の一部を示している。表 10-6 は、19 の中心地ごとに、百貨店数、年間売上額、店舗面積、売上効率をまとめたものである。

首都圏で百貨店の商圏となる市区町村は、㈱日経リサーチ商圏センサス（2011 年）を利用して、図 10-5 に示されるように一定（25 サンプル）以上の利用のある 163 の市区町を識別した。表 10-7 は、居住地区（163 市区町の一部）ごとに、人口と各中心地の最寄駅への電車による移動時間（分：乗り換え時間も含む）を列挙している。

百貨店の売上予測を行うに当たり、前掲の式（10-5）と（10-6）で表される指数型の空間的相互作用モデルを利用した。P_i は市区町の世帯数、W_j は中心地の店舗面積（1000m² 単位へ変換）、d_{ij} は電車による移動時間（10 分単位へ変換）を用いた。また、表 10-8 に示すように、e_i は都県ごとの世帯当たり百貨店年間売上額を利用した。この数字は、該当する百貨店の売上額を都県ごとに集計し、世帯数で割ることで

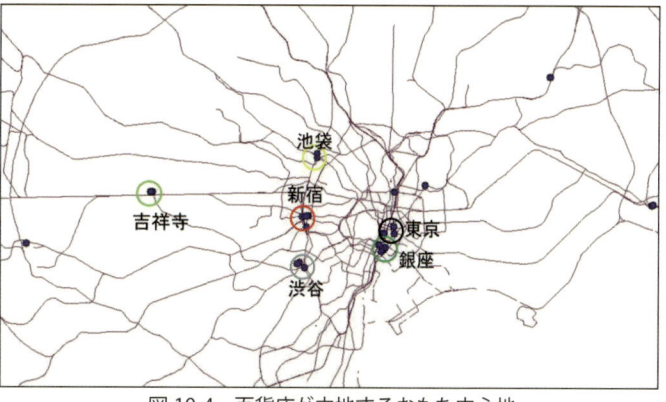

図 10-4　百貨店が立地するおもな中心地

表 10-6　中心地ごとの百貨店データ

ID	中心地名	百貨店数	年間売上額* （百万円）	店舗面積* （m^2）	売上効率 （m^2 当たり）	立地型**
1	新宿	4	457268	212707	2.15	1
2	渋谷	2	141513	108030	1.31	1
3	池袋	2	276527	156777	1.76	1
4	上野	2	56629	42617	1.33	1
5	東京日本橋	3	382442	207873	1.84	1
6	有楽町銀座	4	123768	103419	1.2	1
7	横浜	2	235740	139727	1.69	1
8	町田相模原	2	69551	66563	1.04	0
9	立川	3	55675	60355	0.92	0
10	吉祥寺	1	30965	31731	0.98	0
11	浦和大宮	4	106655	126882	0.84	0
12	柏松戸	3	73121	95219	0.77	0
13	千葉船橋	4	151593	174587	0.87	0
14	二子玉川	1	41781	24012	1.74	0
15	府中聖蹟	2	32128	48781	0.66	0
16	川崎	1	12693	16643	0.76	0
17	所沢	1	20311	25243	0.8	0
18	横浜港南	3	72734	89949	0.81	0
19	横浜都筑	2	11782	20192	0.58	0

*2010年度　**都心型：1、郊外型：0

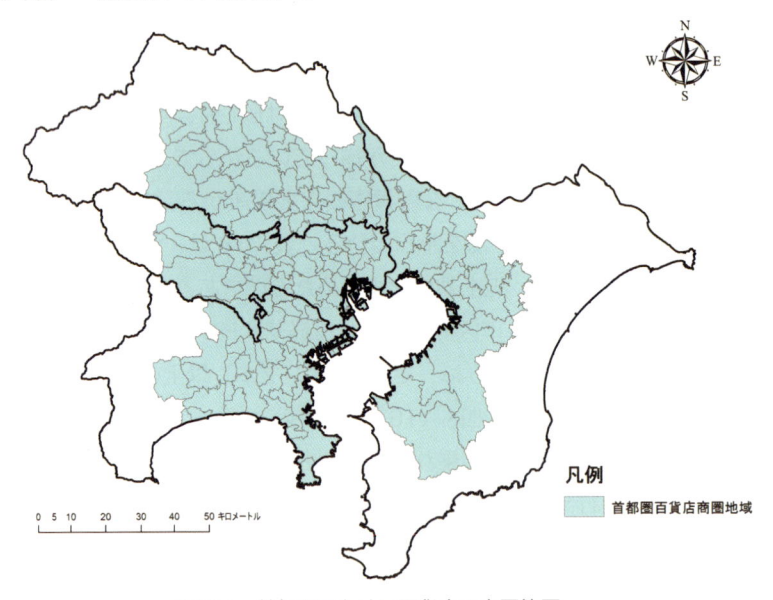

図 10-5　首都圏における百貨店の商圏範囲

計算した[7]。

　最適な係数 α と β を推定するため、直接反復法を用いた。すなわち、α と β を 0.0 〜 2.0 まで、0.1 ずつ増加させ、すべての組み合わせに対し、式（10-20）の誤差を計算した。その中で、

$$\underset{\{\alpha,\beta\}}{\text{Minimize}}\ 誤差 = |\,予測売上額 - 観測売上額\,| \tag{10-20}$$

を満たすものを、最適な係数とした。なお、観測売上額は表 10-6 の実際の年間売上額を

表 10-7　居住地区ごとの世帯数と中心地への電車による移動時間（部分）

id	市区町村名	世帯数	新宿	渋谷	池袋	上野	東京日本橋	有楽町銀座
101	千代田区	25,442	15分	19	17	7	0	3
102	中央区	67,883	16	16	20	11	3	0
103	港区	109,882	16	11	22	14	8	13
104	新宿区	194,555	0	4	5	21	13	15
105	文京区	111,614	17	22	8	11	9	12
106	台東区	91,807	22	27	16	0	7	11
107	墨田区	120,504	22	28	30	14	8	23
108	江東区	214,300	31	29	32	23	7	22
109	品川区	196,021	11	5	20	22	17	24
110	大田区	345,258	32	26	40	24	19	26

表 10-8　都県別世帯当たり百貨店年間売上額

都県	世帯当たり百貨店年間売上額（万円）*
埼玉県	13.5
千葉県	19.5
東京都	17.0
神奈川県	15.6

*2010年

表 10-9　係数推計結果：売上効率を考慮した場合

順位	係数 α	係数 β	誤差 = Σ｜予測売上額 − 実測売上額｜
1	0.9	0.1	1395.72
2	0.8	0.6	1640.9
3	0.8	0.5	1806.2
4	0.8	0.4	1907.32
5	0.8	0.1	1971.7
6	0.8	0.2	1982.78
7	0.8	0.3	1983.02

用いた。また、予測売上額は、式（10-5）の指数型モデルで算出された$\Sigma_i S_{ij}$の値である。表 10-9 は、売上効率を考慮した場合の、係数推計結果を表している。$\alpha = 0.8$、$\beta = 0.6$ で、誤差は 1640.9 となった[8]。なお、売上効率を考慮した方が、売上効率を考慮しない場合に比べ、売上予測の誤差が約 34％減少する（約 66％へと少なくなる）こともわかった。空間的相互作用モデルの特徴の一つに、中心地ごとの売上額のほかに、市区町から中心地への売上額（買物）流動を予測できる点が挙げられる。そのためには、買物流動のデータが必要となる。しかし、各市区町から百貨店に行く買物流動のデータは入手できない。そこで利用したのが、㈱日経リサーチ商圏センサス（2011年）のデータであり、表 10-10 に示すように、各中心地の商圏範囲を 0−1 行列で商圏構造として表した。また、中心

表 10-10　商圏構造に関するデータ（部分）

ID	市区町村	新宿	渋谷	池袋	上野	東京日本橋	有楽町銀座	横浜	町田相模原	立川
101	千代田区	1	1	1	1	1	1	0	0	0
102	中央区	1	1	1	1	1	1	0	0	0
103	港区	1	1	1	1	1	1	1	0	0
104	新宿区	1	1	1	1	1	1	0	0	0
105	文京区	1	1	1	1	1	1	0	0	0
106	台東区	1	1	1	1	1	1	0	0	0
107	墨田区	1	1	1	1	1	1	0	0	0
108	江東区	1	1	1	1	1	1	1	0	0
109	品川区	1	1	1	1	1	1	1	0	0
110	大田区	1	1	1	1	1	1	1	0	0
111	目黒区	1	1	1	0	1	1	1	0	0
112	世田谷区	1	1	1	1	1	1	1	1	0
113	渋谷区	1	1	1	1	1	1	1	0	0
114	中野区	1	1	1	0	1	1	0	0	1
115	杉並区	1	1	1	1	1	1	1	0	0
116	豊島区	1	1	1	1	1	1	0	0	0

表 10-11　立地型ごとの規模効率と距離抵抗の係数の推定

立地型	係数 α	係数 β
都心型	0.7	0.6
郊外型	0.6	0.3

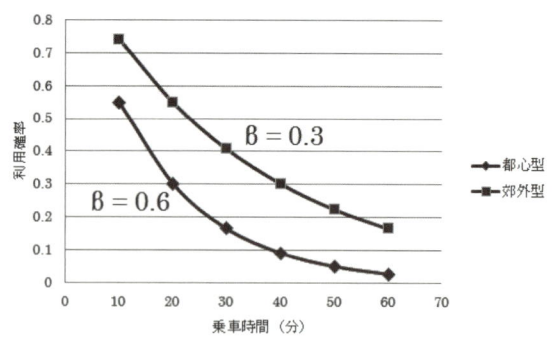

図 10-6　立地型ごとの距離抵抗係数の変動

地を立地型に基づき、都心型と郊外型に分けて（表10-6を参照）、立地型ごとに魅力度（規模効率）と距離抵抗係数を推定した。表10-11は、その推計結果を示しており、規模効率の係数では都心と郊外の中心地ではあまり差はないが、距離抵抗係数では、都心より郊外の中心地の方が距離抵抗は小さい。このことは、郊外の百貨店の方が、遠方から高い確率で顧客を集めていることを意味する（図10-6）。予測売上額と観測売上額の間の誤差は1783.2となった[9]。

表10-12は、これらの係数を用いて、空間的相互作用モデルにより各中心地の売上額を再現した結果を示している。予測売上額と実際の売上額との誤差率を見ると、一般に都心の中心地では小さく、郊外では大きい。図10-7aと同図bは、同様にこれらの係数を用いて、空間的相互作用モデルにより、新宿と東京日本橋の百貨店の売上額の市区町別の分布を再現したものである。100億円以上（赤色）の地区は、新宿では西側の地区、東京日本橋では東側と南側の地区となっており、鉄道の結びつきを良く反映している。

次に、この空間的相互作用モデルを利用して、インパクト分析（影響分析）を行ってみよう。表10-13は、新宿に6万m²の百貨店が新規立地したと仮定した場合の、中心地の売上変化をシミュレーションしている。新宿は630億円の売上を増やす一方、池袋と東

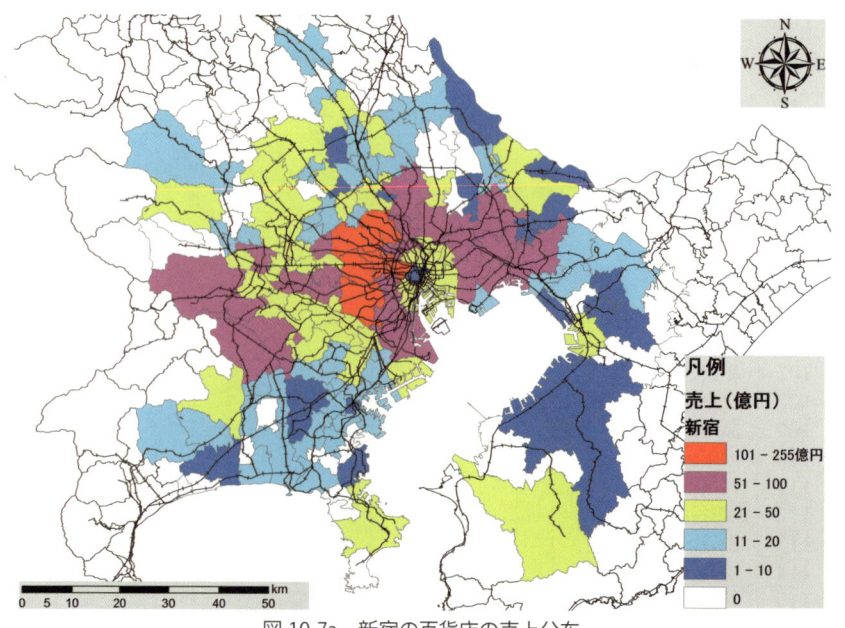

図10-7a　新宿の百貨店の売上分布

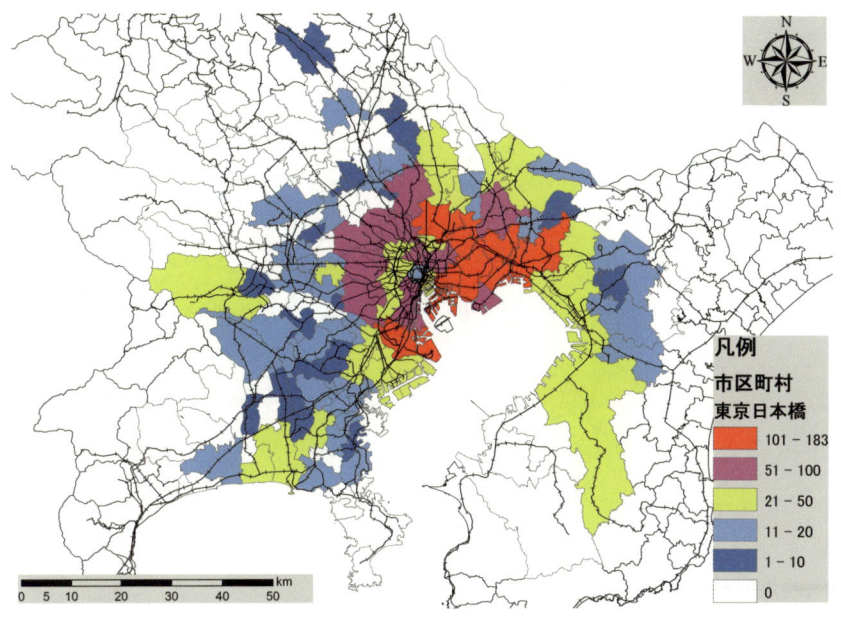

図 10-7b　東京日本橋の百貨店の売上分布

表 10-12　予測売上額と実際の売上額との誤差

中心地名	予測売上額(億円)	実際の売上額	誤差	誤差率
新宿	4586	4572.68	13.32	0.3
渋谷	1540	1415.13	124.87	8.8
池袋	2804	2765.27	38.73	1.4
上野	672	566.29	105.71	18.7
東京日本橋	3594	3824.42	-230.42	-6
銀座有楽町	1301	1237.68	63.32	5.1
横浜	2379	2357.4	21.6	0.9
町田相模	813	695.51	117.49	16.9
立川	755	556.75	198.25	35.6
吉祥寺	215	309.65	-94.65	-30.6
浦和大宮	850	1066.55	-216.55	-20.3
柏松戸	695	731.21	-36.21	-5
千葉船橋	1636	1515.93	120.07	7.9
二子玉川	447	417.81	29.19	7
府中聖蹟	257	321.28	-64.28	-20
川崎	72	126.93	-54.93	-43.3
所沢	150	203.11	-53.11	-26.1
横浜港南	532	727.34	-195.34	-26.9
横浜都筑	123	117.82	5.18	4.4

表 10-13　新宿の新規百貨店の立地に伴う中心地の売上変化

中心地名	立地後売上(億円)	立地前売上	売上変化
新宿	5216	4586	630
渋谷	1474	1540	-66
池袋	2681	2804	-123
上野	649	672	-23
東京日本橋	3472	3594	-122
銀座有楽町	1249	1301	-52
横浜	2331	2379	-48
町田相模	790	813	-23
立川	712	755	-43
吉祥寺	201	215	-14
浦和大宮	821	850	-29
柏松戸	678	695	-17
千葉船橋	1611	1636	-25
二子玉川	423	447	-24
府中聖蹟	242	257	-15
川崎	70	72	-2
所沢	146	150	-4
横浜港南	526	532	-6
横浜都筑	118	123	-5

京日本橋は約 120 億円の売上を減らす。図 10-8a は、新宿の新規百貨店による売上増加の分布を予測しており、西側の地区で顕著である。図 10-8b は、新宿の新規百貨店による東京日本橋百貨店の売上減少の分布を予測しており、東西の地区で減少している。

　最後に、中心地に対し予測された売上額は、そこに立地する店舗の売上効率に応じて配分され、店舗の予測売上額となる。空間的相互作用モデルが応用しやすい業種は、百貨店のほかに、会員制ビジネスを展開するスポーツクラブや学習塾、ポイントカードなどで顧

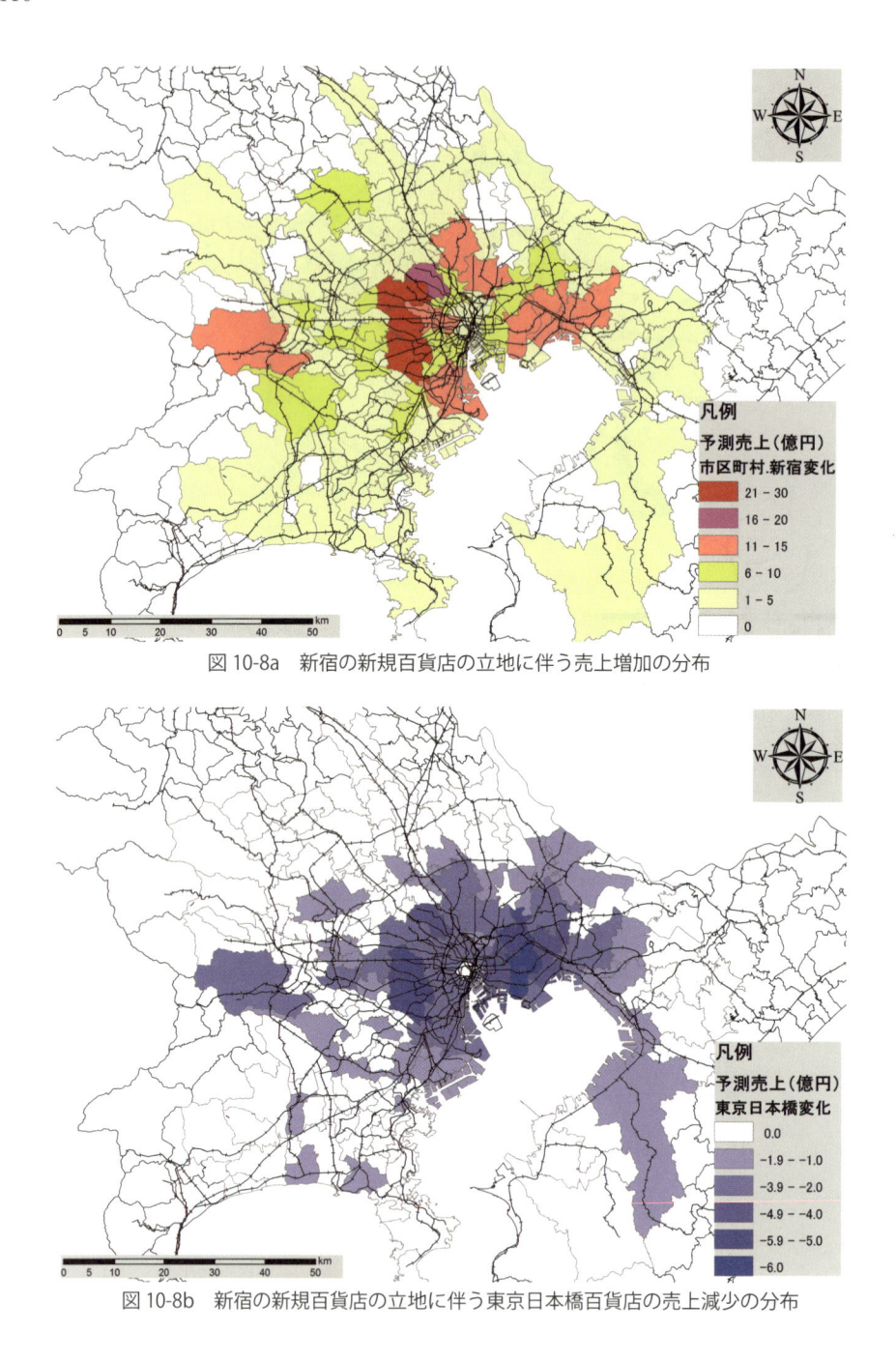

図 10-8a　新宿の新規百貨店の立地に伴う売上増加の分布

図 10-8b　新宿の新規百貨店の立地に伴う東京日本橋百貨店の売上減少の分布

客の位置情報が得られるスーパーマーケットやコンビニエンスストア、ドラッグストアなどである。このような業種は、顧客住所を地図に落とすことで、店舗の買物流動や商圏範囲を把握することができ、精度の高い売上予測につながる。

注
1）最も単純な線形回帰モデルは、$Y = a + bX$ で示される。ただし、Y は従属変数、X は独立変数、a は切片、b は傾きを表す回帰係数である。この線形モデルの係数を推定するには、OLS法が利用される。同様に、最も単純な非線形モデルは、$Y = a + bX + cX^2$ で表される。しか

し、係数 a、b、c に関してはなお線形なので、OLS 法を用いても差支えない（ウォナコット 1998, 134-136）。変換が必要な非線形モデルの一例としては、$Y = Ae^{Bt} = A\exp(Bt)$ のような指数型モデルを挙げることができる。このような非線形モデルは、自然対数を取ることによって、$\ln Y = \ln A + Bt$ のように線形化できる（ウォナコット 1998, 139-143）。

2）自然対数とは、ネピア数（$e \fallingdotseq 2.718281$）を底とする対数であり、$\ln x = \log_e x$ で示される。なお、常用対数は 10 を底とする対数であり、$\log x = \log_{10} x$ で示される。これらを区別するため、自然対数を $\ln x$、常用対数を $\log x$ と書くことがある。本稿では、このように書き方を区別している。

3）$\Pi_i X_i = X_1 \times X_2 \times \cdots \times X_n$

4）年買物財の商店として、くつ・はきもの店、呉服・服地店、洋品店、婦人・子供服店、時計・メガネ店、家具店、陶磁器・ガラス器店、玩具・娯楽店、書籍店、寝具店、写真機・フィルム店、運動具店、楽器店、かばん・袋物店、百貨店を取り上げた。

5）プログラムは、古今書院の HP 掲載の本書ページからダウンロードできる。まず、c ドライブに calibration1 のフォルダーをコピーする。そのフォルダー内に、商店街の魅力度（①）を示す表 10-1 のデータは、項目名を削除され、csv 形式でファイル名 shop として保存されている。同様に、買物流動データ（②）を示す表 10-2 のデータは、14 の居住地区× 10 の主要商店街の行列で、csv 形式でファイル名 flow として保存されている。また、居住地区から商店街へのアクセス（③）を示す表 10-3 のデータは、14 の居住地区× 10 の主要商店街の行列で、csv 形式でファイル名 distance として保存されている。

　次に、フォルダー内のプログラム 1 をディスクトップにコピーし、ダブルクリックする。そして、居住地区数（No of Place）と商店街数（No of Street）に、それぞれ 14、10 を入力し、実行ボタンをクリックする。さらに終了ボタンを押すと、二つの結果ファイルが同フォルダーに出力される。

　一つ目の結果ファイルは、result1 であり、表 10-4 に示されるように、選択確率（t）、道路距離（d）、商店数（a）を幾何平均で標準化するとともに、それらの自然対数を計算して、回帰法による小売モデルのキャリブレーションのデータとして出力する。もう一つの結果ファイルは、表 10-2 に示されるような居住地区ごとの商店街の選択確率行列に対し、零のセルに 1 を代入した result2 である。

6）プログラムは、古今書院の HP 掲載の本書ページからダウンロードできる。まず、c ドライブに Newton のフォルダーをコピーする。そのフォルダー内で、商店街の魅力度、買物流動データ、商店街へのアクセスの 3 つのデータ（表 10-1 ～表 10-3 を参照）は、csv 形式でファイル名 shop、flow、distance として保存されている。また、居住地区における需要量（世帯数）のデータは、csv 形式でファイル名 house として保存されている。

　次に、フォルダー内のプログラム 2 をディスクトップにコピーし、ダブルクリックする。そして、居住地区数（No of Place）、商店街数（No of Street）、最大反復回数（No of Count）、許容誤差（Limit）に、それぞれ 14、10、100、4 を入力し、実行ボタンをクリックする。さらに終了ボタンを押すと、表 10-5 に示されるような、ニュートン・ラプソン法による小売モデルのキャリブレーション結果を示す result1 が出力される。

7）百貨店売上高割合 ＝ 百貨店年間売上高 / 小売業年間販売額を求めるとともに、世帯当たり年間小売販売額 ＝ 小売業年間販売額 / 世帯数を算出し、世帯当たり年間百貨店販売額 ＝世帯当たり年間小売販売額 ×百貨店売上高割合で計算した。

8）第 1 位の係数の組み合わせは、β が小さいので取り上げなかった。

9）この係数推定では、中心地の売上効率、商圏範囲、立地型が考慮されている。中心地の売上効率のみを考慮した係数推定に比べ、誤差が 142.3 と若干増加しているが、商圏範囲が考慮されたことにより、この係数推定の方が、買物流動の再現性は高いと考えられる。

第 11 章 立地－配分モデル

1 立地－配分モデルとは

　小売店舗のような営造物では、経済的な利益を追求するため相互に激しい競合が見られ、相互に重複する商圏が形成される。それに対し、役所の出張所、警察の派出所、消防署、救急医療センター、学校（小学校・中学校）などの公共施設は、周囲の住民に公共サービスを提供するため、相互に重複しない明確な管轄区域（サービス圏）を持つ。保険会社の出張所や新聞販売店などの民間企業でも、同様に管轄区域が見られることがある。

　このように排他的で非重複的なサービス圏を持つ公共施設やサービス施設の立地を考える場合、どこに施設を立地させるかという「立地問題」だけでなく、各施設に需要地点を割り振る「配分問題」も考察しなければならない。このことから、公共施設の最適な立地を探るために、「立地－配分モデル location-allocation model」と呼ばれる空間モデルが研究されてきた（高阪 1994, 114-135；石崎 2003）。

　立地－配分モデルは、①施設数、②解空間、③目的関数の三つの側面からさまざまな形式で組み立てられている。施設数では、研究地域にただ一つの施設を立地させる場合、単一施設立地問題と呼ばれ、それがどこに立地すれば最適かという立地問題のみを取り上げればよい。それに対し、複数施設を立地させる複数施設立地問題では、立地－配分問題として取り扱わなければならない。解空間は、立地－配分問題の中でも立地問題に対する解空間であり、図 11-1 に示すように「連続空間」と「離散空間」の二つがある。連続空間では、研究地域を連続的と見なし、施設はどこにでも立地できる。それに対し離散空間では、研究地域を離散的、すなわち、有限個の地点で構成されていると見なし、地点にしか立地できない。地点は通常、町丁目の中心点などが用いられる。

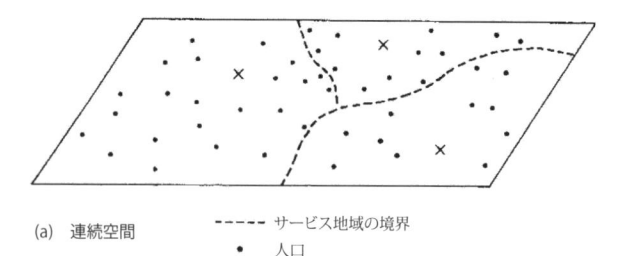

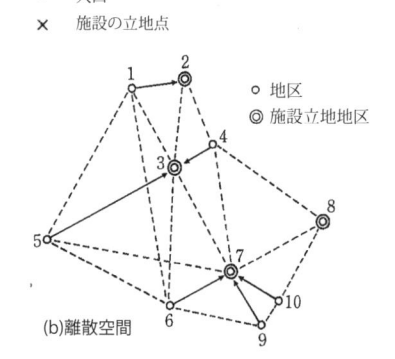

　「目的関数」は、何を目指し最適化を行うかに関係する。目指す目的は、通常、数式で定義されるので、目的関数と呼ばれている。次節では、立地－配

図 11-1　立地－配分問題における解空間：
(a) 連続空間と (b) 離散空間

分モデルで用いられるさまざまな目的関数を考察する。

2 立地－配分モデルの目的関数

2.1 p－メディアン問題：総移動距離の最小化

　施設の利用者側から見て最も一般的な最適化の目的は、施設ができるだけ近くにあること、換言すると、「距離の効率性」を図る立地パターンをとることである。いま、研究地域内のすべての人口が施設を利用すると仮定しよう。すると、全人口が施設を利用するときに発生する総移動距離 Z は、次式で算出される（高阪 1994, 114-116）。

$$Z = \sum_j \sum_i w_i d_{ij} X_{ij} \tag{11-1}$$

ただし、
　$w_i =$ 居住地点 i の人口、
　$d_{ij} =$ 居住地点 i から施設立地点 j への距離、
　$X_{ij} =$ 居住地点 i の住民が施設立地点 j の施設を利用するよう配分されたとき 1、そうでないとき 0 をとる 0－1 の「配分変数」。

式（11-1）の目的関数において、人口や距離など値が既知の外生変数は小文字で示した。配分変数のように立地－配分モデルで決められる内生変数は大文字で示し、区別される。

　「総移動距離の最小化」という目的を目指すならば、式（11-1）で示された目的関数 Z を最小化するように施設を立地させ、居住地点を配分するのである。これを数式で表すと、

$$\text{Minimize } Z = \sum_j \sum_i w_i d_{ij} X_{ij} \tag{11-2}$$
$$\{X_{ij}\}$$

制約条件

$$\sum_j X_{ij} = 1 \quad i = 1, 2, \cdots, m, \ j = 1, 2, \cdots, n \tag{11-3-1}$$
$$X_{jj} \geq X_{ij} \quad i = 1, 2, \cdots, m, \ j = 1, 2, \cdots, n \quad i \neq j \tag{11-3-2}$$
$$\sum_i X_{ii} = p \tag{11-3-3}$$
$$X_{ij} \geq 0 \quad i = 1, 2, \cdots, m, \ j = 1, 2, \cdots, n \tag{11-3-4}$$
$$d_{ij} \leq D \quad i = 1, 2, \cdots, m, \ j = 1, 2, \cdots, n \tag{11-3-5}$$

となる。式(11-2)は、総移動距離を最小化する立地－配分モデルを示しており、「p－メディアン問題」と呼ばれている。式の左辺は、配分変数 X_{ij} を変化させることで目的関数 Z を最小化することを表している。式の右辺は目的関数を数式で定義しており、人口に距離を乗じ、さらに配分変数を乗じたものを合計することで、総移動距離が計算されることを示している。

この立地－配分モデルを成立させるためには、さまざまな制約条件が付与されており、式（11-3-1）～式（11-3-4）で表されている。式（11-3-1）では、各地点は1箇所の施設立地点にしか配分されないという制約を示している。式（11-3-2）は、地元が施設立地点になっているときには必ずそれを利用するという制約を表している。式（11-3-3）は研究地域全体の施設数 p を定めており、式（11-3-4）は非負条件を表している。さらに、最長移動距離 D を超えてはならないという制約条件式（11-3-5）が追加されることもある。

p－メディアン問題は、元々は電話線の長さを最小にする電話交換所の位置決定問題として提示された（石崎、2003）。今日では、最も基本的な立地－配分モデルとして知られている。

2.2 p－センター問題：最長移動距離の最小化

施設の利用者側から見た距離に関わるもう一つの最適化の目的は、施設があまり遠くにならないように立地させることであり、「最長移動距離の最小化」である。これは「ミニ・マックス（最大を最小化する）戦略」で、距離の効率性よりもむしろ「距離の平等性」を追求する（Mirchandani and Reilly, 1987, 192-193）。

$$\text{Minimize} \, Z = D \qquad (11\text{-}4)$$
$$\{X_{ij}\}$$

制約条件
$$D \geqq d_{ij} X_{ij} \quad i = 1, 2, \cdots, m, \, j = 1, 2, \cdots, n \qquad (11\text{-}5)$$
および、式（11-3-1）～式（11-3-4）
ただし、
$D =$ 最長移動距離。

この定式化は、「p－センター問題」と呼ばれ、目的関数（11-4）に示されるように、配分変数 X_{ij} を変化させることで最長移動距離 D を最小化することである。式（11-5）の制約条件は、各居住地点から施設までの移動距離が D 以下になることを定めている。制約条件としては、ほかに前記の式（11-3-1）～式（11-3-4）も付与される。

p－センター問題は、通常移動距離のみで最適化を図るため、人口の多少にかかわらずあまり遠くにならないように施設の立地を決める。これは、住民間での施設利用機会の平等性を保証するためであり、近接性の地域格差を是正することにつながる。なお、式（11-5）の右辺に人口の重み（w_i）を乗ずるならば、人口を考慮した p－センター問題（最長加重距離の最小化）が定式化できる（石崎 2003, p.67）。

2.3 集合－被覆問題

施設の利用者側から見た視点のほかに、サービスの供給者側からの視点も存在する。この視点による最適化は、一般に「被覆（カバー）問題」と呼ばれ、いかにして「少ない施

設数で多くの人口を被覆するか」を追求する。ここに示す「集合－被覆問題」は、すべての居住地点を一定の距離圏内に覆う最小の施設数を求めるものであり、次のように定式化される（Mirchandani and Reilly 1987, 189-190）。

$$\text{Minimize } Z = \Sigma_j Y_j \tag{11-6}$$
$$\{Y_j\}$$

制約条件
$$\Sigma_j a_{ij} Y_j \geq 1 \tag{11-7}$$
$$Y_j \in (0, 1) \tag{11-8}$$
$$a_{ij} = 1 \quad d_{ij} \leq R \text{ のとき}$$
$$\quad = 0 \quad d_{ij} > R \text{ のとき} \tag{11-9}$$

目的関数（11-6）において、Y_j は地点 j に施設が立地するとき1、そうでないとき0をとる0－1の「立地変数」を示している。これは、式（11-8）で Y_j が0か1のいずれかをとることからも分かる[1]。このことから目的関数(11-6)の右辺は、施設の立地数を表し、それを最小化することを目指す。a_{ij} は、式（11-9）に示されるように、地点 j が居住地点 i を一定の被覆半径 R 内に収める（カバーする）とき1、そうでないとき0をとる0－1の「被覆変数」を示す。すると制約条件（11-7）は、居住地点 i が少なくとも一つ以上の施設によって被覆されることを保証する。このように、集合－被覆問題は、できるだけ少数の施設で地域の住民を被覆するということから、「立地費用の効率性」を目的としたモデルである。

2.4 最大被覆問題

サービスの供給者側から見たもう一つの視点は、所与の施設数でできるだけ多くの居住地点を被覆する「最大被覆問題」である。次のように定式化される（Daskin, 1987, 227-228）。

$$\text{Maximize } Z = \Sigma_i w_i V_i \tag{11-10}$$
$$\{Y_j\}$$

制約条件
$$\Sigma_j a_{ij} Y_j - V_i \geq 0 \tag{11-11}$$
$$\Sigma_j Y_j = p \tag{11-12}$$
$$V_i \in (0, 1) \tag{11-13}$$
および、式（11-8）と式（11-9）

ただし、

V_i = 居住地点 i が被覆されたとき 1、そうでないとき 0 をとる 0 − 1 の「被覆変数」、
w_i = 居住地点 i の人口、
p = 施設数、
Y_j = 地点 j に施設が立地するとき 1、そうでないとき 0 をとる 0 − 1 の「立地変数」。

　目的関数（11-10）は、施設立地点からのサービスで被覆される（V_i）居住地点の人口（w_i）を最大化することを目指している。制約条件（11-11）については、次のような状態を考えてみよう。少なくとも一つの地点 j に施設が立地し（$Y_j \geqq 1$）、居住地点 i を一定の被覆半径 R 内に収めるとき（$a_{ij} = 1$）、居住地点 i は被覆される（$V_i = 1$）。すると、制約条件（11-11）の左辺の第一項は 1 以上となり、第二項は 1 となることから、制約条件（11-11）は成立する。また、居住地点 i を一定の被覆半径 R 内に収める施設立地点 j が存在しないとき（$a_{ij} = 0$）、居住地点 i は被覆されない（$V_i = 0$）。すると、制約条件（11-11）の左辺の第一項は 0 となり、第二項は 0 となることから、制約条件（11-11）は成立する。このように制約条件（11-11）は、施設立地点の一つが居住地点を一定の被覆半径 R 内に収めないならば、その居住地点は被覆されないことを示している。

3　立地−配分モデルの解法

　立地−配分モデルにおいて最適立地を求めるために、二種類の解法が存在する。一つは計画法であり、もう一つは「発見的解法（ヒューリスティック）」である（高阪 1994, 118-119）。計画法では最適解は得られるが、計算量が膨大となり、大きな問題では実行不可能となる。それに対し、発見的解法は、大きな問題を比較的速く解くことができ、さまざまな目的関数に利用でき、最適解だけでなく、2 番目、3 番目の最適解も見出すことができる。また発見的解法は、連続空間と離散空間の双方に対し研究されていることから、本節では、離散空間に対し多くの事例で利用されている頂点代替法を取り上げる。

3.1　頂点代替法

　「頂点代替法（vertex substitution algorithm）」は、立地−配分モデルの発見的解法において基本原理として広く利用されている（Teitz and Bart, 1968）。頂点代替法は、次のような解法で進められる（Rushton and Kohler, 1973）。

1）施設立地点のリスト（初期施設立地点、あるいは、現在施設立地点）を読み込み、目的関数値を計算する。
2）すべての候補地を順次選ぶ。
3）施設立地点と候補地を代替し、目的関数値を計算する。
4）代替候補地が現在の施設立地点より小さい（大きい）目的関数値を持つならば、入れ替えを行う。
5）すべての候補地を選んで一巡（1 反復）しても、入れ替えが生じないならば、現在施設立地点が最適解となる。

```
開始
 ↓
初期施設立地点の設定
 ↓
サービス圏の画定 ←──────────────────────┐
 ↓                                      │
目的関数値の計算                         │
 ↓                                      │
代替地点の選択                           │
 ↓                                      │
施設立地点を代替地点に置き換えて、       │
サービス圏を画定し、目的関数値を計算 ←─┐│
 ↓                                    ││
目的関数値から最小(大)値を選択         ││
 ↓                                    ││
目的関数値は改善されたか？──→ Yes ─┐ ││
 ↓                                 │ ││
                        最小(大)値をとる代替地点に
                        施設立地点を置き換える
 No                                      │
 ↓←──────────────────────────────────┘
すべての代替地点を試みたか？──→ No ──→ ほかの代替地点を選択
 ↓
Yes
 ↓
代替後の目的関数値は
初期施設立地点よりも ──→ Yes ──→ 代替地点を入れ替えて
改善されたか？                     初期立地点とする ──┘
 ↓
No
 ↓
終了
```

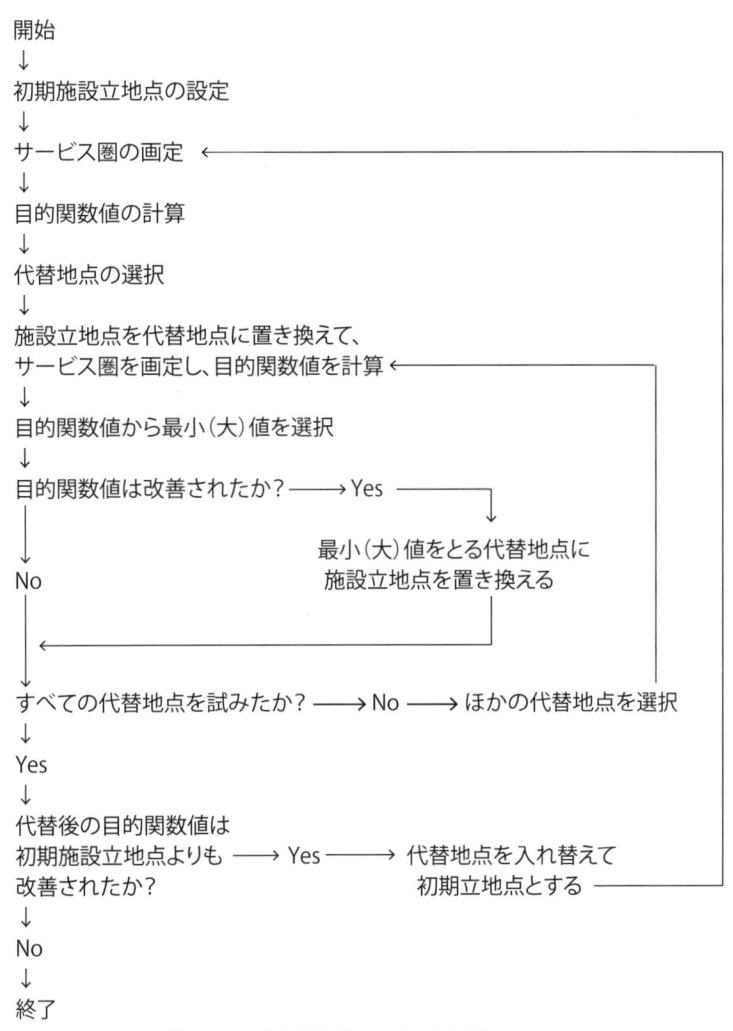

図 11-2　頂点代替法のアルゴリズム

図 11-2 は、頂点代替法のアルゴリズムを示している（石崎 2003, p.72）。

3．2　頂点代替法による p －メディアン問題の最適立地

　プログラム 3（vertex1 のフォルダーにある）は、頂点代替法のアルゴリズムをプログラム化したものである[2]。居住地点数、施設立地数、居住地点間の距離行列、初期施設立地点、最大反復回数を入力することで、自動的に頂点代替法による立地－配分モデルの最適結果を出力することができる。

　このプログラムを使って、ReVelle and Swain（1970）の立地－配分問題を解いてみよう。前掲の図 11-1（ b ）では、ReVelle and Swain の仮想的なネットワーク空間を示している。全体は 10 の居住地点（都市）で成り立ち、居住地点間の距離行列と人口は表 11-1 にまとめられる。いま、2 施設を立地させるときの最適解を求めてみよう。初期施設立地点は、地点 5 と 8 を選ぶ。

　まず、c ドライブに vertex1 のフォルダーをコピーする。vertex1 のフォルダーには、距離行列・人口ファイルとして、1 列目に id 番号（1 ～ 10）、2 列から 11 列目に地点間

表 11-1 居住地点間の距離行列と人口

id	d1	d2	d3	d4	d4	d6	d7	d8	d9	d10	人口
1	0	1	1	2	3	5	4	5	5	5	1
2	1	0	1	1	4	5	4	4	5	5	2
3	1	1	0	1	3	4	3	4	4	4	4
4	2	1	1	0	4	4	3	3	4	4	2
5	3	4	3	4	0	3	4	7	4	5	1
6	5	5	4	4	3	0	1	4	1	2	2
7	4	4	3	3	4	1	0	3	1	1	2
8	5	4	4	3	7	4	3	0	3	2	3
9	5	5	4	4	4	1	1	3	0	1	2
10	5	5	4	4	5	2	1	2	1	0	1

距離、12列目に人口のデータの入ったcsv形式のファイル名table1が保存されている。同様に、初期施設立地ファイルは、p行×1列の形で（p＝施設立地数）、同フォルダーに同形式でファイル名loc1として保存されている。次に、プログラム3をディスクトップにコピーし、ダブルクリックする。そして、居住地点数（No of Place）、施設立地数（No of Facility）、最大反復回数（No of Count）に、それぞれ10、2、15を入力し、実行ボタンをクリックする。さらに終了ボタンを押すと、二つの結果ファイルが同フォルダーに出力される。

　一つは施設立地ファイル（result1）であり、表11-2に示されるように立地の最適化に至る代替過程を示している。最初の3行は、初期施設立地点に対するものであり、それに対する総移動距離は49である。4行目～6行目は、1回目の代替を表している。初期施設立地点1に対し、地点1から地点10まで代替が行われ、それぞれの総移動距離が計算される。その中で最小の地点3が代替後の施設立地点となり、総移動距離は30である。次の代替（7行目～9行目）は初期施設立地点2に対してであり、同様に地点1から地点10まで代替が行われ、それぞれの総移動距離が計算される。その中で最小の地点7が代替後の施設立地点となり、総移動距離は22となる。次は代替後の施設立地点1に対してであり、同様の処理が繰り返されるが、総移動距離は22となり改善されなかった。そのような場合、プログラムは終了する。以上から、最適な立地点は（3、7）の組み合わせであることが判明した。

もう一つの結果ファイルは、表11-3に示されるような居住地点配分ファイル（result2）

表11-2 頂点代替法による代替過程

代替過程	立地点と距離	代替回数
初期施設立地点1	5	
初期施設立地点2	8	
総移動距離：初期	49	
代替後の施設立地点1	3	
初期施設立地点2	8	
総移動距離1	30	1
代替後の施設立地点1	3	
代替後の施設立地点2	7	
総移動距離2	22	2
代替後の施設立地点1	3	
代替後の施設立地点2	7	
総移動距離3	22	3

表11-3 居住地点の施設への配分と人口移動距離

居住地点id	配分地点	人口移動距離
1	3	1
2	3	2
3	3	0
4	3	2
5	3	3
6	7	2
7	7	0
8	7	9
9	7	2
10	7	1

である。居住地点1〜5は地点3に立地する施設3に配分され、居住地点6〜10は施設7に配分される。表11-3では、さらに居住地点から各施設への人口移動距離も示されている。

4　立地−配分モデルの応用

4.1　GISを利用した宅配ピザ店の立地分析

　立地−配分モデルを宅配ピザ店に応用してみよう。研究地域は、東京都世田谷区とそれを取り囲む5区2市の一部であり、521の町丁目で構成されている。この研究地域における宅配ピザ店10店舗の最適な立地−配分を分析する。宅配ピザ店の立地の解空間として、町丁目界の中心点で構成される離散空間を考える。まず、ESRIジャパン㈱のArcMapを利用して、町丁目界レイヤから町丁目中心点レイヤを作成する（高阪・関根 2007, 154-156）。図11-3は、そのようにして作成された町丁目中心点の分布図である。

　町丁目中心点間の距離を計測するためには、直線距離か道路距離かで測定方法が異なる。以下では、簡便的な直線距離をとるが、ArcMap10のネットワーク分析を用いるならば、多対多（すなわち、521 × 521地点）の道路距離を計測することができる。地点間の直線距離は、地点の経緯度座標を基に計算する。町丁目中心点レイヤがUTM（ユニバーサル横メルカトル）座標系の場合は、ArcMap10上で経緯度座標系に変換する。表11-4は、そのレイヤの属性ファイルをエクスポートしたものであり、町丁目コード、中心点の経緯度、町丁目の世帯数[3]を示している。町丁目中心点間の直線距離は、この経緯度座標を利用して計算する。

図11-3　町丁目中心点の分布図

　いま、この研究地域内に10店舗の宅配ピザ店を立地させることにしよう。その場合、宅配ピザ店から全町丁目中心点への世帯数で加重された総宅配距離を、最小化するように立地−配分問題を組み立てる。町丁目中心点を人口ではなく世帯数で加重したのは、ピザが世帯単位で注文されるからである。図11-4では、町丁目の世帯数を円の大きさで表現している。研究地域の北東部では世帯数の多い町丁目が見られるのに対し、南西部では世帯数の少ない町丁目が多い。また、宅配ピザ店の立地を、p−メディアン問題として分析するのは、総宅配距離を最小化する施設立地が、総輸送費（宅配バイクのガソリン代）や宅配時間の最小化につながることから、最適化の目的としたのである。

　プログラム4（vertex2のフォルダー内にある）は、表11-4を入力データとして、頂

点代替法により立地－配分モデルの最適結果を出力することができる[4]。まず、cドライブにvertex2のフォルダーをコピーする。表11-4のデータは、項目名が削除され、vertex2のフォルダーに、csv形式でファイル名householdとして保存されている。同様に、初期施設立地ファイルは、p 行×1列の形で（p ＝施設立地数）、同フォルダーに同形式でファイル名loc2として保存されている。次に、プログラム4をディスクトップにコピーし、ダブルクリックする。そして、居住地点数（No of Place）、施設立地数（No of Facility）、最大反復回数（No of Count）に、それぞれ521、10、15を入力し、実行ボタンをクリックする。さらに終了ボタンを押すと、二つの結果ファイルが同フォルダーに出力される。

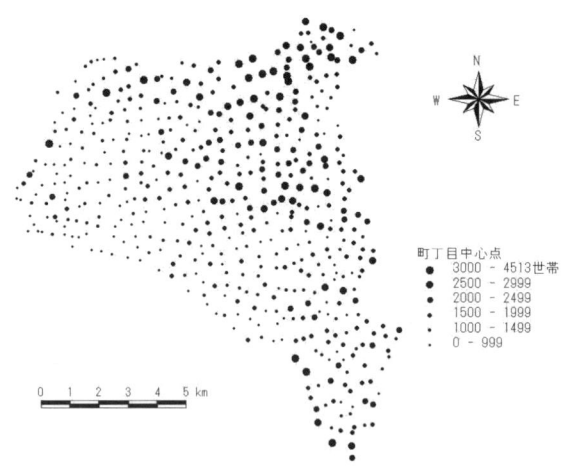

図11-4 町丁目ごとの世帯数の分布図

表11-4 町丁目のコード、経緯度、世帯数（部分）

id	町丁目コード	経度	緯度	世帯数
1	13114002002	139.673	35.692	2681
2	13114002001	139.680	35.690	3339
3	13104094002	139.691	35.689	36
4	13113027003	139.683	35.689	2368
5	13104094004	139.686	35.688	4352
6	13114002003	139.674	35.688	1758
7	13114002004	139.671	35.688	1622
8	13113027004	139.680	35.687	1989
9	13113030002	139.698	35.685	1667
10	13114001001	139.675	35.685	759
:	:	:	:	:

一つ目の結果ファイルは、施設立地ファイル（result1）であり、表11-5に見られるように立地の最適化に至る代替過程を示す。最初の列は、初期立地点であり、それに対する総世帯数×宅配距離は2472.0（×1000）である（値が大きいので1000で割っており、単位は千kmである）。代替過程は10回繰り返され、11回目は同じ総世帯数×宅配距離1768.2となり収束した。10の宅配ピザ店が立地する町丁目中心点は、19、41、77、

表11-5 10店舗の宅配ピザ店の代替過程

店舗番号	初期立地点	1回	2回	3回	4回	5回	6回	7回	8回	9回	10回	11回
1	25	19	19	19	19	19	19	19	19	19	19	19
2	75	75	77	77	77	77	77	77	77	77	77	77
3	125	125	125	41	41	41	41	41	41	41	41	41
4	175	175	175	175	203	203	203	203	203	203	203	203
5	225	225	225	225	225	182	182	182	182	182	182	182
6	275	275	275	275	275	275	250	250	250	250	250	250
7	325	325	325	325	325	325	325	511	511	511	511	511
8	375	375	375	375	375	375	375	375	323	323	323	323
9	425	425	425	425	425	425	425	425	425	390	390	390
10	475	475	475	475	475	475	475	475	475	475	469	469
世帯数×距離	2472	2333.5	2141	2031	1945.9	1935.2	1888.7	1839.8	1791	1781.4	1768.2	1768.2

182、203、250、323、390、469、511 となった。

もう一つの結果ファイルは、表11-6に示されるような居住地点配分ファイル（result2）であり、各居住地点（町丁目）がどの店舗に割り振られるかを示している。その配分状況（表11-6の利用店舗番号）を地図化するならば、ピザ店の宅配圏（宅配エリア）を表現することができる。ArcMap上で、町丁目レイヤを表示し、その属性表の町丁目コードと表11-6の町丁目コードを

表11-6 居住地点の店舗への配分と
世帯数×宅配距離（部分）

id	町丁目code	利用店舗番号	世帯数×宅配距離（× 1000）
1	13114002002	19	3.041
2	13114002001	19	2.96
3	13104094002	19	0.052
4	13113027003	19	2.045
5	13104094004	19	4.06
6	13114002003	19	1.349
7	13114002004	19	1.462
8	13113027004	19	1.047
9	13113030002	19	3.09
10	13114001001	19	0.337
⋮	⋮	⋮	⋮

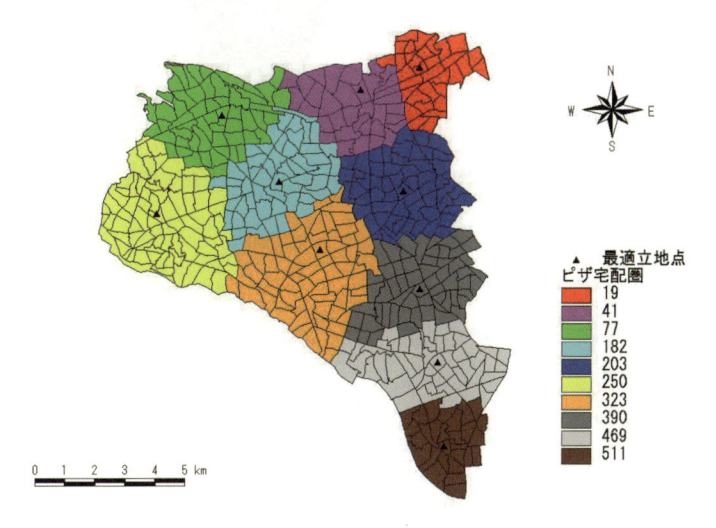

図11-5 宅配ピザ店の最適立地と宅配圏：p-メディアン問題
（世帯数で加重された総宅配距離の最小化）

キーインデックスとしてテーブル結合し、町丁目を利用店舗番号に基づき個別値分類し彩色表示すると、図11-5に示されるような宅配ピザ店の最適立地と宅配圏の地図を作成することができる。宅配ピザ店の立地点を中心として、宅配圏が形成されていることがわかる。特に、研究地域の北東部では宅配圏が狭く、南西部では広い傾向が見られる。これは、町丁目の世帯数が北東部では多く、南西部では少ないことを反映したものである（図11-4を参照）。

4.2 実際の宅配ピザ店の立地展開との比較

研究地域内には、ピザ宅配業界で売上高第一位のA社が10店舗を立地展開しており、図11-6に示すような宅配圏を設定している（三枝 2005, 12-15）。次に、この宅配圏がどの程度の空間的効率性（総世帯数×宅配距離）を持っており、立地－配分モデルを応用すると、どの程度空間的効率性が改善されるのかを検討する。

A社の10店舗に対する宅配圏の総世帯数×宅配距離を計算するため、まず、店舗が立

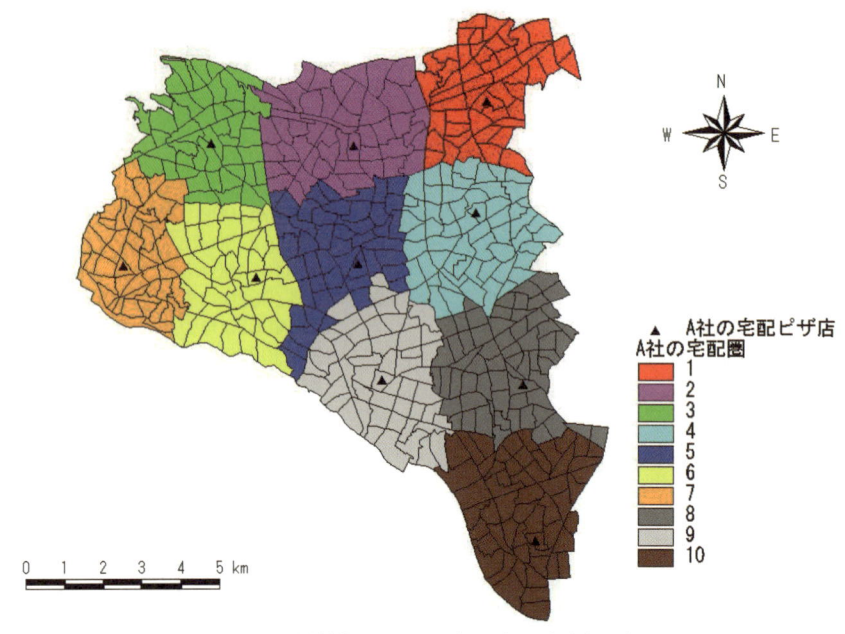

図11-6 研究地域におけるA社の宅配ピザ店と宅配圏

地している町丁目中心点を店舗の位置とした（図11-6では、町丁目の中心点に店舗を位置づけている）。表11-7の第2列は、このようにして町丁目中心点に位置づけられたA社の店舗立地点であり、プログラム4を応用してそれに対する総世帯数×宅配距離を計算したところ、1949.9（×1000）となった。前述のp－メディアン問題として解かれた最短の総世帯数×宅配距離は、1768.2（×1000）であったことから（表11-5を参照）、181.7（×1000）

表11-7 A社の宅配圏の総世帯数×宅配距離と分断要素を考慮した宅配ピザ店の立地

店舗番号	実際の立地点の町丁目id*	分断を考慮した立地点の町丁目id*
1	54	23
2	94	57
3	100	71
4	184	181
5	258	203
6	280	235
7	293	323
8	422	390
9	423	469
10	508	511
世帯数×距離	1949.9	1807.1

*立地点は町丁目のidで表示される。

も長い[5]。この差は、実際の総世帯数×宅配距離の9.3%に相当するので、空間的効率性の改善の余地はまだあるものと推測される。

　A社は、宅配圏の設定に際して、交通障害となる2車線・3車線の幹線道路を越えないように工夫していると報告されている（三枝 2005, p.12）。そのため総世帯数×宅配距離が長くなったとも考えられる。そこで、図11-7に示すように、幅員10m以上の道路を幹線道路と考え、宅配圏の地図に重ね合わせてみた。その結果、確かに、宅配圏2（ピンク）と3（緑）、5（青）と6（黄色）の境界が環状8号線で、宅配圏1（赤）と2（ピンク）の境界が環状7号線で分断されている。しかし、残りの宅配圏では、幹線道路がエリア内を通過することが多く見られる。したがって、宅配圏の設定において、一部の地域では幹線道路の通過を考慮したが、宅配圏の設定の枠組みに幹線道路が大きく影響したとは考え

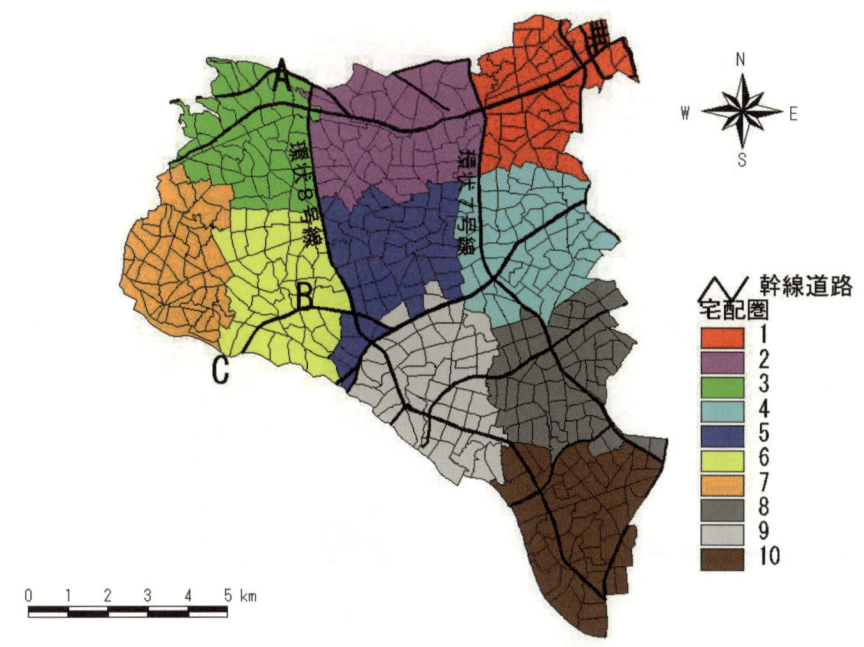

図11-7 幅員10m以上の幹線道路と宅配圏との関係

られない。

そこで、図11-7に示される環状8号線の北半分を中心としたA－B－C間では、幹線道路が分断要素として大きく影響していると想定し、それを地域条件として導入して、10店舗に対するp－メディアン問題を解くことを試みた。解空間において、この地域条件は、分断要素ファイルとして保存された。分断要素ファイルは、分断要素に対する町丁目中心点間の位置関係を記録している。A－B－Cの分断の西側の町丁目中心点は1で、その東側の町丁目中心点は0とした。距離を計測する二つの町丁目中心点が同じ側にあるとき、すなわち、両方の中心点が0（あるいは1）のときは、加重なしで直線距離を計測した。二つの町丁目中心点が0と1（あるいは、1と0）のように異なった側にあるときは、分断要素をまたぐので、計測された直線距離に加重（例えば、10）を与え、通過しにくくした。

前掲の表11-7の第3列は、分断要素を考慮した宅配ピザ店の最適配置を表している。この配置に対する総世帯数×宅配距離は、1807.1（×1000）となり、前述した実際の立地に対し発生する1949.9（×1000）よりも、142.8（×1000）短縮化される。これは、総世帯数×宅配距離が7.3%改善することに当たる。前述のp－メディアン問題として解かれた最短の総世帯数×宅配距離は1768.2（×1000）であり（表11-5を参照）、9.3%の改善をもたらす最適解に比べると2%低いが、幹線道路を横断することは、配達時間の上限の超過につながるとともに、事故の可能性も高くなるので、この程度の空間的効率性の低下は、十分に相殺されるものと考えられる。

図11-8は、幹線道路による分断を考慮した宅配ピザ店の最適立地と宅配圏を表している。分断を考慮していない前掲の図11-5と比較すると、環状8号線の北半部を中心とし

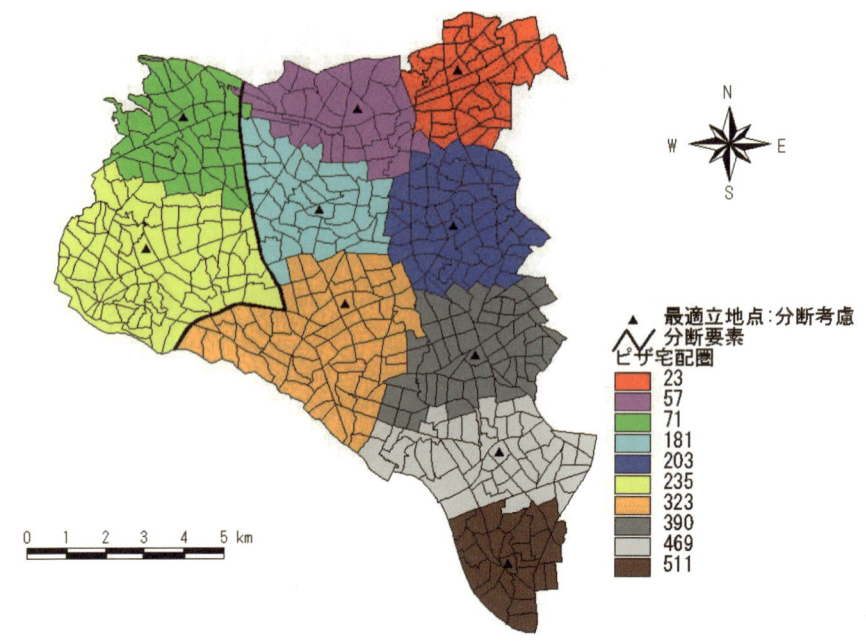

図11-8　宅配ピザ店の最適立地と宅配圏：幹線道路による分断を考慮した場合

た分断要素を導入したことで、それに関わる中央部と西部にある七つの宅配圏が変化した。宅配圏にとって分断要素はまさしくプラスの壁、あるいは、マイナスの壁として作用するので、西部の二つの宅配圏と中央の三つの宅配圏は、それぞれ縮小あるいは拡大しているのが読み取られる。

4.3　最大被覆問題としての宅配ピザ店の立地分析

　最大被覆問題では、所与の店舗数で被覆される居住地点の人口を最大化することを目指す。プログラム5（coverge のフォルダー内にある）は、頂点代替法のアルゴリズムにより最大被覆問題を解くプログラムである[6]。店舗数を10、居住地点を中心とした被覆半径を2kmとして入力するとともに、初期立地点のデータを読み込ませると、被覆半径内に被覆される居住地点の人口を最大化する店舗の配置が得られる。

　まず、cドライブに coverage のフォルダーをコピーする。町丁目の世帯数のデータ（表11-4）は、household として保存されている。同様に、初期施設立地ファイルは、loc2 として保存されている。次に、プログラム5をディスクトップにコピーし、ダブルクリックする。そして、居住地点数（No of Place）、施設立地数（No of Facility）、被覆半径（Range）に、それぞれ521、10、2を入力し、実行ボタンをクリックする。さらに終了ボタンを押すと、二つの結果ファイルが同フォルダーに出力される。

　一つ目の結果ファイルは、施設立地ファイル（result1）であり、代替過程は10回繰り返され11回目で収束した最適結果である。もう一つの結果ファイルは、居住地点配分ファイル（result2）であり、各居住地点（町丁目）がどの店舗に割り振られるかを示している。なお、居住地点idが999999は、2km圏外で割り振られていないことを示す。

表 11-8　10 店舗の宅配ピザ店の代替過程：最大被覆問題

店舗番号	初期立地点	1回	2回	3回	4回	5回	6回	7回	8回	9回	10回	11回
1	25	103	103	103	103	103	103	103	103	103	103	103
2	75	75	36	36	36	36	36	36	36	36	36	36
3	125	125	125	502	502	502	502	502	502	502	502	502
4	175	175	175	175	166	166	166	166	166	166	166	166
5	225	225	225	225	225	100	100	100	100	100	100	100
6	275	275	275	275	275	275	235	235	235	235	235	235
7	325	325	325	325	325	325	325	312	312	312	312	312
8	375	375	375	375	375	375	375	375	304	304	304	304
9	425	425	425	425	425	425	425	425	425	445	445	445
10	475	475	475	475	475	475	475	475	475	475	447	447
被覆人口	527019	566463	619236	650296	660217	675224	702343	717855	733495	746258	750024	750024

　表 11-8 はその最適解を示しており、10 回の代替過程の後、36、100、103、166、235、304、312、445、447、502 の居住地点に店舗が立地することで、研究地域内の 79 万 7250 世帯の約 94.1％（75 万世帯）を被覆した。図 11-9 は、宅配ピザ店のこのような最適立地とその宅配圏を地図化したものである。白い地区は被覆半径 2km 圏の外側の地域である。A 社の宅配ピザ店の立地と宅配圏（前掲の図 11-6）に比べると、店舗の立地パターン及び宅配圏の両面で、最大被覆問題としての解は大きく異なっている。表 11-9 では、各店舗に対し宅配圏内の地区数と世帯数をまとめている。地区数は 28 から 66 と 2.4 倍になり、世帯数で見ても 50,881 から 98,340 と 1.9 倍となる。最大被覆問題として解いた場合、規模が大きく異なる宅配圏が形成されたことになる。したがって、同規模の店舗を配置するという点では、最大被覆問題にさらに制約条件を追加する必要があ

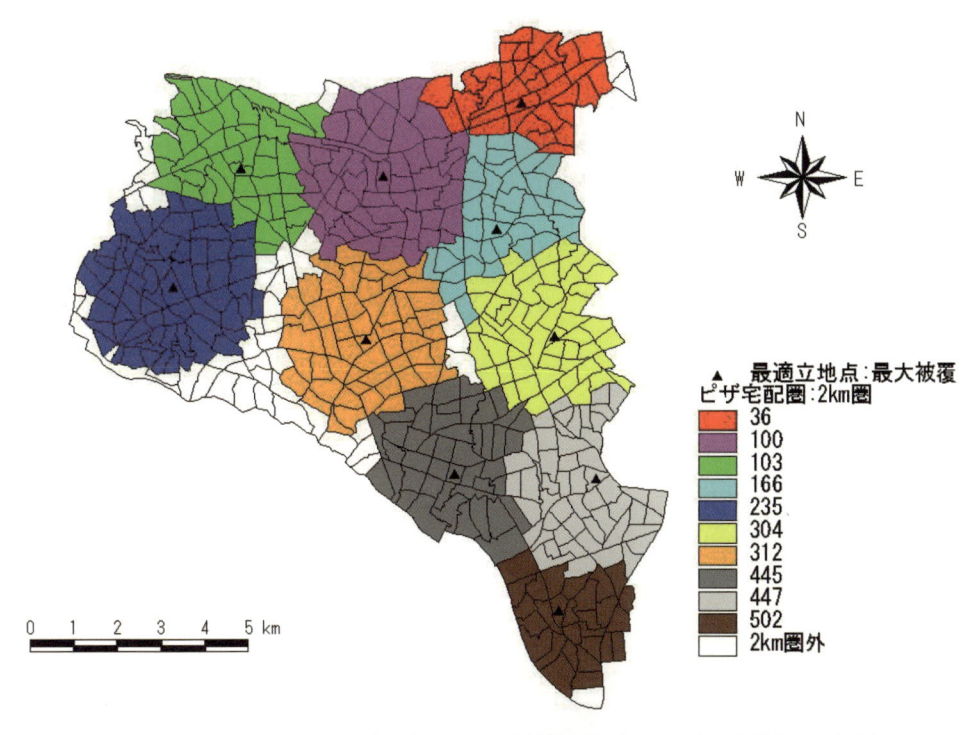

図 11-9　宅配ピザ店の最適立地と宅配圏：最大被覆問題（2km 圏内の世帯数の最大化）

表 11-9 最大被覆問題とした場合の宅配圏の地区数と世帯数

店舗立地点	宅配圏内の居住地区数	世帯数
36	36	87973
100	52	98340
103	48	64860
166	39	69489
235	66	68845
304	53	93178
312	54	76486
445	45	59794
447	53	80178
502	28	50881
小計	474	750024
非被覆地域	47	47226
計	521	797250

るであろう。

注
1）記号の∈は、その右側の要素を元として含んでいることを表す。
2）プログラムは、古今書院のHP掲載の本書のページからダウンロードできる。
3）世帯数は、2005年国勢調査小地域集計の一般世帯数である。
4）プログラムは、古今書院のHP掲載の本書のページからダウンロードできる。
5）単位は181.7千kmである。
6）プログラムは、古今書院のHP掲載の本書のページからダウンロードできる。

第12章 ジオデモグラフィックスの理論と応用

1 ジオデモグラフィックスの理論

1.1 ジオデモグラフィックスとは

　地理空間技術を利用して市場の量と質を捉えるエリアマーケティングのツールとして、ジオデモグラフィックス（geodemographics：地理人口統計分析）は注目を集めている（高阪・関根 2007, 33-39; 矢野 2006）。標準的なマーケティングでは、市場を消費者の年齢、所得、学歴、あるいは、ライフサイクルなどで類別していた。ジオデモグラフィックスでは、「市場を消費者の居住地区（neighbourhood）単位として分類した方がもっと効果的である」という考えに基づいている（Harris *et al.* 2005）。この考え方によると、居住地区内の消費者は、「類が友を呼ぶ」という原則に従って、同じような特徴を持ち、類似した消費生活を営むことに注目している。研究の歴史は古く、都市社会学のシカゴ学派から始まる（ワイス 1994）。本章は、ジオデモグラフィックスの基礎を成す理論と方法を概説するとともに、エリアマーケティングにおけるジオデモグラフィックスの応用例を示す。

1.2 ジオデモグラフィックスの理論

　ジオデモグラフィックスの基礎理論としては、都市社会学のシカゴ学派による都市構造論から始まり、都市生態学を経て、計量地理学の地域分類に至る都市地域分類論がある。この理論では、都市を構成する居住地区を人口、社会、経済的側面から分類し、都市の居住地域構造と住民の社会経済的行動を統一的に理解することを目指す。地域分類の方法では、因子分析とクラスター分析を応用することで、変数から因子を抽出して分類する方法が確立された（高阪・関根 2007, 33-39）。

　本章では、ジオデモグラフィックスの基礎を成す理論と分類手法の理解を深めるため、2010年（平成22年）国勢調査小地域集計を用いて、人口、世帯、就業、居住の諸変数に基づき居住地区を分類することを試みる。居住地区（町丁目・字）は、国勢調査小地域集計の大量なデータに基づきクラスター（タイプ）にまとめられ、それらの特徴と空間分布が考察される。分析で取り上げる地域は、首都圏の1都3県（東京都、埼玉県、千葉県、神奈川県）である。

　一般に、国勢調査に基づく居住地区分類は、次のような一連の決定過程と関わっている（Openshaw and Wymer 1995, 239-270）：①変数の選択、②変数の標準化、③変数の直交化、④クラスター分析を利用した地区分類、⑤クラスターの解釈と名称付け。そこで以下では、これら5段階に対しどのような処理・分析を行うかを事例を使って説明する。

2 ジオデモグラフィックスの方法

2.1 分析対象地域の設定

2010年国勢調査小地域集計では、1都3県に21,992の町丁目・字（以下、町丁目と略す）が存在していた。まず、山間部や臨海部にある人口の希薄な町丁目や、人口が少ない町丁目、面積が小さい町丁目を分析対象から除くため、以下の基準を設けた：

①ヘクタール（ha）当たりの人口密度が5人以上、
②人口が100人以上、
③面積が1ha以上。

これら3条件を満たす町丁目は、17,804地区（81.0％）であった。

2.2 変数の選択

本分析では、居住地区分類を行うため、2010年国勢調査小地域集計の中で、表12-1に示すように、職種、住宅所有、住宅形態、住宅規模、世帯人員、世帯特徴、年齢層別人口に関する統計項目を取り上げた。統計項目を構成する各変数は全体で26変数であり、小地域集計の変数を適宜集計して、居住地区の特徴を表現できるようにした[1]。

表12-1 居住地区分類で用いられる26変数

統計項目	変　数
職　種	管理・専門、事務、販売・サービス、生産・建設ほか
住宅所有	持ち家、民営借家
住宅形態	一戸建て、共同住宅
住宅規模	小：49m^{2}以下、大：100m^{2}以上
世帯人員	1人世帯、2人～4人世帯、5人以上世帯
世帯特徴	核家族、夫婦のみ、夫婦と子供、3世代、6歳未満のいる世帯、18歳未満のいる世帯、65歳以上のいる世帯
年齢層別人口	14歳以下、15歳～29歳、30歳～44歳、45歳～59歳、60歳～74歳、75歳～89歳

2.3 変数の標準化

変数の標準化とは、変数間のデータ値の分布範囲をそろえる前処理である。データはそのままでは原データと呼ばれ、実数とパーセントのように分布範囲が異なることから、データ値を何らかの形で標準化する必要がある。この標準化の方法には、構成比、Z得点標準化、範囲（レンジ）標準化などさまざまな方法が利用されてきた（Reesほか, 2002）。以前の分析では、変数の標準化として、統計項目ごとの構成割合を求め（高阪・関根 2007, 33-34）、さらに分析対象地域全体に対し、変数ごとに8クラスに等量分類し、下から順番に1、2、…、8の得点を与えた（地理情報技術研究所 2008）。

市場は、需要の量と質の二つの側面を持っており、両側面を考慮することによって、市場を的確にとらえることができる（高阪 2013, 21-23）。このことから、ここでは、変数を町丁目・字の面積（単位はha）で割って算出した密度を使用した。これは、精確な意味での変数の標準化ではないが、表12-2に示されるように、平均値は変数間でそれほど

大きな相違は見られず、また、その相違は需要量の差を表すものと考えられる。

2.4 主成分分析による変数の直交化

　変数の直交化は、取り上げられた一組の変数のデータが持つ冗長性を取り除くため、一組の変数から相互に直交する成分を抽出する処理である。直交化には、因子分析と主成分分析があるが（髙阪 2002, 77-83）、本分析では最近の研究にならって（Rees ほか 2002）、主成分分析を利用した。統計解析ソフトウェアは、日本IBM㈱のSPSS Statistics 21 を使用した。表 12-3 は、主成分分析により抽出された 26 主成分のうち、固有値が 1 以上の 3 主成分を示している。3 主成分は全分散の 86.2％を説明した。回転法としては、Kaiser の正規化を伴うバリマックス法を用いた。

　表 12-4 は、回転後の成分行列を示してい

表 12-2　変数の平均と標準偏差

変数	平均値	標準偏差
民営借家	16.5	20.9
持ち家	24.0	18.1
一戸建て	16.3	11.2
共同住宅	27.5	33.7
小住宅	16.3	21.5
大住宅	8.8	5.8
事務職	10.3	8.5
販売・サービス	12.0	9.1
生産・運輸ほか	10.6	7.8
管理・専門職	9.2	7.9
0 歳から 14 歳	12.0	9.3
15 歳から 29 歳	16.8	13.2
30 歳から 44 歳	24.4	20.2
45 歳から 59 歳	18.7	14.5
60 歳から 74 歳	18.8	15.7
75 歳から 89 歳	7.8	6.6
1 人世帯	18.6	22.6
2 人から 4 人世帯	25.4	18.2
5 人以上世帯	1.6	1.4
核家族世帯	24.3	17.3
夫婦のみの世帯	8.4	6.5
夫婦と子供から成る世帯	12.3	8.7
3 世代世帯	1.4	0.9
6 歳未満のいる世帯	3.8	3.2
18 歳未満のいる世帯	9.0	6.8
65 歳以上のいる世帯	13.8	10.8

表 12-3　説明された分散の合計

成分	初期の固有値 合計	分散の %	累積 %	抽出後の負荷量平方和 合計	分散の %	累積 %	回転後の負荷量平方和 合計	分散の %	累積 %
1	18.19	69.9	69.9	18.19	69.9	69.9	9.15	35.2	35.2
2	2.38	9.2	79.1	2.38	9.2	79.1	7.87	30.3	65.5
3	1.84	7.1	86.2	1.84	7.1	86.2	5.38	20.7	86.2
4	0.95	3.7	89.8						
5	0.78	3	92.8						

る。数値は、主成分に対する変数の重みを表す主成分負荷量である。いま、主成分負荷量が 0.6 以上の変数に注目すると、第 1 主成分は、子供のいる核家族世帯で、30 歳から 44 歳と 45 歳から 59 歳の年齢層で、職業は事務職と管理・専門職、販売・サービス職に就き、持ち家の傾向が見られることから、「核家族世帯」の成分を示している。第 2 主成分は、若年層か高齢者の 1 人世帯で、民営借家の小規模な共同住宅に住むことから、「1 人世帯」成分である。第 3 主成分は、5 人以上の 3 世代世帯で、規模の大きな一戸建ての成分を表すことから、「大規模世帯」である。

2.5　クラスター分析による地域分類
（1）地域タイプの解釈

　クラスター分析では、抽出された 26 主成分のうち固有値が 1 以上の 3 主成分を利用した。3 主成分による居住地区間のユークリッド距離行列を作成し、階層クラスター分析を用いて 17,804 の居住地区を 80 の地域タイプに分類した。分類された 80 タイプの中で、

タイプを構成する居住地区数が100地区以上のタイプを、分析に取り上げた。それらは13の地域タイプであり、17,134地区（96.2%）が含まれた。それに対し、タイプを構成する地区数が100地区未満の67タイプは、670地区（3.8%）を含むが、特殊な地域タイプとして以下の分析では取り上げない。

表12-5は、地域タイプごとに平均密度、構成居住地区数、平均主成分得点、変数から見た特徴をまとめている。地域タイプは、密度から見ると、「高密度」、「中密度」、「低密度」の三つに大別される。高密度の地域タイプは、6タイプある。「高密度」の地域タイプでの平均人口数は、ha当たりほぼ200人（km^{2}当たりに直すと2万人）台で、平均世帯数は100世帯（同1万世帯）台である。中でも、

表12-4　回転後の成分行列

変数	主成分1	主成分2	主成分3
0歳から14歳	0.921	0.182	0.258
18歳未満のいる世帯	0.912	0.257	0.267
6歳未満のいる世帯	0.904	0.255	0.134
夫婦と子供から成る世帯	0.864	0.287	0.38
核家族世帯	0.767	0.46	0.409
事務	0.744	0.545	0.262
2人から4人世帯	0.732	0.516	0.409
30歳から44歳	0.728	0.619	0.207
管理・専門	0.665	0.606	0.202
45歳から59歳	0.648	0.565	0.387
持ち家	0.646	0.418	0.481
夫婦のみの世帯	0.64	0.584	0.377
販売・サービス	0.634	0.619	0.388
小住宅	0.208	0.931	0.124
1人世帯	0.263	0.93	0.141
民営借家	0.221	0.88	0.134
共同住宅	0.544	0.825	
15歳から29歳	0.549	0.704	0.3
65歳以上のいる世帯	0.333	0.633	0.6
75歳から89歳	0.234	0.622	0.589
一戸建て		0.127	0.9
3世代世帯	0.283	0.187	0.806
大住宅	0.183	0.105	0.797
5人以上世帯	0.415		0.614
60歳から74歳	0.348	0.509	0.557
生産・運輸ほか	0.518	0.304	0.532

表12-5　地域タイプごとの平均密度、構成地区数、平均主成分得点、変数から見た特徴

地域タイプ	密度	町丁目・字数	平均人口数	平均世帯数	成分1	成分2	成分3	特徴
1	超高密度	117	243	156.5	-0.71	3.856	0.484	若年層と高齢者の1人世帯、小民営共同住宅
2	高密度1	171	218.9	105.6	2.311	0.875	-0.942	子供のいる核家族世帯、事務、管理・専門
3	高密度2	379	215.4	112.4	0.86	1.539	0.348	中高年の核家族世帯と1人世帯、持ち家、販売・サービス、事務、生産・運輸ほか
4	高密度3	167	207.4	103.1	0.097	0.931	2.333	5人以上の3世代世帯、持ち家の大きな一戸建て、生産・運輸ほか
5	高密度4	203	205.5	127.9	-0.13	2.936	-0.523	若年層の1人世帯、小民営共同住宅
6	高密度5	362	197.5	114.8	-0.384	2.206	0.8	高齢者の1人世帯、大きな一戸建て
7	中密度1	190	161.6	63	2.681	-0.699	-1.207	子供のいる核家族世帯、30歳から44歳、事務、管理・専門
8	中密度2	646	158.8	65.3	1.603	-0.44	0.095	子供のいる5人以上の核家族世帯、30歳から44歳、持ち家、生産・運輸ほか、事務
9	中密度3	914	146.9	75.7	-0.17	0.798	0.802	65歳以上のいる1人世帯、小民営借家、大きな一戸建て
10	中密度4	973	137.9	65.6	0.728	0.401	-0.465	子供のいる核家族世帯、小民営共同住宅、販売・サービス
11	中密度5	479	125.1	75.4	-0.172	1.453	-0.976	1人世帯、小民営共同住宅、販売・サービス
12	中密度6	1796	113.6	45.5	-0.062	-0.55	1.51	5人以上の3世代世帯、大きな一戸建て、生産・運輸ほか
13	低密度1	1536	106.7	43.2	0.385	-0.492	0.402	子供のいる核家族世帯、持ち家の大きな一戸建て
14	低密度2	887	84.9	41.8	-0.358	0.222	-0.224	1人世帯、持ち家の共同住宅
15	低密度3	990	69.4	28	0.227	-0.447	-0.733	核家族世帯、持ち家の共同住宅
16	低密度4	3599	64.4	26	-0.416	-0.441	0.183	高齢者の核家族世帯、持ち家の大きな一戸建て
17	超低密度	3725	19.8	8.1	-0.736	-0.384	-0.974	核家族世帯、持ち家の一戸建て

地域タイプ 1 は、平均人口数が 250 人近くあり、平均世帯数も 150 世帯台であることから、「超高密度」のタイプとした。「中密度」の地域タイプは 6 タイプあり、平均人口数は 100 人（同 1 万人）台、平均世帯数は多くが 50 世帯（同 5 千世帯）以上である。

このように、分析に取り上げた 13 タイプの内、12 タイプが「高密度」と「中密度」に分類された。残りの 1 タイプは「低密度」であり、そこには 10,737 地区（全地区の 60.3％）が含まれた。そこで、表 12-5 では、「低密度」の地域タイプを階層クラスター分析を用いてさらに 5 区分した結果を示している。「低密度」のタイプは、平均人口数では 100 人（同 1 万人）以下が多く、平均世帯数は 50 世帯（同 5 千世帯）未満である。特に、地域タイプ 17 は、平均人口数で 20 人（同 2 千人）以下、平均世帯数で 10 世帯（同 1 千世帯）未満であり、密度が最も低いので、「超低密度」の地域タイプとした。

表 12-5 は、固有値が 1 以上の 3 主成分に対する各地域タイプの平均主成分得点を示している。1 以上の得点を持つ主成分に注目すると、各地域タイプを構成する世帯の特徴を知ることができる。地域タイプ 2、7、8 は、第 1 主成分に対し高得点を持つので、「核家族世帯」が顕著な地域である。それに対し、地域タイプ 1、3、5、6、11 は、第 2 主成分に対し高得点を持つので、「1 人世帯」が顕著な地域である。また、地域タイプ 4 と 12 は、第 3 主成分に対し高得点を持つので、「大規模世帯」が顕著な地域である。このように、「高密度」の六つの地域タイプのうち、四つの地域タイプで「1 人世帯」が顕著な地域になっていた。残りの二つのタイプは、「核家族世帯」と「大規模世帯」である。

表 12-5 の右端の欄には、地域タイプの特徴の詳細を見るため、26 変数に対して地域タイプ別平均を算出し、その値が高い変数をまとめている[2]。地域タイプ 1 では、若年層の 1 人世帯と高齢者の 1 人世帯が集積したため、「超高密度」の地区になっていることが読み取られる。それに対し、地域タイプ 5 と 6 は、いずれも「1 人世帯」であったが、それぞれ若年層と高齢者が卓越しており、住宅も小民営共同住宅と大きな一戸建てと異なることがわかる。

「中密度」では、地域タイプ 7、8、10 で、子供のいる核家族世帯が顕著に見られるが、それぞれ事務と管理・専門、生産・運輸ほかと事務、販売・サービスに就く傾向があり、地域タイプ 8 では大家族で持ち家、地域タイプ 10 では小さな民営の共同住宅に住んでいる。「低密度」では、いずれの地域タイプも持ち家が多くなり、地域タイプ 14 で 1 人世帯が卓越しているのに対し、残りの四つの地域タイプは核家族が顕著である。また、地域タイプ 13 と 16 では、大きな一戸建てに居住している傾向が見られる。

（2）地域タイプの空間分布

次に、17 の地域タイプを構成する居住地区の空間分布を調べるため、地域タイプごとに、構成地区のポリゴンレイヤを ArcMap10.0 上に表示し、地区中心点のポイントレイヤを作成した。そして、ArcMap10.0 の「空間統計ツール」の中の「地理的分布特性の算出」の「標準距離の算出」を利用して、地区中心点のポイントの約 68％ を含む 1SD（1 標準）距離圏を設定した。図 12-1a は、地域タイプ 1 に対する 1SD の距離圏を示しており、この圏内に地域タイプ 1 を構成する地区中心点の約 68％ が含まれる。その分布範囲は、西

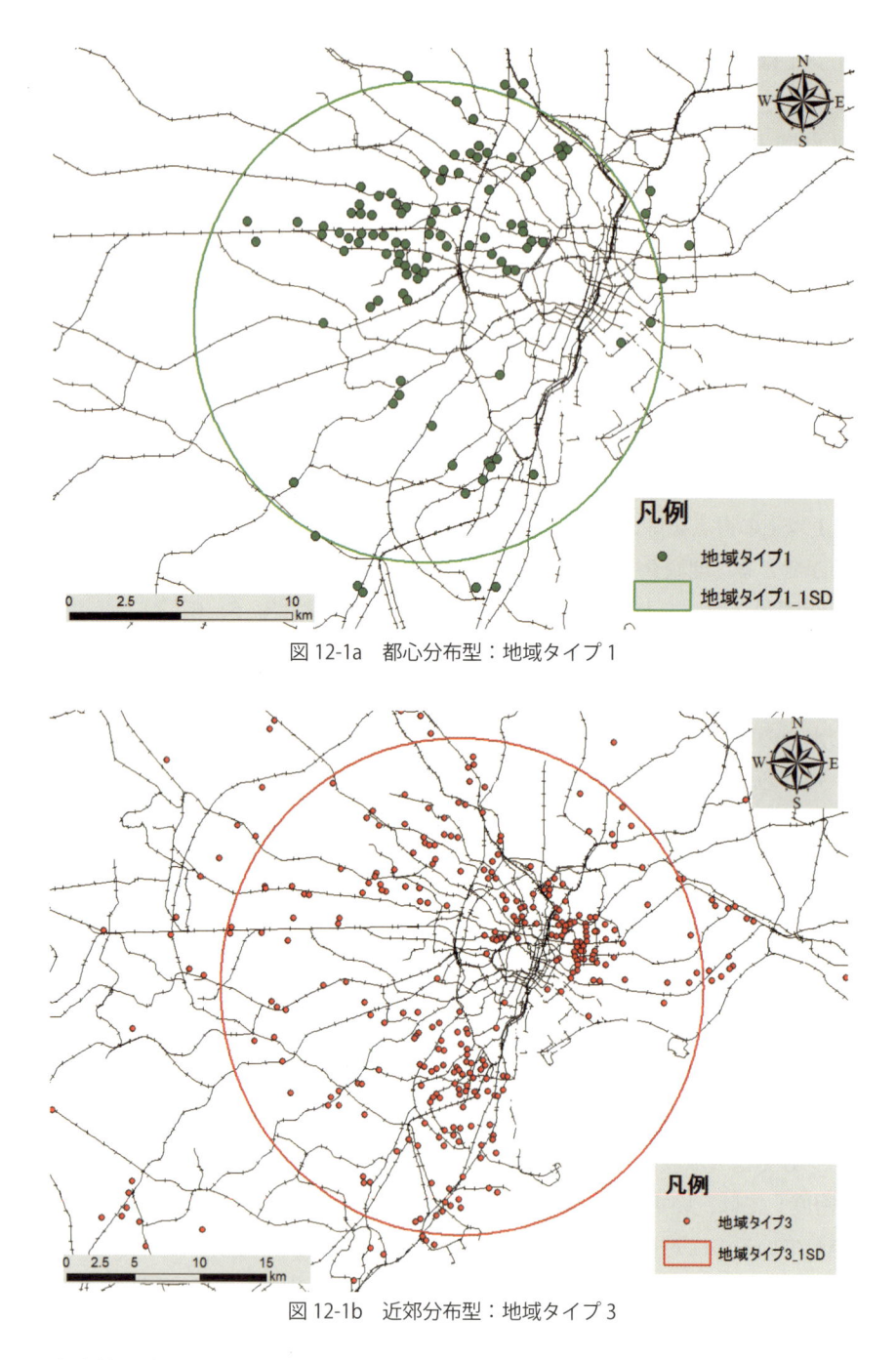

図12-1a　都心分布型：地域タイプ1

図12-1b　近郊分布型：地域タイプ3

はJR中央線の吉祥寺駅、東はJR総武線の両国駅、北はJR京浜東北線の王子駅、南は大森駅と、ほぼ東京都区部に収まることから、「都心分布型」とした。なお、その分布は山手線より西側に偏っている。同様に「都心分布型」をとるのは、地域タイプ5と6であり、地域タイプ5は西側に偏っていた。

　これより広く分布するものとして、図12-1bでは、地域タイプ3に対する1SDの距離圏を示している。西はJR中央線の東小金井駅、東はJR総武線の小岩駅、北はJR京浜東北線の蕨駅、南は鶴見駅に及んでいる。これは「近郊分布型」と呼ばれ、そのほかに地域

図 12-1c　郊外分布型：地域タイプ8

図 12-1d　遠郊分布型：地域タイプ16

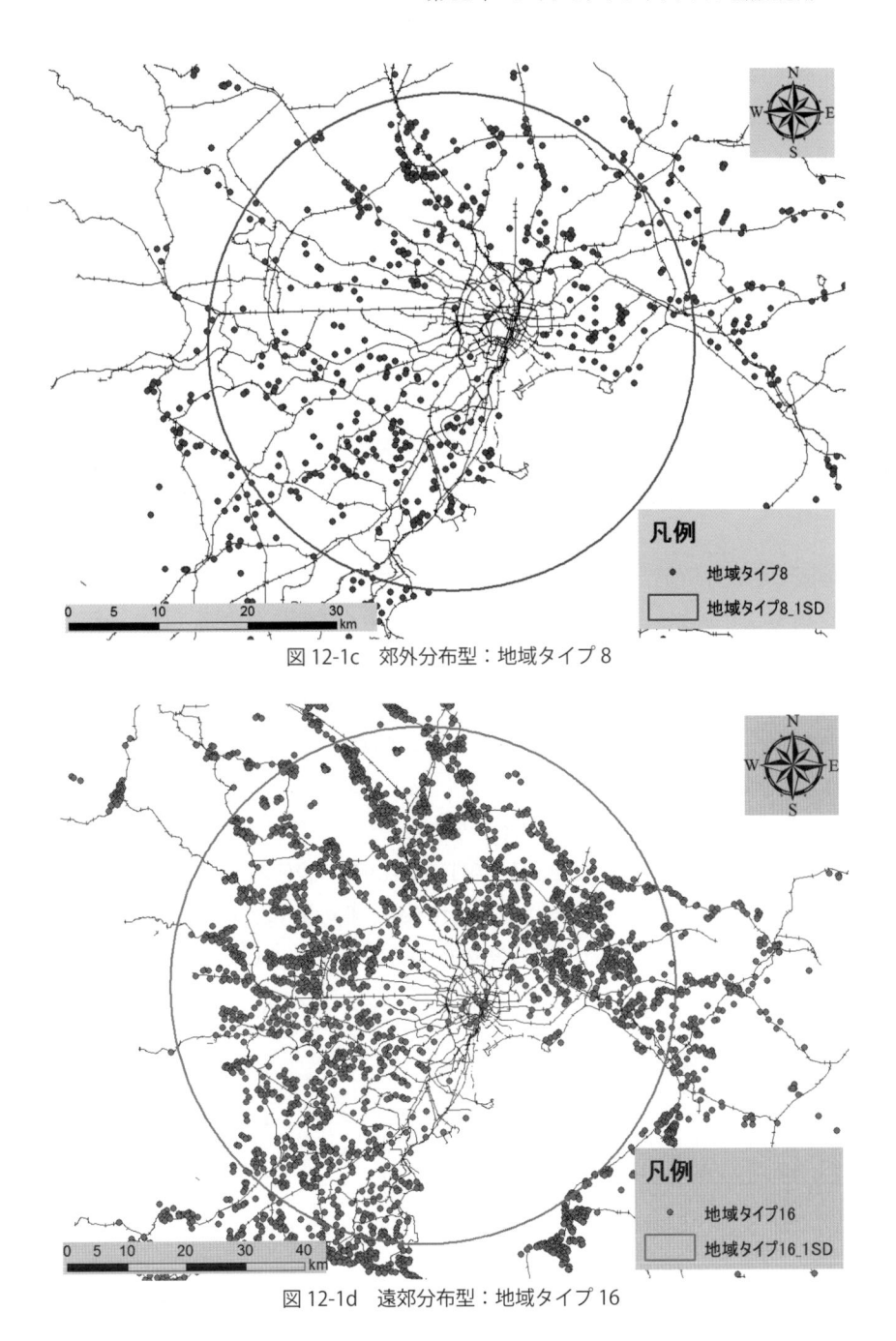

タイプ 2、4、9、10、11 が認められた。地域タイプ 4 では、東側と南側に偏って分布している。

図 12-1c は、地域タイプ 8 に対する 1SD の距離圏を示しており、西は JR 中央線の立川駅、東は JR 常磐線の新松戸駅、北は JR 京浜東北線の大宮駅、南は JR 横須賀線の保土ヶ谷駅に広がっている。これは「郊外分布型」と呼ばれ、そのほかに地域タイプ 7、12、13、14、15 が認められた。地域タイプ 14 では、分布は西側に偏っていた。

最も外側にまで分布する事例として、図 12-1d では地域タイプ 16 の分布を表している。

その分布範囲は、西はJR中央線の高尾駅、東はJR常磐線の天王台駅、北はJR高崎線の鴻巣駅、JR横須賀線の大船駅まで達している。これは「遠郊分布型」と呼ばれ、そのほかに地域タイプ17がある。

以上から、17の地域タイプの空間分布は、「都心」、「近郊」、「郊外」、「遠郊」の四つの分布型に分けられ、それぞれ、3、6、6、2の地域タイプが含まれることが明らかになった。なお、都心、近郊、郊外、遠郊といった名称は、あくまでも構成地区の68%が含まれる範囲に対する名称であり、残りの32%はその外側に分布するのである。また、例えば、「遠郊分布型」とは、遠郊にまで分布しているという意味であり、内側は都心にまで分布する場合があるので、注意を要する。

3 ジオデモグラフィックスの構築

居住地区の地域分類ができたならば、次に、ジオデモグラフィックス（GITI-2010v1と呼ぶ）を構築してみよう。表12-6は、17の地域タイプの分布範囲（1SDの距離圏）を都心から近い順に並び替えたものである。地域タイプの分布型として、Aは都心、Bは近郊、Cは郊外、Dは遠郊を表し、数字は都心から近い順位を示す。密度の欄では、Hは高密度、HSは超高密度、Mは中密度、Lは低密度、LSは超低密度を表し、数字は密度の順位を示す（表12-5を参照）。

都心からの距離に従って居住地域タイプをまとめたならば、次にGISを利用して「居住地区分類図」を作成する。図12-2aは、GITI-2010v1の居住地区分類図である。濃い暖色系は、Aの都心型を表示している。薄い暖色系は、Bの近郊型である。寒色系はCの郊外型、灰色はDの遠郊型を示している。その他の特殊なタイプ（Z）は、黒で表されている。

表12-6　GITI-2010v1の居住地域タイプと特徴

分布型	居住地域タイプ	密度	町丁目・字数	平均人口数	平均世帯数	特徴
都心	A1	HS	117	243	156.5	若年層と高齢者の1人世帯、小民営共同住宅
都心	A2	H4	203	205.5	127.9	若年層の1人世帯、小民営共同住宅
都心	A3	H5	362	197.5	114.8	高齢者の1人世帯、大きな一戸建て
近郊	B1	H3	167	207.4	103.1	5人以上の3世代世帯、持ち家の大きな一戸建て、生産・運輸ほか
近郊	B2	H2	379	215.4	112.4	中高年の核家族世帯と1人世帯、持ち家、販売・サービス、事務、生産・運輸ほか
近郊	B3	H1	171	218.9	105.6	子供のいる核家族世帯、事務、管理・専門
近郊	B4	M5	479	125.1	75.4	1人世帯、小民営共同住宅、販売・サービス
近郊	B5	M3	914	146.9	75.7	65歳以上のいる1人世帯、小民営借家、大きな一戸建て
近郊	B6	M4	973	137.9	65.6	子供のいる核家族世帯、小民営共同住宅、販売・サービス
郊外	C1	M1	190	161.6	63	子供のいる核家族世帯、30歳から44歳、事務、管理・専門
郊外	C2	M2	646	158.8	65.3	子供のいる5人以上の核家族世帯、30歳から44歳、持ち家、生産・運輸ほか、事務
郊外	C3	L2	887	84.9	41.8	1人世帯、持ち家の共同住宅
郊外	C4	L1	1536	106.7	43.2	子供のいる核家族世帯、持ち家の大きな一戸建て
郊外	C5	L3	990	69.4	28	核家族世帯、持ち家の共同住宅
郊外	C6	M6	1796	113.6	45.5	5人以上の3世代世帯、大きな一戸建て、生産・運輸ほか
遠郊	D1	L4	3599	64.4	26	高齢者の核家族世帯、持ち家の大きな一戸建て
遠郊	D2	LS	3725	19.8	8.1	核家族世帯、持ち家の一戸建て

A：都心　B：近郊　C：郊外　D：遠郊　数字は都心からの順位
H：高密度　HS：超高密度　M：中密度　L：低密度　LS：超低密度　数字は密度の順位

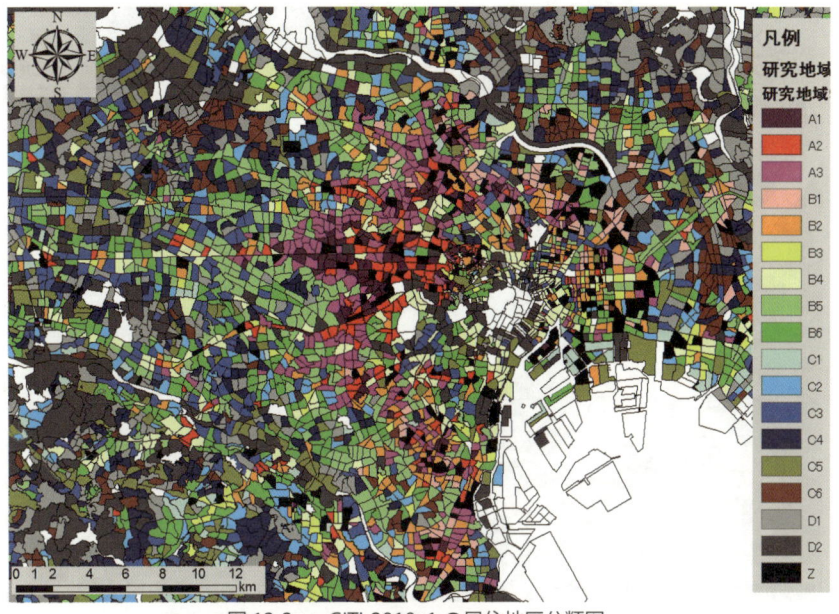

図 12-2a　GITI-2010v1 の居住地区分類図

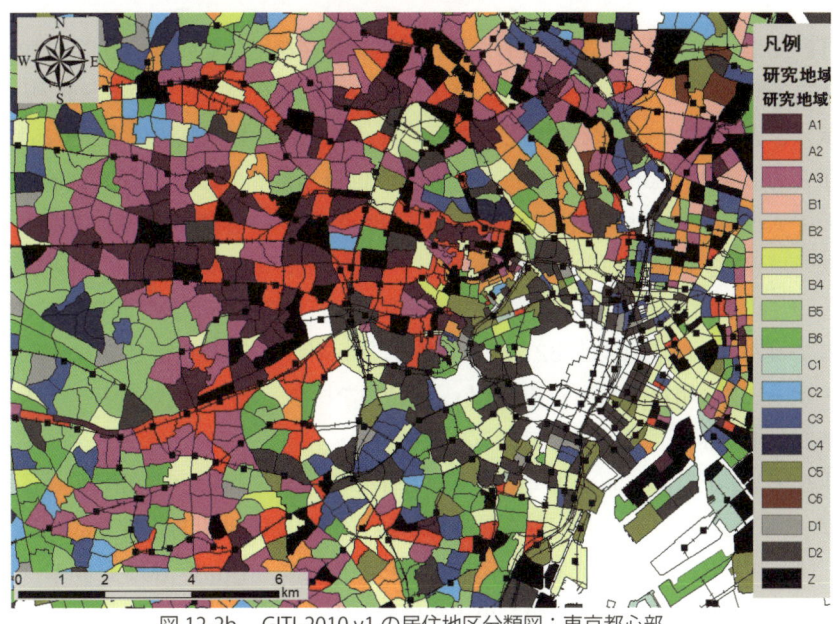

図 12-2b　GITI-2010 v1 の居住地区分類図：東京都心部

白色の地区は、前記の設定基準に当てはまらなかった分析対象外の地区である
　東京都区部では、西部と東部では居住地区の特徴が大きく異なることが読み取られる。西部は居住密度が高密で1人世帯（A1、A2、A3）が顕著であるのに対し、東部では居住密度は高密であるが核家族世帯（B2、B3）が顕著である。その外側は、密度は中程度で、高齢者の一人世帯や子供のいる核家族世帯が居住する小さな民営共同住宅（B5、B6）が広がっている。また、大きな一戸建てに住む3世代世帯が見られる居住地区（C6）も、集塊状に分布している。

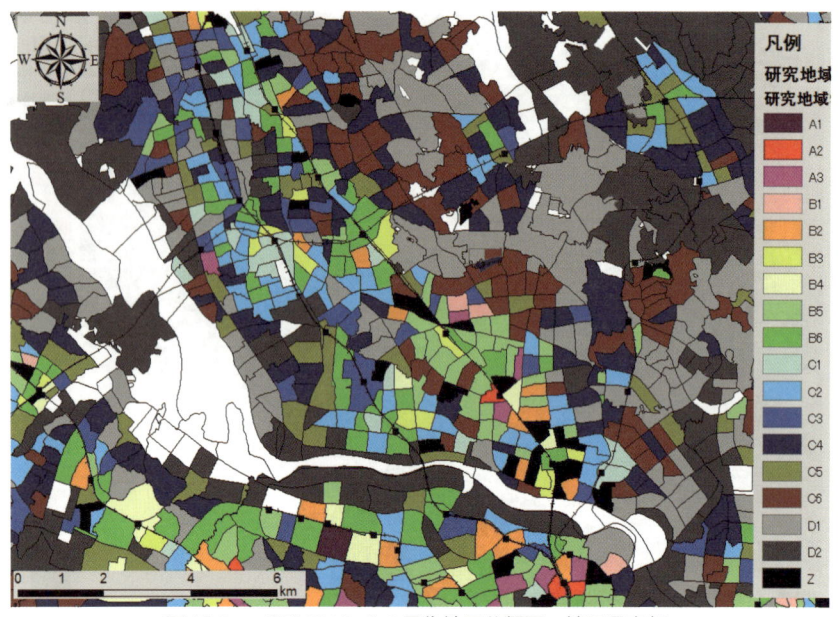

図 12-2c　GITI-2010 v1 の居住地区分類図：埼玉県南部

　図 12-2b は、東京都心部を拡大した居住地区分類図を示している。超高密度の居住地区は A1（濃い紫色）であり、西部の JR 中央線沿いに多く分布している。その居住地区の特徴は、表 12-6 から、「若年層と高齢者の 1 人世帯、小民営共同住宅」であり、人口密度が 2 万 5 千人／km^2、世帯密度が 1 万 5 千世帯／km^2 である。A1 の内側には、「若年層の 1 人世帯、小民営共同住宅」の A2（赤）が分布し、外側には「高齢者の 1 人世帯、大きな一戸建て」の A3（ピンク色）が分布するのが読み取られる。いずれの居住地区タイプも、人口密度が 2 万人／km^2 前後、世帯密度が 1 万世帯／km^2 台であり高密度である。

　東部で高密度の居住地区は、B2（橙色）であり、「中高年の核家族世帯と 1 人世帯、持ち家、販売・サービス、事務、生産・運輸ほか」の特徴を持ち、人口密度が 2 万 1 千人／km^2、世帯密度が 1 万 1 千世帯／km^2 である。

　図 12-2c は、埼玉県南部の居住地区分類図を示している。北西から南東に伸びる鉄道は、東側が JR 京浜東北線、西側が JR 埼京線である。南部の京浜東北線沿線では、B5（黄緑）と B6（緑）の居住地区が分布している。それらの特徴は、中密度（M3 と M4）の居住地区で、「65 歳以上のいる 1 人世帯、小民営借家、大きな一戸建て」と「子供のいる核家族世帯、小民営共同住宅、販売・サービス」である。

　それに対し、埼京線沿線の駅周辺では、C1（薄い水色）と C2（水色）、さらに C3（青）の居住地区が分布している。それらの特徴は、それぞれ中密度（M1 と M2）と低密度（L2）の居住地区であり、「子供のいる核家族世帯、30 歳から 44 歳、事務、管理・専門」、「子供のいる 5 人以上の核家族世帯、30 歳から 44 歳、持ち家、生産・運輸ほか、事務」、「1 人世帯、持ち家の共同住宅」となり、子供のいる若い核家族世帯が主体を成しているのがわかる。

4 ジオデモグラフィックスの応用

4.1 ジオデモグラフィックスの応用分野

ジオデモグラフィックスの応用分野としては、大きく三つの分野がある。一つは市場調査（マーケットリサーチ）であり、ジオデモグラフィックスを利用して調査サンプルを層化し、選別する。この応用は、大規模調査で有用性を発揮する。第二は市場分析（マーケットアナリシス）である。商圏にどんなタイプの人口が住むのかに関する知識は、店舗の売上を理解し店舗立地を決定する上で重要である。ジオデモグラフィックスは、これに関する知識を提供する点で、重要なビジネスツールとなっている。第三は、ダイレクト・マーケティングである。ジオデモグラフィックスの利用は、ダイレクトメール、訪問販売、セールコールによる有望顧客の開発を大幅に改善させる。

表12-7は、ジオデモグラフィックスの応用分野をさらに詳しく示している（Harris et al. 2005, 3-5）。市場調査には、コンセプト検証（テスティング）、商品ポスティング、イ

表12-7 ジオデモグラフィックスの応用分野

（1）市場調査	①新商品コンセプト検証 　消費者モニターの反応によって新商品のコンセプトの妥当性を検証する ②商品ポスティング 　デリバリーなどのポスティングの反応率を上げる ③イメージと認知 　商品に抱くイメージやその存在をどの程度認知しているかを調査する ④調査分析 　市場調査の結果を分析する
（2）市場分析	①用地選定 　新規店舗用地の選定で、居住地区の特性を分析する ②市場シェア分析 　地域市場で商品や店舗がどの程度のシェアを占めているかを分析する ③商圏分析 　商圏内の市場規模と市場特性を分析する ④テスト・マーケティング 　新商品の市場導入に先立ち、地域や期間を限定して試験的に販売やプロモーションを行い、その反応を分析する ⑤市場参入計画 　市場に参入するための計画を立てる
（3）ダイレクト・マーケティング	①メーリングリスト選別 　郵送リストを選別する ②折込広告 　新聞の折込広告やチラシを効果的に配布する ③反応分析 　さまざまな要因（リスト、パッケージ、オフォー）が、どのようにレスポンスに作用しているかを分析する ④プログラム評価
（4）広告メディア	①メディア分析 　どんなメディアが最も売上に結びつくかを検討する ②クリエイティブ・ディベロプメント 　制作費用を抑え、制作期間を短縮する設計を創造する ③メディア・スケジューリング 　メディアの出稿の詳細予定表を立案する ④テレビスポット分析 　テレビスポットのターゲット別の効率を分析する

メージと認知（アウェアネス）、調査分析などが含まれる。市場分析は、用地選定、市場シェア分析、商圏分析、テスト・マーケティング、市場参入計画で構成されている。ダイレクト・マーケティングでは、メーリングリスト選別、折込広告、反応分析（レスポンス・アナリシス）、プログラム評価、無料広告紙配布スタンドの設置などが取り扱われる。さらに、広告メディアには、メディア分析、クリエーティブ・ディベロップメント、メディア・スケジューリング、テレビスポット分析、ローカルメディア分析、購読（サブスクリプション）構築、広告／商品のポジショニング（位置決め）を含んでいる。

今日、日本では欧米の三社が、おもに日本の2010年（平成22年）国勢調査データに基づきジオデモグラフィックス製品を開発・販売している。それらは、日本GMAP㈱のCameo Japan、エクスペリアンジャパン㈱のMosaic Japan、㈱JPSのChomonicx（チョモニックス）である。

4.2　市場調査への応用

㈱日経リサーチは、日経新聞の購読者を中心に消費行動モニタリング調査（2008年）を行い、「エリアプロファイリング調査」としてまとめている。本節では、「GITI-2010v1」と「エリアプロファイリング調査」を統合することによって、市場調査への応用例として、市場地域における経済水準の空間変動を把握する。

GITI-2010v1では、経済的な変数を考慮していないので、当然のことではあるが市場における経済水準の地域的変動を捉えることができない。エリアプロファイリング調査では、個人や家族の年収など経済水準の指標を調査しているので、所得関係の指標をGITI-2010v1の居住地区タイプごとに集計し平均を求めることで、居住地区タイプにおける「経済水準」を分析した。

表12-8は、居住地区タイプごとに平均世帯年収（税込み）を降順に表している。1位は「子

表12-8　居住地区タイプの経済水準：平均世帯年収

居住地区タイプ	平均世帯年収（万円：税込）	特徴
B3	868	子供のいる核家族世帯、事務、管理・専門
Z	825	不明
C1	824	子供のいる核家族世帯、30歳から44歳、事務、管理・専門
B6	820	子供のいる核家族世帯、小民営共同住宅、販売・サービス
B2	820	中高年の核家族世帯と1人世帯、持ち家、販売・サービス、事務、生産・運輸ほか
C4	807	子供のいる核家族世帯、持ち家の大きな一戸建て
A3	790	高齢者の1人世帯、大きな一戸建て
B4	789	1人世帯、小民営共同住宅、販売・サービス
D1	783	高齢者の核家族世帯、持ち家の大きな一戸建て
C5	783	核家族世帯、持ち家の共同住宅
B5	780	65歳以上のいる1人世帯、小民営借家、大きな一戸建て
C3	775	1人世帯、持ち家の共同住宅
C2	775	子供のいる5人以上の核家族世帯、30歳から44歳、持ち家、生産・運輸ほか、事務
A2	774	若年層の1人世帯、小民営共同住宅
A1	772	若年層と高齢者の1人世帯、小民営共同住宅
C6	762	5人以上の3世代世帯、大きな一戸建て、生産・運輸ほか
D2	752	核家族世帯、持ち家の一戸建て
B1	749	5人以上の3世代世帯、持ち家の大きな一戸建て、生産・運輸ほか

Z：その他の特殊なタイプ

供のいる核家族世帯、事務、管理・専門」のB3で、その平均世帯年収は850万円を超える。次は、「その他の特殊なタイプ」Zであるが、特徴については分析しておらず不明なので、順位には加えない。2位は「子供のいる核家族世帯、30歳から44歳、事務、管理・専門」のC1で、平均世帯年収は820万円台である。3位は「子供のいる核家族世帯、小民営共同住宅、販売・サービス」のB6で、以下、B2、C4と続き、いずれも世帯年収の平均は800万円台である。これら上位5位までを経済水準が高いグループとすると、居住地区タイプの位置は「近郊B」か「郊外C」であり、居住者の特徴は「核家族世帯」、特に「子供のいる核家族世帯」であり、「事務、管理・専門」職である。

同様に、経済水準が中間のグループは、表12-8において年間世帯収入が775万円以上で800万円未満のA3、B4、D1、C5、B5、C3、C2の7居住地区タイプである。これらの居住地区タイプの特徴を見ると、4居住地区タイプが「1人世帯」と「持ち家」、3居住地区タイプが「大きな一戸建て」、「共同住宅」、「核家族世帯」、「高齢者」である。このことから、「持ち家」とか「大きな一戸建て」といった経済の「ストック」の側面が良くても、平均世帯年収のような経済の「フロー」の面とは必ずしも結びついていないことが明らかになる。

経済水準が低いグループは、表12-8において、平均世帯年収が775万円未満のA2、A1、C6、D2、B1の5居住地区タイプである。それら位置は、「都心A」とその外側B1、一番外側の「遠郊D2」と「遠郊」内側C6ということから、中心と外縁が低いことになる。居住者の特徴は、「若年層」の「1人世帯」と「5人以上の3世帯世帯」であり、さらに、「持ち家」とか「大きな一戸建て」が見られることから、この水準でも「ストック」と「フロー」は結びついていない。

図12-3は、居住地区ごとの経済水準の分布を表している。表12-8において、居住地区タイプを平均世帯年収に基づき、高、中、低の三つの経済水準に分けたが、図12-3では、

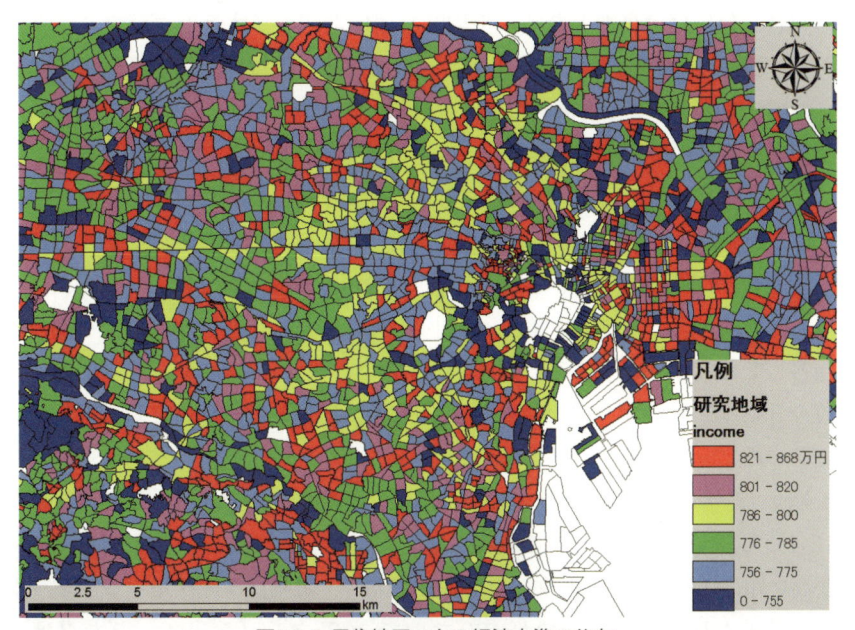

図12-3 居住地区ごとの経済水準の分布

三つの経済水準のそれぞれをさらに二分した（表12-8の破線を参照）。高水準は赤とピンク色、中水準は黄色と緑、低水準は空色と青で、合わせて6水準である。6水準の分布は、東郊と西郊で異なり、東郊では黄色、赤・ピンク色、空色、緑、青となる。西郊では、青、空色、黄色、緑、赤・ピンク色、緑、水色、青と続く。

4.3　市場分析への応用

（1）ジオデモグラフィック指数

「GITI-2010v1」は、1都3県の人口による購買データと組み合わせることによって、さまざまな市場分析を行うことができる。その一つが、「ジオデモグラフィック指数」（geodemographic index value；反応率 response rate と呼ばれることもある）の分析である。ある商品・サービスに対するジオデモグラフィック指数とは、居住地区タイプごとの反応率であり、次式に基づき算出される。

$$I_k = ((B_k / B) / (TP_k / TP)) \times 100 \tag{12-1}$$

ただし、
I_k：タイプ k の居住地区のジオデモグラフィック指数、
B_k：タイプ k の居住地区の購買数、
B：居住地区全体の総購買数、
TP_k：タイプ k の居住地区の人口数、
TP：居住地区全体の総人口数。

なお、食品のように購買単位が個人の場合、分母は人口数になり、車のように購買単位が世帯の場合、分母は世帯数となる。平均的な居住地区のジオデモグラフィック指数は100であり、指数が100より大きい居住地区タイプほど購買の潜在性は高く、逆に100より小さい居住地区タイプほど購買の潜在性は低い。

ジオデモグラフィックスの応用分野の中で、市場分析における応用例を見てみよう。エリアプロファイリング調査では、さまざまな商品やサービスの購入に関して調査を行っている。そこで商品の購入事例としてビールを取り上げ、ブランドごとのビールの飲用率と居住地区タイプとの関係から「市場シェア分析」を行う。同調査では、ビール、プレミアムビール、発泡酒、第三のビールなど、合計42種類に対し、普段家庭でよく飲むビールを複数回答してもらっている。その結果上位4位は、アサヒスーパードライ 49％、キリン一番絞り 35.2％、サッポロエビスビール 31.3％、サントリーザ・プレミアム・モルツ 29.9％であった。

図12-4は、アサヒスーパードライの居住地区タイプごとのジオデモグラフィック指数を式（12-1）に基づき計算し、その結果を示している。横軸には、ジオデモグラフィック指数が高い順に18の居住地区タイプが並んでおり、縦軸はジオデモグラフィック指数である。平均的な居住地区の指数が100なので、C3、A1、C5、B4、A2などは、平均

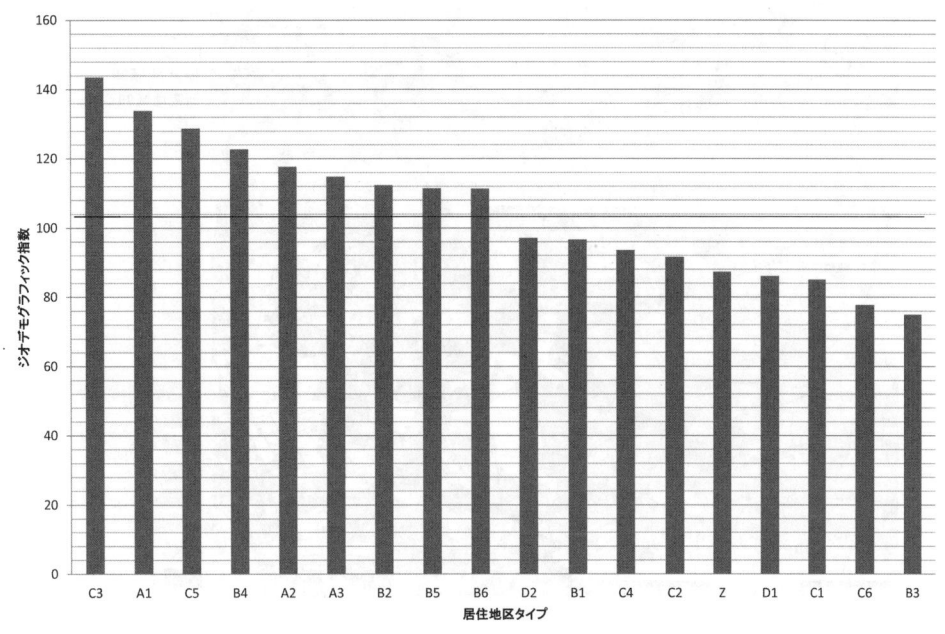

図12-4　アサヒスーパードライの飲用に対するジオデモグラフィックス指数

の地区よりも1.2倍から1.4倍高い購買の潜在性を有する居住地区タイプである。逆に、B3、C6、C1、D1などは、平均の地区に比べ80％程度の購買潜在性しか持たない。

(2) 集客圏プロファイリング

「集客圏プロファイリング catchment profiling」とは、店舗用地から一定距離圏内に卓越する居住地区タイプと購買行動との関係を明らかにする方法であり、「居住地区プロファイル neighbourhood profile」を計算する(Harris *et al.* 2005, 133-136)。この集客圏分析は、例えば、一定の距離圏内に高所得水準の居住地区タイプが見られる場合、より高い価格帯を設定することができるというように、店舗の立地戦略やエリアマーケティングに利用されてきた。本項では、集客圏プロファイリングについて、具体例を挙げながら説明する。

店舗用地から3km圏内の居住地区タイプの分布を見るため、図12-5aとbでは、居住地区分類図上に、それぞれ用地AとB（▲印）を中心として生成した3kmバッファの集客圏を重ね合わせている。用地Aは東京都心の西部に位置しており、3km集客圏内には、ピンク色のA3と紫色のA1など都心に分布する暖色系の居住地区が多く見られる。それに対し、用地Bは東京都心の東部に位置しており、3km集客圏内には、黒色のZのほかに、橙色のB2や黄緑色のB5など近郊の居住地区が多くを占めている。

このように二つの用地では集客圏内の居住地区タイプの構成と分布が大きく異なり、これらの相違が、各用地の商品（例えば、アサヒスーパードライのビール）販売に対する潜在的な需要量に関わってくると考えられる。そこで次に、集客圏内の居住地区タイプの構成と分布を把握する方法を考察する。

まず、集客圏内の居住地区タイプの構成が需要量に反映する仕方を見てみよう。表12-9aとbは、それぞれ用地AとBを中心とした3km集客圏内の居住地区タイプ別の人

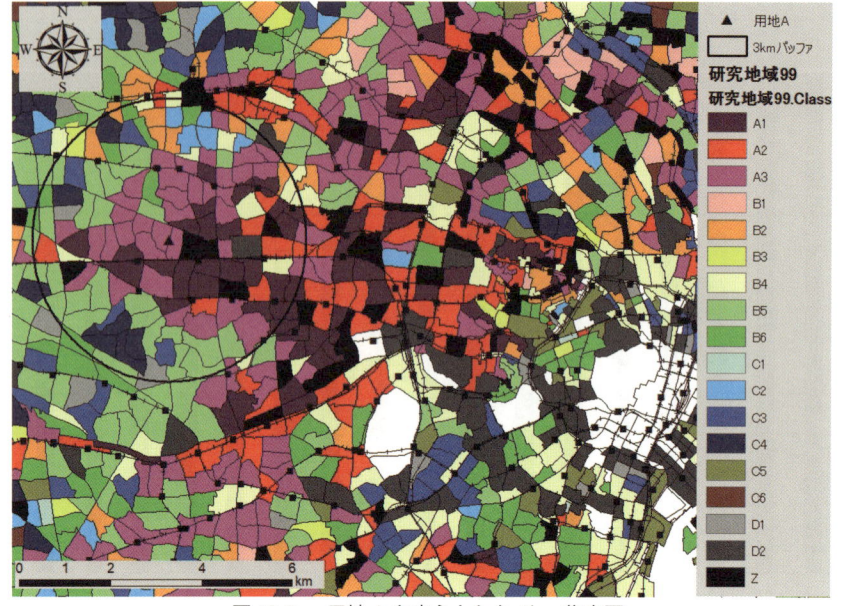

図 12-5a　用地 A を中心とした 3km 集客圏

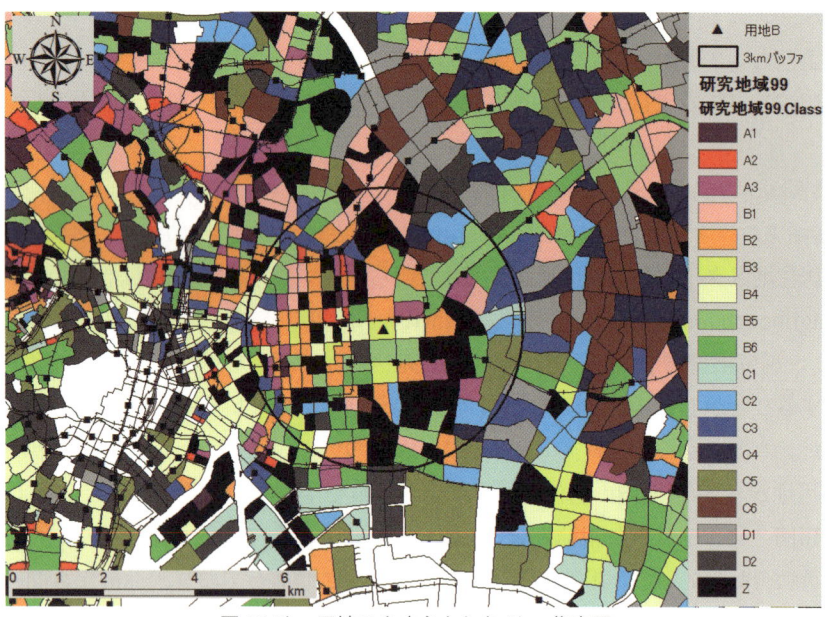

図 12-5b　用地 B を中心とした 3km 集客圏

口数を示している。ビールを販売するときに販売対象になる単位は人口なので、国勢調査小地域集計の町丁目別人口総数から算出した[3]。用地 A での 3km 集客圏内の人口数は 525,003 人であるのに対し、用地 B のそれは、560,924 人であった。したがって、居住地区タイプを考えないならば、これらの数が潜在的な需要量になり、用地 B の方が約 3 万 5 千人多い。

　ジオデモグラフィック指数の側面から居住地区タイプを考慮するならば、各居住地区タイプの人口数にジオデモグラフィック指数（前掲の図 12-4 を参照）を乗じて 100 で

割ることによって、アサヒスーパードライに対する購買の潜在性で加重した人口数が、表12-9aと同bの右端欄のように求められる。その加重人口数は、用地Aでは606,954（人口数に対する割合は115.6％）であり、用地Bでは568,831（同割合は101.4％）である。このようにジオデモグラフィック指数を考慮すると、用地Bでは用地Aよりもアサヒスーパードライに対する購買の潜在性の低い居住地区タイプの構成が多いため、需要量は低下し、総量的に見ると用地Aの方が用地Bより大きくなり、逆転する。

次に、集客圏内の居住地区タイプの特徴をさらに詳細に見てみよう。図12-6aは、用地Aの集客圏プロファイリングを表している。縦軸に居住地区タイプをとり、加重人口数が多い順番に並べた居住地区プロファイルである。第1位のA3は、都心の高密度の居住地区タイプで、高齢者の1人世帯で、大きな一戸建てが顕著である。第2位のA1は、同じく都心の高密度の居住地区タイプで、若年層と高齢者の1人世帯で、小民営共同住宅が多く見られる。第3位の

表12-9a 用地Aを中心とした3km集客圏内の居住地区タイプと加重人口数

居住地区タイプ	人口数(A)	構成割合(％)	ジオデモグラフィック指数(B)	加重人口数(A×B/100)
A3	147,849	28.2	114.8	169,731
A1	112,361	21.4	133.9	150,452
B5	97,766	18.6	111.5	109,010
A2	31,494	6	117.7	37,068
Z	28,751	5.5	87.3	25,099
B2	20,838	4	112.4	23,422
C4	18,969	3.6	93.6	17,755
B6	18,123	3.5	111.3	20,171
B4	17,282	3.3	122.7	21,204
C2	14,273	2.7	91.6	13,074
C3	9,173	1.7	143.5	13,164
B3	3,439	0.7	75	2,580
D1	2,958	0.6	86.1	2,546
D2	1,727	0.3	97.2	1,679
計	525,003			606,954

表12-9b 用地Bを中心とした3km集客圏内の居住地区タイプと加重人口数

居住地区タイプ	人口数(A)	構成割合(％)	ジオデモグラフィック指数(B)	加重人口数(A×B/100)
Z	174,045	31	87.3	151,942
B2	104,838	18.7	112.4	117,838
B5	45,681	8.1	111.5	50,934
B1	42,576	7.6	96.7	41,171
B6	39,202	7	111.3	43,632
A3	36,873	6.6	114.8	42,330
B3	25,029	4.5	75	18,772
C2	24,071	4.3	91.6	22,049
B4	15,526	2.8	122.7	19,050
C3	13,796	2.5	143.5	19,797
A2	9,016	1.6	117.7	10,612
C6	7,812	1.4	77.8	6,077
C5	7,546	1.3	128.7	9,711
C4	4,852	0.9	93.6	4,541
C1	4,112	0.7	85	3,495
A1	3,125	0.6	133.9	4,184
D2	2,365	0.4	97.2	2,299
D1	462	0.1	86.1	398
計	560,924			568,831

B5は、近郊の中密度の居住地区タイプで、65歳以上のいる1人世帯で、小民営借家と大きな一戸建てがある。この三タイプで潜在的需要量の7割弱を占めている。

一方、図12-6bは、用地Bの集客圏プロファイリングを表している。第1位のZは、分類数が少ないという意味で特殊な居住地区であり、特徴は不明である。第2位のB2は、近郊の中密度の居住地区タイプで、中高年の核家族世帯と1人世帯、持ち家、販売・サービス、事務、生産・運輸ほかの職業が顕著な地区である。以上の集客圏プロファイリングから明らかなように、用地Aでは高齢者の1人世帯の居住地区タイプが多く、用地Bでは特殊な居住地区と中高年の核家族世帯が顕著な居住地区とが特徴をなす。

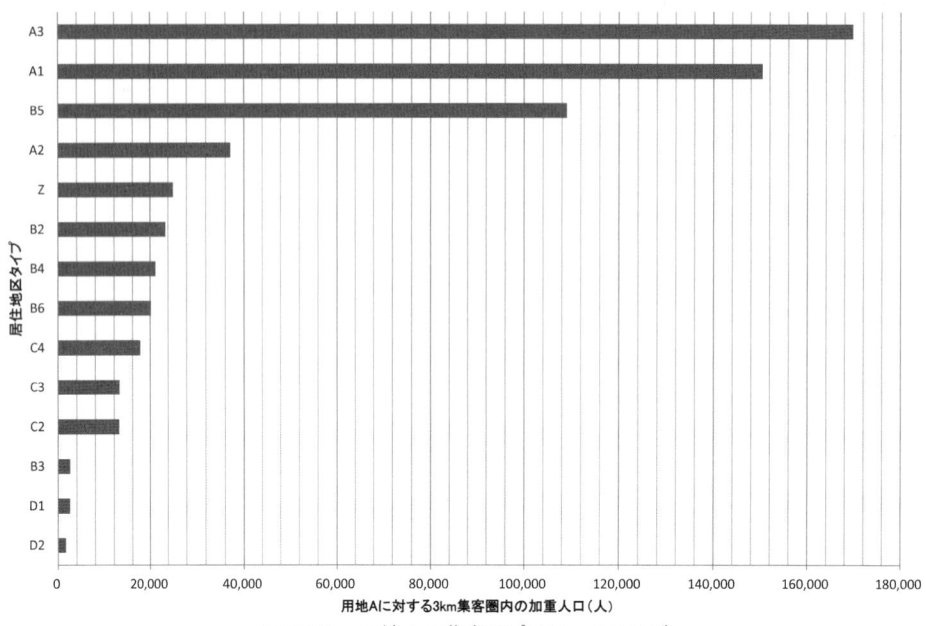

図 12-6a　用地 A の集客圏プロファイリング

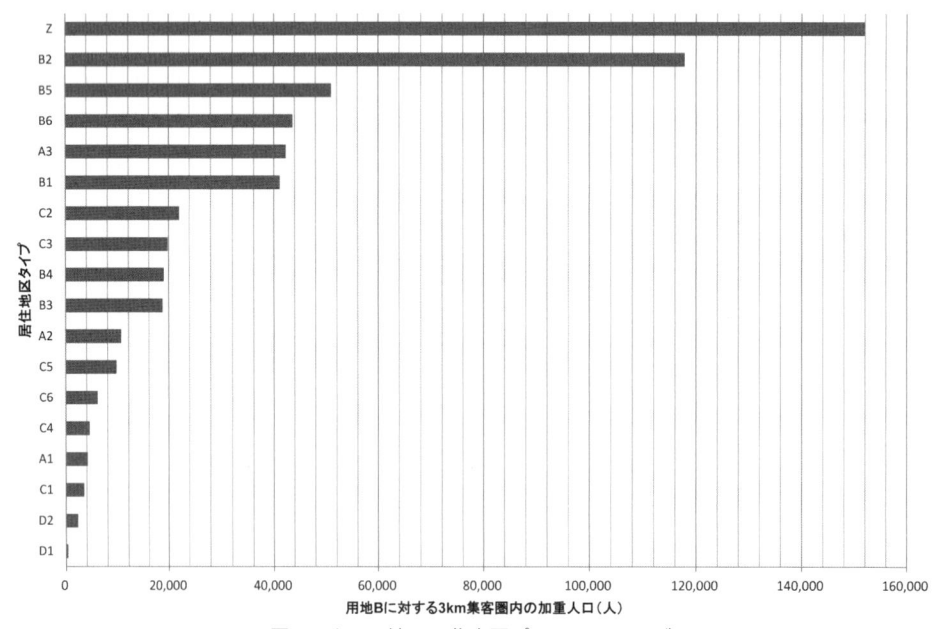

図 12-6b　用地 B の集客圏プロファイリング

　本章で構築したジオデモグラフィックス GITI-2010v1 は、データとして国勢調査小地域集計を用いている。したがって、町丁目・字の人口は常住（夜間）人口に基づいており、昼間の人口や経済状態は考慮されていない。今後の課題としては、昼間における各種データを投入するとともに、都心からの距離のような変数も考慮し、空間分類につなげていく必要がある（Openshaw and Gillard, 1978）。なお、ジオデモグラフィックスの市場分析への応用例は、第9章2．2においても取り上げたので参照されたい。

注
1) 職種の「生産・建設ほか」は、「保安職業」＋「生産工程」＋「輸送・機械運転」＋「建設・採掘」＋「運搬・清掃・包装等」の合計である。
2) 26変数に対して地域タイプごとに平均を算出した。そして、変数ごとにその値が高い順に地域タイプを並べ、上位3位に入る地域タイプに対し、その変数が顕著であるとして、地域タイプの特徴に変数名を記入した。なお、例えば、ある住宅に関する変数が"顕著"であるからといって、住宅の諸変数の中で最も大きな構成割合を占めているとは限らない点に注意が必要である。

　地理学でよく取り上げる特産物を事例にして、この状況を説明する。栃木県下野市は「かんぴょう」の産地であり、全国生産の約45％を占めている。しかし、下野市の産業を販売額から見ると、米が1位であり、かんぴょうは上位には出てこない。全国のかんぴょう生産の中で下野市の構成割合は高いが、下野市の全産業におけるかんぴょう生産の占める割合は低く、マジョリティーは米なのである。これと同じことが言え、ある居住地区で3世代世帯が"顕著な変数"として現れても、その居住地区で3世代世帯が最も多いとは必ずしも言えないのである。
3) ビールの販売対象は、正確には人口総数ではなく、20歳以上の飲酒年齢人口である。

参考文献

会田玲二 1999.『立地調査：新訂版』実務教育出版.
石崎研二 2003. 立地・配分モデル. 杉浦芳夫編『地理空間分析』朝倉書店，61-83.
磯田和男・大野 盤 1971.『FORTRANによる数値計算ハントブック』オーム社.
井上 剛・三瓶喜一・高阪宏行 2012. 大都市交通センサスによる駅勢力圏の設定とフィットネスクラブの集客実績との関係. 地理情報システム学会，第21回研究発表大会，D-6-3.
岩﨑邦彦 1999.『都市とリージョナル・マーケティング：都市小売業と消費者行動の空間分析』中央経済社.
ウォナコット，T. H. 著／田畑吉雄・太田拓男訳 1998.『回帰分析とその応用』現代数学社.
浦郷義郎・マッカーシー，E.J.・粟屋義純 1978.『ベーシック・マーケティング』東京教学社.
クリスタラー，W. 著／江沢譲爾訳 1969.『都市の立地と発展』大明堂.
高阪宏行 1979a. 空間的相互作用モデルとその展開. 筑波大学人文地理学研究 3：1-14.
高阪宏行 1979b. 地方都市への大型店の進出と消費者行動の予測. 青木栄一・白坂 蕃・永野征男・福原正弘編著『現代日本の都市化』古今書院，310-320.
高阪宏行 1994.『行政とビジネスのための地理情報システム』古今書院.
高阪宏行 2002.『地理情報技術ハンドブック』朝倉書店.
高阪宏行 2004. GISによる効果的な店舗ネットワークの構築. 日本大学文理学部情報科学研究所年次研究報告書 3：3-33.
高阪宏行 2011. タウンページデータベースを利用した商業集積地の設定と規模・機能構成・分布の分析―東京都を事例として―. 地理学評論 84：572-591.
高阪宏行 2013. 国勢調査小地域統計による都市地域分類に関わる諸問題. 統計情報研究開発センター『小地域統計を利用した都市地域分類に関する研究』Sinfonica研究叢書 No.21，1-24.
高阪宏行・関根智子 2005.『GISを利用した社会経済の空間分析』古今書院.
高阪宏行・関根智子 2007.『GISを利用した社会経済の空間分析（修正版）』古今書院.
三枝勇輝 2005.『東京都世田谷区とその周辺地域におけるピザ宅配エリアとその最適化』日本大学大学院理工学研究科地理学専攻，修士論文.
㈱JPS 2007. 平成17年国勢調査100mメッシュ推計データ．(http://www.jps-net.com/database/statistics/100m.html 2013年10月5日現在).
ジョーンズ，K.・シモンズ，J. 著／藤田直晴・村山祐司監訳 1991.『商業環境と立地戦略』大明堂.
商業近代化委員会岡崎地域部会 1973.『岡崎地域商業近代化地域計画報告書』.
スコット，P. 著／鈴木安昭訳 1979.『小売業の地域構造』大明堂.
総務省統計局, 2010 用語の解説．(http://www.stat.go.jp/data/kokusei/2005/jutsu1/yougo.htm 2013年7月14日現在).
地理情報技術研究所 2008.『GITI2005利用マニュアル』GITI.
林原安徳 1998.『売上予測と立地判定：実地調査と出店のポイント』商業界.
牟田浩二 2009.『建物別事業所従業者数の推定と駅-建物間通勤流動の予測―東京都新宿区新宿3丁目を事例として―』日本大学大学院理工学研究科地理学専攻, 修士論文.
矢野桂司 2003. 空間的相互作用モデル. 杉浦芳夫編『地理空間分析』朝倉書店，84-106.
矢野桂司 2006.『デジタル地図を読む』ナカニシヤ出版.
レッシュ，A. 著／篠原泰三訳 1968.『経済立地論』大明堂.

ワイス，M.J. 著／岡田芳郎監訳，田中洋・岡田仁訳 1994.『アメリカライフスタイル全書』日本経済新聞社．

森　幸雄 1987．生態学的データ利用における誤謬の問題：ロビンソンの生態学的誤謬問題を中心として．創価大学社会学会，ソシオロジカ 12：23-38．

Batty, M. 1976. *Urban Modelling: Algorithms, Calibrations, Predictions.* Cambridge:Cambridge University Press.

Batty, M. and Mackie, S.1972．The calibration of gravity, entropy, and related models of spatial interaction. *Environment and Planning A* 4: 205-233.

Birkin, M., Boden, P. and Williams, J. 2003. Spatial decision support systems for petrol forecourts. In *Planning Support Systems in Practice,* eds. S. Geertman and J. Stillwell, 291-314. Berlin: Springer.

Birkin, M., Clarke, G. and Clarke, M., Wilson, A. 1996. *Intelligent GIS: Location Decisions and Strategic Planning.* Cambridge: Geoinformation.

Birkin, M., Clarke, G. and Clarke, M. 2002．*Retail Geography and Intelligent Network Planning.* Chichester: Wiley.

Daskin, M.S. 1987．Location, dispatching, and routing models for emergency services with stochastic travel times. In *Spatial Analysis and Locaton-Allocation Models,* eds. A. Ghosh and G. Rushton, 224-265. New York: Van Nostrand Reinhold Company.

Davoudi, S. 2006．The evidence-policy interface in strategic waste planning for urban environments: The 'technical' and 'social'dimensions．*Environment and Planning C: Government and Policy* 24: 681-700.

Dennett, A. 2012．Estimating flows between geographical locations:'get me started in'spatial interaction modelling．*Working Paper* 181, Centre for Advanced Spatial Analysis, University College London．

Fischer, M.M. 2000．Spatial interaction models and the role of geographic information systems. In *Spatial Models and GIS: New Potential and New Models,* eds. S. Fotheringham and M. Wegener, 33-43. London: Taylor.

Fotheringham, A.S. and O'Kelly, M.E. 1988．*Spatial Interaction Models: Formulations and Applications.* Dordrecht: Kluwer Academic Publishers.

Harris, R., Sleight, P. and Webber, R. 2005．*Geodemographics, GIS and Neighbourhood Targeting.* Chichester: Wiley.

Hotelling, H. 1929．Stability in competition．*Economic Journal* 39: 41-57．

Huff, D.L. 1963．A probabilistic analysis of shopping center trade areas. *Land Economics* 39: 81-90.

Huff, D.L.1964．Defining and estimating a trade area. *Journal of Marketing* 28: 34-38.

Jones, K.G. and Mock, D.R. 1984．Evaluating retail trading performances. In *Store Location and Store Assessment Research,* eds. R.L. Davies and D.S.Rogers, 333-360. Chichester: Wiley.

Mirchandani, P.B. and Reilly, J.M.1987．Spatial distribution design for fire fighting units. In *Spatial Analysis and Locaton-Allocation Models,* eds. A. Ghosh and G. Rushton, 186-223. New York: Van Nostrand Reinhold Company.

Nakanishi, M. and Cooper, L.G. 1974．Parameter estimates for multiplicative competitive interaction models − least squares approach. *Journal of Marketing Research* 11: 303-311.

Openshaw, S. and Wymer, C.1995．Classifying and regionalizing census data. In *Census User's Handbook,* ed. S. Openshaw, 239-270. Cambridge: GeoInformation International.

Openshaw, S. and Gillard, A.A. 1978．On the stability of a spatial classification of census enumeration district data. In *Theory and Method in Urban and Regional Analysis,* ed. P. W. J. Batey, 101-119. London: Pion.

Owens, S., Petts, J. and Bulkeley, H. 2006. Boundary work: Knowledge, policy, and the urban environment. *Environment and Planning C: Government and Policy* 24: 633-643.

Pick, J.B. 2008. *Geo-Business: GIS in the Digital Organization.* Chichester: Wiley．

Rees, P., Martin, D. and Williamson, P. 2002. *The Census Data System.* Chichester: Wiley.

ReVelle, C.S. and Swain, R.W.1970. Central facilities location. *Geographical Analysis* 2: 30-42.

Rushton, G. and Kohler, J.A. 1973. ALLOC — Heuristic solution to multi-facility location problems on a graph. In *Computer Programs for Location-Allocation Problems,* eds. G. Rushton, M.F. Goodchild and L.M.Jr. Ostresh, 163-187. Monograph Number 6, Department of Geography, The University of Iowa, Iowa City, Iowa.

Teitz, M.B. and Bart, P. 1968. Heuristic methods for estimating the generalized vertex median of a weighted graph. *Operations Research* 16: 955-961.

Warf, B., ed. 2010. *Encyclopedia of Geography* 4. Los Angeles: Sage.

Wilson, A.G. 1974. *Urban & Regional Models in Geography & Planning.* London: Wiley.

資　料

付録1　小売モデルの係数の最良推定について（第10章3．2（1））

　空間的相互作用は、理論分布として多項分布（multinominal distribution）を持つと仮定できる（Batty and Mackie 1972）。その場合、一組の観測された流動 $\{T_{ij}\}$ の対数 - 尤度（log-likelihood）は、次のように表現される（Fotheringham and O'Kelly 1988, 50-51）。

$$L^* = \sum_i \sum_j T_{ij} \ln p_{ij} \tag{1}$$

　ただし、p_{ij} は、i と j 間の流動に対する予測確率を表しており、次のように定義される。

$$p_{ij} = S_{ij} / \sum_i \sum_j S_{ij} \tag{2}$$

　ただし、S_{ij} は一組の予測された流動である。また、p_{ij} は二つのほかの確率の積として定義される。

$$p_{ij} = p_{j|i} \times p_i \tag{3}$$

　ただし、$p_{j|i}$ は発地 i が与えられたとき、j が着地となる条件確率である。p_i は、i が発地となる確率である。発生制約モデルでは、すべての i に対して、

$$\sum_j p_{j|i} = 1 \tag{4}$$

となる。
　また明らかに、

$$\sum_i p_i = 1 \tag{5}$$

が成立する。
　確率 $p_{j|i}$ は、発生制約モデルで与えられる。

$$p_{j|i} = A_i \exp \left[\sum_h \alpha_h f_h (x_{ijh}) \right] \tag{6}$$

ただし、x_{ijh} は h 番目の説明変数、f_h はその変数の関数形である。

その結果、目的は、式（4）と（5）の制約の下で、式（1）を最大化する係数 $α_h$ の推定を決めることである。これに対する解は、次の形の一連の方程式であることを論証することは比較的明白である。

$$\sum_i \sum_j S_{ij} f(x_{ijh}) = \sum_i \sum_j T_{ij} f(x_{ijh}) \quad \text{すべての } h \text{ に対して} \tag{7}$$

それ故、各ケースにおいて、式（7）における制約が満たされるとき、$α_h$ の最尤推定（MLE）が得られる。

付録2 ニュートン・ラプソン法（第10章3．2（3））

方程式 $f(x) = 0$ を $x = x_i$ でテーラー展開し、二次以上の項を無視すると、

$$f(x) = f(x_i) + f'(x_i)(x - x_i) = 0 \tag{1}$$

よって、$f'(x_i) \neq 0$ ならば、次のニュートン・ラプソン反復公式を得る（磯田・大野 1971, p.421）。

$$x_{i+1} = x_i - f(x_i) / f'(x_i) \tag{2}$$

このニュートン・ラプソン反復公式を小売モデルの係数推定に応用する。規模の経済の係数 $α$ と距離抵抗係数 $β$ の関数は、次のような非線形方程式で表される。

$$F_1(α, β) = \Sigma\Sigma S_{ij} \ln d_{ij} - \Sigma\Sigma T_{ij} \ln d_{ij} \tag{3-1}$$

$$F_2(α, β) = \Sigma\Sigma S_{ij} \ln W_j - \Sigma\Sigma T_{ij} \ln W_j \tag{3-2}$$

この関数値が零、あるいは、できるだけ小さくなる係数値を見出すことである。これらの係数に対する関数の挙動を見るには、以下のように $α$ と $β$ で偏微分をとることによって行われる（Batty 1976, 185-188）。

$$F_1(α^m + ε_1, β^m + ε_2)$$
$$\simeq F_1(α^m, β^m) + ε_1 \partial F_1(α^m, β^m) / \partial α + ε_2 \partial F_1(α^m, β^m) / \partial β \tag{4-1}$$

$$F_2(α^m + ε_1, β^m + ε_2)$$
$$\simeq F_2(α^m, β^m) + ε_1 \partial F_2(α^m, β^m) / \partial α + ε_2 \partial F_2(α^m, β^m) / \partial β \tag{4-2}$$

ただし、α^m と β^m は m 回反復後の係数値、ε_1 と ε_2 は係数の最良推定値と近似値の差を示している。また、式 (4-1) と式 (4-2) の $\simeq$ ($\fallingdotseq$) は、右辺と左辺がほぼ等しいことを表す記号である。右辺を零と置き整理して行列式で表すと、

$$-\begin{bmatrix} F_1(\alpha^m, \beta^m) \\ F_2(\alpha^m, \beta^m) \end{bmatrix} = \begin{bmatrix} \partial F_1(\alpha^m, \beta^m)/\partial \alpha & \partial F_1(\alpha^m, \beta^m)/\partial \beta \\ \partial F_2(\alpha^m, \beta^m)/\partial \alpha & \partial F_2(\alpha^m, \beta^m)/\partial \beta \end{bmatrix} \begin{bmatrix} \varepsilon_1 \\ \varepsilon_2 \end{bmatrix} \tag{5}$$

この行列式は、一般的に次のように書かれる。

$$-\mathbf{F} = \mathit{\Delta}\,\varepsilon \tag{6}$$

$\mathbf{F}$ と ε が 1 列× 2 行のベクトルであり、$\mathit{\Delta}$ は次のような 2 列× 2 行のヤコブ行列である。

$$\begin{bmatrix} \partial F_1(\alpha^m, \beta^m)/\partial \alpha & \partial F_1(\alpha^m, \beta^m)/\partial \beta \\ \partial F_2(\alpha^m, \beta^m)/\partial \alpha & \partial F_2(\alpha^m, \beta^m)/\partial \beta \end{bmatrix} \tag{7}$$

大部分の条件の下で、式 (6) の解は次のように与えられる。

$$\varepsilon = -\mathit{\Delta}^{-1}\mathbf{F} \tag{8}$$

ただし、$\mathit{\Delta}^{-1}$ はヤコブ行列の逆行列であり、2 変数の場合は、次に示すような公式を用いて求めることができる。

$$\mathit{\Delta}^{-1} = 1/(J_{11}J_{22} - J_{12}J_{21})\begin{bmatrix} J_{22} & -J_{12} \\ -J_{21} & J_{11} \end{bmatrix} \tag{9}$$

ただし、
$J_{11} = \partial F_1(\alpha^m, \beta^m)/\partial \alpha^m$、 $J_{12} = \partial F_1(\alpha^m, \beta^m)/\partial \beta^m$
$J_{21} = \partial F_2(\alpha^m, \beta^m)/\partial \alpha^m$、 $J_{22} = \partial F_2(\alpha^m, \beta^m)/\partial \beta^m$

すると、係数の変動値は、

$$\varepsilon = -1/(\partial F_1(\alpha^m, \beta^m)/\partial \alpha^m \times \partial F_2(\alpha^m, \beta^m)/\partial \beta^m - \partial F_1(\alpha^m, \beta^m)/\partial \beta^m \times \partial F_2(\alpha^m, \beta^m)/\partial \alpha^m)$$
$$\times \begin{bmatrix} \partial F_1(\alpha^m, \beta^m)/\partial \alpha^m & \partial F_1(\alpha^m, \beta^m)/\partial \beta^m \\ \partial F_2(\alpha^m, \beta^m)/\partial \alpha^m & \partial F_2(\alpha^m, \beta^m)/\partial \beta^m \end{bmatrix} \begin{bmatrix} F_1(\alpha^m, \beta^m) \\ F_2(\alpha^m, \beta^m) \end{bmatrix} \tag{10}$$

で求められる。

実際に、$F_1(α,β)$ と $F_2(α,β)$ の値やそれらの偏微分を算出するためには、前掲の式 (3-1) と式 (3-2) に第 10 章の式 (10-3) と式 (10-4) から求められる S_{ij} を代入する。

$$F_1(α,β) = Σ_i Σ_j ((P_i W_j^α d_{ij}^{-β}) / Σ_j W_j^α d_{ij}^{-β}) \ln d_{ij} - ΣΣ T_{ij} \ln d_{ij} \qquad (11\text{-}1)$$

$$F_2(α,β) = Σ_i Σ_j ((P_i W_j^α d_{ij}^{-β}) / Σ_j W_j^α d_{ij}^{-β}) \ln W_j - ΣΣ T_{ij} \ln W_j \qquad (11\text{-}2)$$

式 (11-1) と式 (11-2) を計算するには、右辺第 1 項の分子と分母は係数 $α$ と $β$ を持っているので、何らかの係数値が必要になる。例えば、まず初期値 ($m=1$) を $α=β=1$ と置いて、計算する。最後の項には係数が無く観測値だけで成り立っているので、その値を計算することは可能である。このような計算を何回も反復していくのであるが、次の係数値は、

$$α^2 = α^1 + ε_1^1$$
$$β^2 = β^1 + ε_2^1$$

と係数の変動値 $ε_1^1$ と $ε_2^1$ を式 (10) から算出して、第 2 期 ($m=2$) の係数値を $α^2$ と $β^2$ と置き、式 (11-1) と式 (11-2) を計算する。一般に、新しい係数値は、次のように見出される。

$$α^{m+1} = α^m + ε_1^m \qquad (12\text{-}1)$$
$$β^{m+1} = β^m + ε_2^m \qquad (12\text{-}2)$$

そして、目的関数

$$\wedge(α,β) = F_1(α,β) + F_2(α,β) \qquad (13)$$

が許容誤差 (トレランス) 以下になるまで反復計算がなされ、$α$ と $β$ が求められる。

なお、式 (10) においては、魅力度と距離に関する関数を $α$ と $β$ で偏微分するのであるが、それらの結果は、

$$∂W_j^α / ∂α = W_j^α \ln α$$
$$∂d_{ij}^{-β} / ∂β = -d_{ij}^{-β} \ln β$$

になることに注意すべきである。

付表1　2010年国勢調査小地域集計の統計項目

番号	統計項目
	人口総数、男女別人口及び世帯数
1	総数（人）
2	男（人）
3	女（人）
4	世帯数（世帯）
5	一般世帯数（世帯）
6	世帯人員1人（世帯）
7	世帯人員2人（世帯）
8	世帯人員3人（世帯）
9	世帯人員4人（世帯）
10	世帯人員5人（世帯）
11	世帯人員6人（世帯）
12	世帯人員7人以上（世帯）
13	一般世帯人員（人）
14	1世帯当たり人員（人）
15	施設等世帯数（世帯）
16	施設等世帯人員
	年齢層（5歳階級）別男女別人口、配偶関係
17	男女計総数（人）
18	男女計合算総数（人）
19	男女計0～4歳（人）
20	男女計5～9歳（人）
21	男女計10～14歳（人）
22	男女計15～19歳（人）
23	男女計20～24歳（人）
24	男女計25～29歳（人）
25	男女計30～34歳（人）
26	男女計35～39歳（人）
27	男女計40～44歳（人）
28	男女計45～49歳（人）
29	男女計50～54歳（人）
30	男女計55～59歳（人）
31	男女計60～64歳（人）
32	男女計65～69歳（人）
33	男女計70～74歳（人）
34	男女計75～79歳（人）
35	男女計80～84歳（人）
36	男女計85～89歳（人）
37	男女計90～94歳（人）
38	男女計95～99歳（人）
39	男女計100歳以上（人）
40	男女計不詳（人）
41	男女計（再）15歳未満（人）
42	男女計（再）15～64歳（人）
43	男女計（再）65歳以上（人）
44	男女計（再）75歳以上（人）
45	男女計（再）85歳以上（人）
46	男女計（再）総年齢（歳）
47	男女計（再）平均年齢（歳）
48	男女計（再）外国人（人）
49	男総数（人）
50	男合算総数（人）
51	男0～4歳（人）
52	男5～9歳（人）
53	男10～14歳（人）
54	男15～19歳（人）
55	男20～24歳（人）
56	男25～29歳（人）
57	男30～34歳（人）
58	男35～39歳（人）
59	男40～44歳（人）
60	男45～49歳（人）
61	男50～54歳（人）
62	男55～59歳（人）

番号	統計項目
63	男60～64歳（人）
64	男65～69歳（人）
65	男70～74歳（人）
66	男75～79歳（人）
67	男80～84歳（人）
68	男85～89歳（人）
69	男90～94歳（人）
70	男95～99歳（人）
71	男100歳以上（人）
72	男不詳（人）
73	男（再）15歳未満（人）
74	男（再）15～64歳（人）
75	男（再）65歳以上（人）
76	男（再）75歳以上（人）
77	男（再）85歳以上（人）
78	男（再）総年齢（歳）
79	男（再）平均年齢（歳）
80	男（再）外国人（人）
81	女総数（人）
82	女合算総数（人）
83	女0～4歳（人）
84	女5～9歳（人）
85	女10～14歳（人）
86	女15～19歳（人）
87	女20～24歳（人）
88	女25～29歳（人）
89	女30～34歳（人）
90	女35～39歳（人）
91	女40～44歳（人）
92	女45～49歳（人）
93	女50～54歳（人）
94	女55～59歳（人）
95	女60～64歳（人）
96	女65～69歳（人）
97	女70～74歳（人）
98	女75～79歳（人）
99	女80～84歳（人）
100	女85～89歳（人）
101	女90～94歳（人）
102	女95～99歳（人）
103	女100歳以上（人）
104	女不詳（人）
105	女（再）15歳未満（人）
106	女（再）15～64歳（人）
107	女（再）65歳以上（人）
108	女（再）75歳以上（人）
109	女（再）85歳以上（人）
110	女（再）総年齢（歳）
111	女（再）平均年齢（歳）
112	女（再）外国人（人）
113	15歳以上人口総数（人）
114	15歳以上人口（男）総数,不詳含（人）
115	15歳以上人口（男）未婚（人）
116	15歳以上人口（男）有配偶（人）
117	15歳以上人口（男）死別・離別（人）
118	15歳以上人口（女）総数,不詳含（人）
119	15歳以上人口（女）未婚（人）
120	15歳以上人口（女）有配偶（人）
121	15歳以上人口（女）死別・離別（人）
	世帯の構成
122	一般世帯数総数（世帯）
123	一般世帯数合算総数（世帯）
124	一般世帯数親族世帯（世帯）
125	一般世帯数核家族世帯（世帯）
126	一般世帯数うち夫婦のみの世帯（世帯）

127	一般世帯数うち夫婦と子供から成る世帯（世帯）		184	（再）65歳以上親族のいる一般世帯数親族世帯（世帯）
128	一般世帯数その他の親族世帯（世帯）		185	（再）65歳以上親族のいる一般世帯数核家族世帯（世帯）
129	一般世帯数非親族世帯（世帯）		186	（再）65歳以上親族のいる一般世帯数うち夫婦のみの世帯（世帯）
130	一般世帯数単独世帯（世帯）		187	（再）65歳以上親族のいる一般世帯数うち夫婦と子供から成る世帯（世帯）
131	一般世帯数（再）3世代世帯（世帯）			
132	一般世帯人員総数（人）		188	（再）65歳以上親族のいる一般世帯数その他の親族世帯（世帯）
133	一般世帯人員合算総数（人）			
134	一般世帯人員親族世帯（人）		189	（再）65歳以上親族のいる一般世帯数非親族世帯（世帯）
135	一般世帯人員核家族世帯（人）			
136	一般世帯人員うち夫婦のみの世帯（人）		190	（再）65歳以上親族のいる一般世帯数単独世帯（世帯）
137	一般世帯人員うち夫婦と子供から成る世帯（人）		191	（再）65歳以上親族のいる一般世帯数（再）3世代世帯（世帯）
138	一般世帯人員その他の親族世帯（人）			
139	一般世帯人員非親族世帯（人）		192	（再）65歳以上親族のみの一般世帯数総数（世帯）
140	一般世帯人員単独世帯（人）		193	（再）65歳以上親族のみの一般世帯数合算総数（世帯）
141	一般世帯人員（再）3世代世帯（人）		194	（再）65歳以上親族のみの一般世帯数親族世帯（世帯）
142	親族人員総数（人）		195	（再）65歳以上親族のみの一般世帯数核家族世帯（世帯）
143	親族人員合算総数（人）			
144	親族人員親族世帯（人）		196	（再）65歳以上親族のみの一般世帯数うち夫婦のみの世帯（世帯）
145	親族人員核家族世帯（人）			
146	親族人員うち夫婦のみの世帯（人）		197	（再）65歳以上親族のみの一般世帯数うち夫婦と子供から成る世帯（世帯）
147	親族人員うち夫婦と子供から成る世帯（人）			
148	親族人員その他の親族世帯（人）		198	（再）65歳以上親族のみの一般世帯数その他の親族世帯（世帯）
149	親族人員非親族世帯（人）			
150	親族人員単独世帯（人）		199	（再）65歳以上親族のみの一般世帯数非親族世帯（世帯）
151	親族人員（再）3世代世帯（人）			
152	1世帯当たり親族人員総数（人）		200	（再）65歳以上親族のみの一般世帯数単独世帯（世帯）
153	1世帯当たり親族人員合算総数（人）		201	（再）65歳以上親族のみの一般世帯数（再）3世代世帯（世帯）
154	1世帯当たり親族人員親族世帯（人）			
155	1世帯当たり親族人員核家族世帯（人）			**住居の状態**
156	1世帯当たり親族人員うち夫婦のみの世帯（人）		202	一般世帯一般世帯数（世帯）
157	1世帯当たり親族人員うち夫婦と子供から成る世帯（人）		203	一般世帯一般世帯人員（人）
			204	一般世帯1世帯当たり人員（人）
158	1世帯当たり親族人員その他の親族世帯（人）		205	一般世帯1世帯当たり延べ面積（m^2）
159	1世帯当たり親族人員非親族世帯（人）		206	一般世帯1人当たり延べ面積（m^2）
160	1世帯当たり親族人員単独世帯（人）		207	一般世帯総延べ面積（m^2）
161	1世帯当たり親族人員（再）3世代世帯（人）		208	住宅に住む一般世帯一般世帯数（世帯）
162	（再）6歳未満親族のいる一般世帯数総数（世帯）		209	住宅に住む一般世帯一般世帯人員（人）
163	（再）6歳未満親族のいる一般世帯数合算総数（世帯）		210	住宅に住む一般世帯1世帯当たり人員（人）
164	（再）6歳未満親族のいる一般世帯数親族世帯（世帯）		211	住宅に住む一般世帯1世帯当たり延べ面積（m^2）
165	（再）6歳未満親族のいる一般世帯数核家族世帯（世帯）		212	住宅に住む一般世帯1人当たり延べ面積（m^2）
166	（再）6歳未満親族のいる一般世帯数うち夫婦のみの世帯（世帯）		213	住宅に住む一般世帯総延べ面積（m^2）
			214	主世帯一般世帯数（世帯）
167	（再）6歳未満親族のいる一般世帯数うち夫婦と子供から成る世帯（世帯）		215	主世帯一般世帯人員（人）
			216	主世帯1世帯当たり人員（人）
168	（再）6歳未満親族のいる一般世帯数その他の親族世帯（世帯）		217	主世帯1世帯当たり延べ面積（m^2）
			218	主世帯1人当たり延べ面積（m^2）
169	（再）6歳未満親族のいる一般世帯数非親族世帯（世帯）		219	主世帯総延べ面積（m^2）
170	（再）6歳未満親族のいる一般世帯数単独世帯（世帯）		220	持ち家一般世帯数（世帯）
171	（再）6歳未満親族のいる一般世帯数（再）3世代世帯（世帯）		221	持ち家一般世帯人員（人）
			222	持ち家1世帯当たり人員（人）
172	（再）18歳未満親族のいる一般世帯数総数（世帯）		223	持ち家1世帯当たり延べ面積（m^2）
173	（再）18歳未満親族のいる一般世帯数合算総数（世帯）		224	持ち家1人当たり延べ面積（m^2）
174	（再）18歳未満親族のいる一般世帯数親族世帯（世帯）		225	持ち家総延べ面積（m^2）
175	（再）18歳未満親族のいる一般世帯数核家族世帯（世帯）		226	公営・都市機構・公社の借家一般世帯数（世帯）
176	（再）18歳未満親族のいる一般世帯数うち夫婦のみの世帯（世帯）		227	公営・都市機構・公社の借家一般世帯人員（人）
			228	公営・都市機構・公社の借家1世帯当たり人員（人）
177	（再）18歳未満親族のいる一般世帯数うち夫婦と子供から成る世帯（世帯）		229	公営・都市機構・公社の借家1世帯当たり延べ面積（m^2）
			230	公営・都市機構・公社の借家1人当たり延べ面積（m^2）
178	（再）18歳未満親族のいる一般世帯数その他の親族世帯（世帯）		231	公営・都市機構・公社の借家総延べ面積（m^2）
			232	民営の借家一般世帯数（世帯）
179	（再）18歳未満親族のいる一般世帯数非親族世帯（世帯）		233	民営の借家一般世帯人員（人）
180	（再）18歳未満親族のいる一般世帯数単独世帯（世帯）		234	民営の借家1世帯当たり人員（人）
181	（再）18歳未満親族のいる一般世帯数（再）3世代世帯（世帯）		235	民営の借家1世帯当たり延べ面積（m^2）
			236	民営の借家1人当たり延べ面積（m^2）
182	（再）65歳以上親族のいる一般世帯数総数（世帯）		237	民営の借家総延べ面積（m^2）
183	（再）65歳以上親族のいる一般世帯数合算総数（世帯）			

238	給与住宅一般世帯数（世帯）		306	その他1世帯当たり人員（人）
239	給与住宅一般世帯人員（人）		307	その他1世帯当たり延べ面積（m²）
240	給与住宅1世帯当たり人員（人）		308	その他1人当たり延べ面積（m²）
241	給与住宅1世帯当たり延べ面積（m²）		309	その他総延べ面積（m²）
242	給与住宅1人当たり延べ面積（m²）			**人口の労働力状態別構成**
243	給与住宅総延べ面積（m²）		310	15歳以上人口総数，不詳含む（人）
244	間借り一般世帯数（世帯）		311	15歳以上人口労働力人口（人）
245	間借り一般世帯人員（人）		312	15歳以上人口非労働力人口（人）
246	間借り1世帯当たり人員（人）		313	15歳以上人口（男）総数，不詳含む（人）
247	間借り1世帯当たり延べ面積（m²）		314	15歳以上人口（男）労働力人口（人）
248	間借り1人当たり延べ面積（m²）		315	15歳以上人口（男）非労働力人口（人）
249	間借り総延べ面積（m²）		316	15歳以上人口（女）総数，不詳含む（人）
250	住宅以外に住む一般世帯数一般世帯数（世帯）		317	15歳以上人口（女）労働力人口（人）
251	住宅以外に住む一般世帯数一般世帯人員（人）		318	15歳以上人口（女）非労働力人口（人）
252	住宅以外に住む一般世帯数1世帯当たり人員（人）		319	15歳以上就業者数総数，不詳含む（人）
253	住宅以外に住む一般世帯数1世帯当たり延べ面積（m²）		320	15歳以上就業者数雇用者，役員含む（人）
254	住宅以外に住む一般世帯数1人当たり延べ面積（m²）		321	15歳以上就業者数自営業主，家庭内職含む（人）
255	住宅以外に住む一般世帯数総延べ面積（m²）		322	15歳以上就業者数家族従業者（人）
256	総数主世帯数（世帯）		323	15歳以上就業者数（男）総数，不詳含む（人）
257	総数主世帯人員（人）		324	15歳以上就業者数（男）雇用者，役員含む（人）
258	総数1世帯当たり人員（人）		325	15歳以上就業者数（男）自営業主,家庭内職含む（人）
259	総数1世帯当たり延べ面積（m²）		326	15歳以上就業者数（男）家族従業者（人）
260	総数1人当たり延べ面積（m²）		327	15歳以上就業者数（女）総数，不詳含む（人）
261	総数総延べ面積（m²）		328	15歳以上就業者数（女）雇用者，役員含む（人）
262	一戸建主世帯数（世帯）		329	15歳以上就業者数（女）自営業主,家庭内職含む（人）
263	一戸建主世帯人員（人）		330	15歳以上就業者数（女）家族従業者（人）
264	一戸建1世帯当たり人員（人）			**就業者の産業（大分類）別構成**
265	一戸建1世帯当たり延べ面積（m²）		331	15歳以上就業者数　男女計総数
266	一戸建1人当たり延べ面積（m²）		332	15歳以上就業者数　男女計A農業（人）
267	一戸建総延べ面積（m²）		333	15歳以上就業者数　男女計B林業（人）
268	長屋建主世帯数（世帯）		334	15歳以上就業者数　男女計C漁業（人）
269	長屋建主世帯人員（人）		335	15歳以上就業者数　男女計D鉱業（人）
270	長屋建1世帯当たり人員（人）		336	15歳以上就業者数　男女計E建設業（人）
271	長屋建1世帯当たり延べ面積（m²）		337	15歳以上就業者数　男女計F製造業（人）
272	長屋建1人当たり延べ面積（m²）		338	15歳以上就業者数　男女計G電気・ガス・熱供給・水道業（人）
273	長屋建総延べ面積（m²）		339	15歳以上就業者数　男女計H情報通信業（人）
274	共同住宅主世帯数（世帯）		340	15歳以上就業者数　男女計I運輸業（人）
275	共同住宅主世帯人員（人）		341	15歳以上就業者数　男女計J卸売・小売業（人）
276	共同住宅1世帯当たり人員（人）		342	15歳以上就業者数　男女計K金融・保険業（人）
277	共同住宅1世帯当たり延べ面積（m²）		343	15歳以上就業者数　男女計L不動産業（人）
278	共同住宅1人当たり延べ面積（m²）		344	15歳以上就業者数　男女計M飲食店，宿泊業（人）
279	共同住宅総延べ面積（m²）		345	15歳以上就業者数　男女計N医療，福祉（人）
280	1・2階建主世帯数（世帯）		346	15歳以上就業者数　男女計O教育，学習支援業（人）
281	1・2階建主世帯人員（人）		347	15歳以上就業者数　男女計P複合サービス事業（人）
282	1・2階建1世帯当たり人員（人）		348	15歳以上就業者数　男女計Qサービス業（人）
283	1・2階建1世帯当たり延べ面積（m²）		349	15歳以上就業者数　男女計R公務，他に分類されない（人）
284	1・2階建1人当たり延べ面積（m²）		350	15歳以上就業者数　男女計S分類不能の産業（人）
285	1・2階建総延べ面積（m²）		351	15歳以上就業者数　男総数
286	3～5階建主世帯数（世帯）		352	15歳以上就業者数　男A農業（人）
287	3～5階建主世帯人員（人）		353	15歳以上就業者数　男B林業（人）
288	3～5階建1世帯当たり人員（人）		354	15歳以上就業者数　男C漁業（人）
289	3～5階建1世帯当たり延べ面積（m²）		355	15歳以上就業者数　男D鉱業（人）
290	3～5階建1人当たり延べ面積（m²）		356	15歳以上就業者数　男E建設業（人）
291	3～5階建総延べ面積（m²）		357	15歳以上就業者数　男F製造業（人）
292	6～10階建主世帯数（世帯）		358	15歳以上就業者数　男G電気・ガス・熱供給・水道業（人）
293	6～10階建主世帯人員（人）		359	15歳以上就業者数　男H情報通信業（人）
294	6～10階建1世帯当たり人員（人）		360	15歳以上就業者数　男I運輸業（人）
295	6～10階建1世帯当たり延べ面積（m²）		361	15歳以上就業者数　男J卸売・小売業（人）
296	6～10階建1人当たり延べ面積（m²）		362	15歳以上就業者数　男K金融・保険業（人）
297	6～10階建総延べ面積（m²）		363	15歳以上就業者数　男L不動産業（人）
298	11階建以上主世帯数（世帯）		364	15歳以上就業者数　男M飲食店，宿泊業（人）
299	11階建以上主世帯人員（人）		365	15歳以上就業者数　男N医療，福祉（人）
300	11階建以上1世帯当たり人員（人）		366	15歳以上就業者数　男O教育，学習支援業（人）
301	11階建以上1世帯当たり延べ面積（m²）		367	15歳以上就業者数　男P複合サービス事業（人）
302	11階建以上1人当たり延べ面積（m²）		368	15歳以上就業者数　男Qサービス業（人）
303	11階建以上総延べ面積（m²）		369	15歳以上就業者数　男R公務,他に分類されない（人）
304	その他主世帯数（世帯）			
305	その他主世帯人員（人）			

370	15歳以上就業者数　男S分類不能の産業（人）
371	15歳以上就業者数　女総数（人）
372	15歳以上就業者数　女A農業（人）
373	15歳以上就業者数　女B林業（人）
374	15歳以上就業者数　女C漁業（人）
375	15歳以上就業者数　女D鉱業（人）
376	15歳以上就業者数　女E建設業（人）
377	15歳以上就業者数　女F製造業（人）
378	15歳以上就業者数　女G電気・ガス・熱供給・水道業（人）
379	15歳以上就業者数　女H情報通信業（人）
380	15歳以上就業者数　女I運輸業（人）
381	15歳以上就業者数　女J卸売・小売業（人）
382	15歳以上就業者数　女K金融・保険業（人）
383	15歳以上就業者数　女L不動産業（人）
384	15歳以上就業者数　女M飲食店，宿泊業（人）
385	15歳以上就業者数　女N医療，福祉（人）
386	15歳以上就業者数　女O教育，学習支援業（人）
387	15歳以上就業者数　女P複合サービス事業（人）
388	15歳以上就業者数　女Qサービス業（人）
389	15歳以上就業者数　女R公務,他に分類されない(人)
390	15歳以上就業者数　女S分類不能の産業（人）
391	15歳以上就業者数総数，不詳含む（人）
392	15歳以上就業者数　休業者（人）
393	15歳以上就業者数　35時間未満（人）
394	15歳以上就業者数　35時間以上（人）
395	延べ週間就業時間（時間）
396	15歳以上就業者数（男）総数，不詳含む（人）
397	15歳以上就業者数（男）休業者（人）
398	15歳以上就業者数（男）35時間未満（人）
399	15歳以上就業者数（男）35時間以上（人）
400	（男）延べ週間就業時間（時間）
401	15歳以上就業者数（女）総数，不詳含む（人）
402	15歳以上就業者数（女）休業者（人）
403	15歳以上就業者数（女）35時間未満（人）
404	15歳以上就業者数（女）35時間以上（人）
405	（女）延べ週間就業時間（時間）
	就業者の職業（大分類）別構成
406	15歳以上就業者数　男女計　総数（人）
407	15歳以上就業者数　男女計　A専門的・技術的職業従事者（人）
408	15歳以上就業者数　男女計　B管理的職業従事者（人）
409	15歳以上就業者数　男女計　C事務従事者（人）
410	15歳以上就業者数　男女計　D販売従事者（人）
411	15歳以上就業者数　男女計　Eサービス職業従事者（人）
412	15歳以上就業者数　男女計　F保安職業従事者（人）
413	15歳以上就業者数　男女計　G農林漁業作業者（人）
414	15歳以上就業者数　男女計　H運輸・通信従事者（人）
415	15歳以上就業者数　男女計　I生産工程・労務作業者（人）
416	15歳以上就業者数　男女計　J分類不能の職業（人）
417	15歳以上就業者数　男　総数（人）
418	15歳以上就業者数　男　A専門的・技術的職業従事者（人）
419	15歳以上就業者数　男　B管理的職業従事者（人）
420	15歳以上就業者数　男　C事務従事者（人）
421	15歳以上就業者数　男　D販売従事者（人）
422	15歳以上就業者数　男　Eサービス職業従事者（人）
423	15歳以上就業者数　男　F保安職業従事者（人）
424	15歳以上就業者数　男　G農林漁業作業者（人）
425	15歳以上就業者数　男　H運輸・通信従事者（人）
426	15歳以上就業者数　男　I生産工程・労務作業者（人）
427	15歳以上就業者数　男　J分類不能の職業（人）
428	15歳以上就業者数　女　総数（人）
429	15歳以上就業者数　女　A専門的・技術的職業従事者（人）
430	15歳以上就業者数　女　B管理的職業従事者（人）
431	15歳以上就業者数　女　C事務従事者（人）
432	15歳以上就業者数　女　D販売従事者（人）
433	15歳以上就業者数　女　Eサービス職業従事者（人）
434	15歳以上就業者数　女　F保安職業従事者（人）
435	15歳以上就業者数　女　G農林漁業作業者（人）
436	15歳以上就業者数　女　H運輸・通信従事者（人）
437	15歳以上就業者数　女　I生産工程・労務作業者（人）
438	15歳以上就業者数　女　J分類不能の職業（人）
	産業別世帯の就業上の地位
439	一般世帯数　総数（世帯）
440	一般世帯数　合算総数（世帯）
441	一般世帯数　I農林漁業就業者世帯（世帯）
442	一般世帯数　（1）農林漁業・業主世帯（世帯）
443	一般世帯数　（2）農林漁業・雇用者世帯（世帯）
444	一般世帯数　II農林漁業・非農林漁業就業者混合世帯（世帯）
445	一般世帯数　（3）農林漁業・業主混合世帯（世帯）
446	一般世帯数　（4）農林漁業・雇用者混合世帯（世帯）
447	一般世帯数　（5）非農林漁業・業主混合世帯（世帯）
448	一般世帯数　（6）非農林漁業・雇用者混合世帯（世帯）
449	一般世帯数　III非農林漁業就業者世帯（世帯）
450	一般世帯数　（7）非農林漁業・業主世帯（世帯）
451	一般世帯数　（8）非農林漁業・雇用者世帯（世帯）
452	一般世帯数　（9）非農林漁業・業主・雇用者世帯（世帯の主な就業者が業主）（世帯）
453	一般世帯数　（10）非農林漁業・業主・雇用者世帯（世帯の主な就業者が雇用者）（世帯）
454	一般世帯数　IV非就業者世帯（世帯）
455	一般世帯数　V分類不能の世帯（世帯）
	従業地・通学地集計
456	男女計　総数（人）
457	男女計　常住地による15歳以上就業者数（人）
458	男女計　自宅で従業（人）
459	男女計　自宅外の自市町村で従業（人）
460	男女計　自市内他区で従業（人）
461	男女計　県内他市区町村で従業（人）
462	男女計　他県で従業（人）
463	男女計　常住地による15歳以上通学者数（人）
464	男女計　自市区町村へ通学（人）
465	男女計　自市内他区へ通学（人）
466	男女計　県内他市区町村へ通学（人）
467	男女計　他県へ通学（人）
468	男　総数（人）
469	男　常住地による15歳以上就業者数（人）
470	男　自宅で従業（人）
471	男　自宅外の自市町村で従業（人）
472	男　自市内他区で従業（人）
473	男　県内他市区町村で従業（人）
474	男　他県で従業（人）
475	男　常住地による15歳以上通学者数（人）
476	男　自市区町村へ通学（人）
477	男　自市内他区へ通学（人）
478	男　県内他市区町村へ通学（人）
479	男　他県へ通学（人）
480	女　総数（人）
481	女　常住地による15歳以上就業者数（人）
482	女　自宅で従業（人）
483	女　自宅外の自市区町村で従業（人）
484	女　自市内他区で従業（人）
485	女　県内他市区町村で従業（人）
486	女　他県で従業（人）
487	女　常住地による15歳以上通学者数（人）
488	女　自市区町村へ通学（人）
489	女　自市内他区へ通学（人）
490	女　県内他市区町村へ通学（人）
491	女　他県へ通学（人）

付表2　東京都における商業集積地の階層区分

ID	レベル	店舗数	商圏人口	年間販売額	1人当り販売額	エリア名
1	SH1	6657	367413	309643.3	84.3	日暮里駅・三河島駅～上野駅～浅草駅～秋葉原駅～浅草橋駅
2	SH1	5351	625599	490083.4	78.3	東京駅南東側～銀座駅～新橋駅北側
3	SH2	3885	467810	530169.1	113.3	新宿駅東側～新宿御苑前駅・東新宿駅
4	SH2	3560	366650	381930.6	104.2	水道橋駅南側～神保町駅～神田駅～三越前駅
5	SH2	3345	254378	495961.3	195	上野駅～本郷三丁目駅～秋葉原駅
6	SH3	2648	276082	88962.3	32.2	新橋駅～虎ノ門駅～神谷町駅北側
7	SH3	2576	200674	354384.7	176.6	渋谷駅北西側～神泉駅・代々木公園駅
8	SH3	2251	226821	74855.1	33	岩本町駅東側～馬喰町駅～人形町駅～水天宮前駅
9	SH3	2109	182233	114203	62.7	八王子駅～西八王子駅
10	SH3	2048	112547	157932.1	140.3	原宿駅東側～表参道駅西側・神宮前1-6丁目
11	H1	1786	174283	199764.6	114.6	吉祥寺駅
12	H1	1746	231180	82628.8	35.7	蒲田駅　京急蒲田駅～蓮沼駅
13	H1	1567	171634	163904.4	95.5	池袋駅西側
14	H1	1343	143228	168580.8	117.7	町田駅
15	H1	1342	103287	75109.6	72.7	渋谷駅南東側～恵比寿駅東側～広尾駅
16	H1	1226	93330	40288.5	43.2	赤坂見附駅西側～溜池山王駅西側
17	H1	1215	135794	69763.8	51.4	自由が丘駅
18	H1	1201	134456	39804.8	29.6	高円寺駅～新高円寺駅
19	H1	1186	106699	48354.1	45.3	新宿駅北西側～大久保駅・新大久保駅西側
20	H1	1128	73152	101223.5	138.4	日本橋駅東側・宝町駅東側～中央区新川
21	H1	1114	71353	29579.9	41.5	六本木駅～乃木坂駅
22	H1	1100	154995	37524.8	24.2	小岩駅
23	H1	1099	111631	53621.5	48	中野駅北側～新井薬師駅
24	H1	1001	48115	72191.4	150	表参道駅東側
25	M1	966	70646	51750.9	73.3	恵比寿駅西側～代官山駅
26	M1	953	99254	29460.8	29.7	北千住駅西側
27	M1	915	111068	30211	27.2	赤羽駅東側～赤羽岩淵駅
28	M1	906	82544	37413.2	45.3	下北沢駅
29	M2	895	107389	39745.2	37	立川駅南側
30	M2	880	121545	39247.3	32.3	三軒茶屋駅
31	M2	871	137308	33242.6	24.2	練馬駅～桜台駅
32	M3	789	79002	15046	19	阿佐ヶ谷駅～南阿佐ヶ谷駅
33	M3	786	112037	34594.9	30.9	大森駅
34	M3	781	55246	30712.7	55.6	錦糸町駅北側～押上駅南側
35	M3	777	97310	22446.1	23.1	駒込駅
36	M3	764	34348	18724.2	54.5	西日暮里駅西側・日暮里駅西側～千駄木駅・根津駅
37	M3	750	64676	146197.6	226	池袋駅北東側
38	M3	725	42980	31004.2	72.1	高田馬場駅東側
39	M3	720	85381	25115.7	29.4	三鷹駅南側
40	M4	697	67308	29689	44.1	西荻窪駅
41	M4	692	89631	19570.9	21.8	武蔵小山駅
42	M4	674	95984	22865.3	23.8	新小岩駅南側
43	M4	659	71915	26681.7	37.1	町屋駅
44	M4	655	52701	143482.8	272.3	池袋駅南東側
45	M4	638	58303	18191	31.2	学芸大学駅
46	M4	634	55208	23921.3	43.3	大塚駅南側～新大塚駅
47	M4	631	66649	95191	142.8	渋谷駅東側
48	M4	631	27955	93468.7	334.4	立川駅北側
49	M4	631	43964	12195.6	27.7	飯田橋駅西側～神楽坂駅
50	M4	630	25389	75359.6	296.8	東銀座駅東側・宝町駅南東側～中央区入船・湊
51	M4	628	59767	21352.5	35.7	大山駅
52	M4	615	36967	21811	59	中目黒駅
53	M5	600	70211	16661.2	23.7	東十条駅西側～十条駅
54	M5	599	113149	21850.6	19.3	千歳烏山駅
55	M5	582	37530	25339	67.5	浜松町駅・大門駅
56	M5	582	21966	18233.8	83	新富町駅南側～築地駅～築地市場駅
57	M5	566	85238	45890.6	53.8	大井町駅西側
58	M5	564	42353	16149.3	38.1	門前仲町駅
59	M5	563	61640	15687.2	25.4	小台駅・熊野前駅～北区田端新町
60	M5	557	69688	13344.6	19.1	旗の台駅～荏原町駅～馬込駅
61	M5	556	93777	11489.5	12.3	経堂駅
62	M5	556	19208	14920.8	77.7	南千住駅北側～三ノ輪橋駅・三ノ輪駅
63	M5	546	59124	22191.8	37.5	亀戸駅北側

64	M5	545	60671	45800.8	75.5	荻窪駅北側
65	M5	529	33229	18062.2	54.4	麻布十番駅南西側
66	M5	529	31553	17268.9	54.7	飯田橋駅南側〜九段下駅
67	M5	524	22594	16548.7	73.2	四谷三丁目駅
68	M5	514	90483	11491	12.7	国立駅
69	M5	510	123769	39219.4	31.7	府中駅
70	L1	493	35363	17041.3	48.2	板橋駅
71	L1	488	22204	27086.8	122	渋谷駅南西側
72	L1	487	53880	16148.8	30	三田駅北側
73	L1	487	122737	15035.9	12.3	西葛西駅
74	L1	476	69615	10233.8	14.7	京成立石駅
75	L1	469	52517	20606.9	39.2	江古田駅
76	L1	467	100784	25979	25.8	大泉学園駅
77	L1	467	24854	17809.2	71.7	麹町駅〜半蔵門駅南側
78	L1	452	81587	9400.1	11.5	国分寺駅北側
79	L1	450	63165	22499	35.6	綾瀬駅
80	L1	441	50530	11437.8	22.6	鐘ヶ淵駅から東向島駅
81	L1	439	77212	22744.2	29.5	清瀬駅
82	L1	439	27908	195393.5	700.1	新宿駅西側
83	L1	432	99128	9032.2	9.1	久米川駅〜八坂駅北側
84	L1	431	16493	73376	444.9	中央区日本橋３丁目中央
85	L1	431	18493	13067.3	70.7	両国駅南側
86	L1	422	73563	16541.1	22.5	五反田駅南東側
87	L1	417	95379	24002.5	25.2	東武練馬駅
88	L1	405	13574	8391.8	61.8	港区西麻布交差点
89	L1	404	32998	17925.2	54.3	雑色駅
90	L1	404	105948	12208.8	11.5	葛西駅
91	L1	402	111482	31695.8	28.4	調布駅北側
92	L2	396	42040	11760.4	28	東十条駅東側
93	L2	395	32948	76600.1	232.5	墨田区江東橋
94	L2	392	26192	8566	32.7	大塚駅北側
95	L2	391	20505	24567	119.8	市ヶ谷駅南東側
96	L2	384	31970	18220.1	57	新中野駅
97	L2	378	35955	7457.2	20.7	中延駅〜荏原中延駅
98	L2	374	44845	35747.8	79.7	戸越駅・戸越銀座駅
99	L2	366	78190	15003.3	19.2	石神井公園駅
100	L2	366	60205	13806	22.9	亀有駅北側
101	L2	364	22683	14681.1	64.7	都立大学駅
102	L2	362	74591	16201.4	21.7	成増駅南側・地下鉄成増駅
103	L2	359	47360	20597.3	43.5	亀有駅南側
104	L2	356	89847	17767.7	19.8	田無駅
105	L2	353	56157	13572	24.2	江東区北砂　砂町銀座銀座通り沿い
106	L2	350	30824	17205.4	55.8	池上駅
107	L2	348	30606	15095.5	49.3	幡ヶ谷駅
108	L2	348	30421	9645.6	31.7	荻窪駅南側
109	L2	346	22884	19762.6	86.4	中野駅南側
110	L2	340	29383	14337.3	48.8	板橋区仲宿　仲宿商店街
111	L2	338	51734	4171.8	8.1	祖師ヶ谷大蔵駅
112	L2	334	14529	15479.8	106.5	代々木駅西側〜南新宿駅
113	L2	333	27329	9636.4	35.3	梅屋敷駅
114	L2	329	21893	13833	63.2	巣鴨駅北西側〜庚申塚駅
115	L2	329	31702	8666.2	27.3	堀切菖蒲園駅
116	L2	325	33466	11508.2	34.4	糀谷駅
117	L2	323	56850	8448.6	14.9	木場駅
118	L2	321	41896	20074.8	47.9	大井町駅東側
119	L2	319	39792	10172.2	25.6	大島駅
120	L2	317	13177	8631.5	65.5	高田馬場駅西側
121	L2	313	39104	1519.8	3.9	青砥駅
122	L2	311	53198	13350.5	25.1	用賀駅
123	L2	310	21016	7880.6	37.5	東長崎駅
124	L2	306	69884	12219.6	17.5	下赤塚駅・地下鉄赤塚駅
125	L2	305	30987	10882.1	35.1	京成高砂駅
126	L2	304	26179	17427.9	66.6	笹塚駅
127	L2	301	22060	10865.8	49.3	等々力駅〜尾山台駅
128	L2	301	29147	12301	42.2	王子駅東側
129	L3	295	40714	1775.2	4.4	東久留米駅

130	L3	290	39128	7229.7	18.5	ときわ台駅
131	L3	290	15683	7421.6	47.3	森下駅
132	L3	286	19854	10329.1	52	巣鴨駅南西側　白山通り沿い
133	L3	286	40491	5568.5	13.8	五反野駅
134	L3	285	35428	4399	12.4	千歳船橋駅
135	L3	284	49533	1630	3.3	仙川駅
136	L3	281	70893	6253.2	8.8	西小山駅
137	L3	281	19772	14915.1	75.4	亀戸駅南側
138	L3	281	25676	6340.4	24.7	一橋学園駅
139	L3	280	7969	12504.5	156.9	両国駅北側～石原～本所
140	L3	278	17117	4542.3	26.5	野方駅
141	L3	275	10916	12448.5	114	後楽園駅～春日駅
142	L3	274	11354	8523.4	75.1	四ッ谷駅西側
143	L3	271	44314	11629.8	26.2	上板橋駅北側
144	L3	270	21494	7146.9	33.3	京成小岩駅
145	L3	266	12434	2134.5	17.2	祐天寺駅
146	L3	266	6872	7524.5	109.5	平井駅南側
147	L3	266	22277	9220.8	41.4	業平橋駅～本所吾妻橋駅
148	L3	265	38106	5467.5	14.3	上石神井駅
149	L3	265	29664	31010.3	104.5	国分寺駅南側
150	L3	259	13180	7768.9	58.9	目白駅
151	L3	258	9233	12564.2	136.1	代々木上原駅
152	L3	254	35539	2293.8	6.5	ひばりが丘駅北側
153	L3	254	81335	1272.1	1.6	瑞江駅
154	L3	252	21364	17906.5	83.8	駒沢大学駅
155	L3	248	24741	8368.7	33.8	下高井戸駅
156	L3	247	11049	6932	62.7	東中野駅東側
157	L3	244	11268	32875	291.8	新宿駅南西側
158	L3	241	8833	6060.7	68.6	赤坂駅西側
159	L3	241	11213	11516.5	102.7	本駒込駅～白山駅
160	L3	240	30225	49956.1	165.3	二子玉川駅西側
161	L3	240	22184	7641	34.4	中板橋駅
162	L3	238	15665	1680.5	10.7	江戸川橋駅南側～新宿区天神町　牛込天神町交差点
163	L3	237	18201	7974.2	43.8	平井駅北側
164	L3	235	15577	8104.7	52	目黒駅西側
165	L3	235	13538	7484.1	55.3	清澄白河駅南東側
166	L3	234	28535	8590.1	30.1	金町駅南側
167	L3	232	42377	2080.1	4.9	保谷駅
168	L3	232	18420	5903.1	32	墨田区京島3丁目
169	L3	230	59059	1199.5	2	昭島駅南側
170	L3	228	11810	4113	34.8	墨田区向島5丁目　水戸街道沿い
171	L3	228	6069	5033.1	82.9	沼袋駅
172	L3	225	22438	9884.4	44.1	江東区扇橋・千田
173	L3	224	12241	15865.9	129.6	板橋区大谷口2丁目
174	L3	223	4478	8200.1	183.1	外苑前駅南東側～青山一丁目駅南西側
175	L3	218	49459	8170.9	16.5	福生駅西側
176	L3	214	8913	95248.8	1068.7	新宿駅北側
177	L3	210	30990	3821.5	12.3	中村橋駅
178	L3	209	24520	5147.9	21	武蔵関駅
179	L3	208	9118	10858.4	119.1	豊島区東池袋春日通り沿い～豊島区上池袋明治通り沿い
180	L3	205	34162	8066.1	23.6	新馬場駅
181	L3	203	17253	4381.2	25.4	明大前駅
182	L4	200	9596	8946.5	93.2	戸越公園駅
183	L4	200	14627	6475.8	44.3	椎名町駅
184	L4	198	30210	6672.6	22.1	武蔵境駅北側
185	L4	197	9885	4752.5	48.1	八王子駅南側
186	L4	196	18710	7543.7	40.3	永福町駅
187	L4	195	16338	11179.3	68.4	方南町駅
188	L4	195	16017	5683.7	35.5	西大島駅
189	L4	193	34212	5361.3	15.7	つつじヶ丘駅
190	L4	192	16103	8613.4	53.5	大森駅東側
191	L4	192	48508	15170.8	31.3	竹ノ塚駅東側
192	L4	191	10289	5338.8	51.9	奥沢駅
193	L4	190	29493	3853.8	13.1	富士見台駅
194	L4	190	23781	8218.6	34.6	上板橋駅南側
195	L4	190	11706	11494.8	98.2	住吉駅

196	L4	189	40791	14197.2	34.8	浜田山駅
197	L4	189	21429	13430.8	62.7	武蔵小金井駅北側
198	L4	187	4518	7504.8	166.1	月島駅
199	L4	186	23364	8675.1	37.1	桜新町駅
200	L4	186	20787	12532.3	60.3	成城学園前駅北側
201	L4	184	12321	12178.8	98.8	金町駅北側
202	L4	184	22883	4876.2	21.3	鷺ノ宮駅
203	L4	183	12316	7987.2	64.9	平和島駅
204	L4	182	26060	3544.2	13.6	青梅駅
205	L4	181	4664	6919	148.3	曙橋駅北西側
206	L4	179	3433	12001.1	349.6	御茶ノ水駅南側
207	L4	178	11940	334.9	2.8	豪徳寺駅・山下駅
208	L4	176	79340	8457.3	10.7	高幡不動駅
209	L4	174	6383	13325.8	208.8	赤羽橋駅北側〜麻布十番駅北東側
210	L4	172	8636	12933.7	149.8	巣鴨駅
211	L4	172	8490	6076.8	71.6	梅島駅
212	L4	172	22256	8484.2	38.1	西新宿五丁目駅
213	L4	171	37919	719.5	1.9	秋津駅・新秋津駅
214	L4	171	8244	6936.6	84.1	初台駅北側
215	L4	170	15349	7646.6	49.8	矢口渡駅
216	L4	170	9357	8526.6	91.1	雪が谷大塚駅
217	L4	170	15272	6987.2	45.8	お花茶屋駅
218	L4	170	44257	6785.9	15.3	篠崎駅
219	L4	169	24962	6314.8	25.3	成瀬駅
220	L4	169	9808	472.2	4.8	梅が丘駅
221	L4	168	21293	5875.2	27.6	池尻大橋駅南側
222	L4	168	5072	2358.8	46.5	西日暮里駅東側
223	L4	168	5599	0	0	ひばりが丘駅南側
224	L4	167	7475	5944.7	79.5	菊川駅
225	L4	164	33664	4483.8	13.3	大岡山駅北側
226	L4	164	7887	8038.8	101.9	四ツ木駅
227	L4	164	13807	6810.7	49.3	武蔵小金井駅南側
228	L4	162	61163	471.6	0.8	小作駅東側
229	L4	161	5278	4767.1	90.3	曳舟駅南側
230	L4	160	26351	1827.7	6.9	志村坂上駅
231	L4	159	9377	7144.9	76.2	目黒駅東側
232	L4	158	29756	5304.9	17.8	喜多見駅
233	L4	158	10679	1243.4	11.6	久我山駅
234	L4	155	16610	3294.1	19.8	品川区西五反田1丁目南側
235	L4	154	62802	2931.5	4.7	秋川駅
236	L4	154	39960	1489.6	3.7	谷保駅
237	L4	153	10340	4977.3	48.1	松陰神社前駅
238	L4	152	49599	3883	7.8	聖蹟桜ヶ丘駅東側
239	L4	152	9659	4589	47.5	文京区本駒込　動坂下交差点
240	L4	152	8853	8593.6	97.1	中野新橋駅
241	L4	151	14744	5215.2	35.4	三田駅東側〜芝公園駅東側
242	L4	151	6937	4759.3	68.6	大師前駅
243	L4	151	3103	33624.1	1083.6	大丸東京店
244	L4	151	34085	7097.7	20.8	下井草駅
245	L4	148	10352	7998.9	77.3	長原駅
246	L4	148	29224	1854.6	6.3	竹ノ塚駅西側
247	L4	147	21804	2289.2	10.5	久が原駅
248	L4	145	6967	34468.1	494.7	錦糸町駅南側
249	L4	145	8993	2236.9	24.9	新小岩駅北側
250	L4	144	23000	3480.7	15.1	西武柳沢駅
251	L4	142	22416	7923.2	35.3	東村山駅北側
252	L4	141	55455	4570.6	8.2	東大和市駅
253	L4	141	7050	4270.5	60.6	新三河島駅
254	L4	141	10747	3387.8	31.5	北区豊島2丁目〜7丁目
255	L4	141	4339	7590.2	174.9	金町駅北東側
256	L4	141	13790	3232.2	23.4	都立家政駅
257	L4	140	29963	1880.8	6.3	中神駅
258	L4	139	6800	4574.5	67.3	西新井駅西側
259	L4	139	23711	4694.8	19.8	杉並区阿佐谷北　松山通り・中杉通り沿い
260	L4	138	3353	9533.7	284.3	若松河田駅
261	L4	138	3610	3040.2	84.2	新大久保駅東側

262	L4	137	25234	8914.3	35.3	練馬区大泉学園町　大泉学園通り沿い
263	L4	136	13891	4598	33.1	青物横丁駅
264	L4	134	24707	3764.2	15.2	五反田駅西側
265	L4	134	13479	8560.3	63.5	井荻駅
266	L4	134	9940	823.9	8.3	東青梅駅
267	L4	134	11361	1637.2	14.4	中野区弥生3丁目
268	L4	133	5797	25406.4	438.3	ルミネ立川
269	L4	131	12918	5208.2	40.3	玉川学園前駅
270	L4	131	5280	400.8	7.6	竹ノ塚駅東南側
271	L4	131	24790	2797.3	11.3	押上駅東側
272	L4	131	3406	2641.8	77.6	茗荷谷駅
273	L4	128	5783	6912.9	119.5	武蔵新田駅
274	L4	128	9610	4859.6	50.6	新高円寺駅
275	L4	127	4946	44175.1	893.1	中野坂上駅西側
276	L4	126	15732	5681.5	36.1	鵜の木駅
277	L4	126	4625	5110.5	110.5	東池袋駅
278	L4	125	9439	6093.6	64.6	石川台駅
279	L4	125	4096	27869	680.4	池袋メトロポリタンプラザ
280	L4	123	8189	7346.6	89.7	上野毛駅
281	L4	122	29961	30846.8	103	玉川高島屋
282	L4	122	10244	11387.1	111.2	千川駅
283	L4	122	5076	4934.7	97.2	江戸川区松江1丁目　船堀街道沿い
284	L4	122	15896	1628.6	10.2	拝島駅南側
285	L4	121	41170	2158.1	5.2	東大和市南街　青梅街道沿い
286	L4	120	9672	28646.1	296.2	港区芝浦3丁目南側
287	L4	120	2231	11948.1	535.6	東京駅東側
288	L4	119	16670	4269.1	25.6	大田区山王馬込銀座交差点
289	L4	119	4952	6692.7	135.2	目黒区目黒4丁目　目黒通り沿い
290	L4	119	7252	6221.3	85.8	調布駅南側
291	L4	118	5716	2963.5	51.8	三鷹駅北側
292	L4	118	3596	7472.4	207.8	東中野駅西側
293	L4	117	36215	6215.9	17.2	高島平
294	L4	117	2393	6580.5	275	日本橋駅北側
295	L4	116	19050	3629.5	19.1	築地市場駅北側
296	L4	116	2763	4262.2	154.3	日野駅東側
297	L4	116	1992	47919.4	2405.6	伊勢丹新宿店
298	L4	115	11078	3471.8	31.3	下丸子駅
299	L4	115	6839	5807.1	84.9	世田谷区池尻3丁目西側
300	L4	115	3200	4476.2	139.9	梶原駅
301	L4	115	9777	7832.9	80.1	八幡山駅
302	L4	115	2223	4754.5	213.9	渋谷区笹塚2丁目　十号通り沿い
303	L4	115	6724	3801.5	56.5	新宿区大久保　大久保通り沿い
304	L4	114	47627	1032.3	2.2	豊田駅北側
305	L4	114	4911	26283.1	535.2	光が丘 IMA
306	L4	114	27061	71172.9	263	代々木駅東側
307	L4	114	2350	13893.2	591.2	立川駅西側
308	L4	113	10730	6932.2	64.6	大森町駅
309	L4	113	3363	3090.9	91.9	大田区中央1-4丁目　池上通り沿い
310	L4	113	4096	4662.1	113.8	上北沢駅
311	L4	113	4952	3447.7	69.6	初台駅南側
312	L4	113	5302	4359.9	82.2	新宿区豊島区南長崎　目白通り沿い
313	L4	112	3308	2833.4	85.7	品川駅東側
314	L4	112	6697	2689.9	40.2	白金台駅
315	L4	112	16006	2884.7	18	中井駅
316	L4	111	2442	4718.5	193.2	溜池山王駅南側
317	L4	110	50649	6888	13.6	不動前駅
318	L4	110	6315	158.2	2.5	ダイヤモンドシティミュー（武蔵村山市榎）
319	L4	109	9183	1754.9	19.1	桜上水駅
320	L4	109	2554	3747.7	146.7	江東区東砂4丁目　末広通り沿い
321	L4	109	10496	1631.2	15.5	早稲田駅
322	L4	109	5948	2107.6	35.4	葛飾区東新小岩7丁目
323	L4	108	17339	157.9	0.9	福生市福生北側
324	L4	108	12705	2038.3	16	府中市宮西町2・4・5丁目
325	L4	108	16553	1955.7	11.8	江戸川区下篠崎町　新町商店街
326	L4	107	2975	1957	65.8	柴又駅
327	L4	107	10859	2706.8	24.9	足立区関原3丁目　一番街商店街

328	L4	107	6007	47624.4	792.8	新宿ミロード
329	L4	107	6297	3260.4	51.8	墨田区八広1丁目　八広新中通り沿い
330	L4	106	28840	0	0	お台場ヴィーナスフォート
331	L4	105	5174	3163.7	61.1	東松原駅
332	L4	104	11186	3301.4	29.5	成城学園前駅南側
333	L4	104	24390	2591.8	10.6	蓮根駅南側
334	L4	103	20557	4276.1	20.8	立会川駅西側
335	L4	103	6175	3545.8	57.4	昭島市玉川町4丁目
336	L4	101	3841	2629.1	68.4	大岡山駅南側
337	L4	101	16059	15298.2	95.3	八王子ナウそごう
338	L4	101	4414	4352.5	98.6	東伏見駅
339	S1	100	18131	4177	23	西調布駅
340	S1	100	17411	5536.4	31.8	江戸川区松江　同潤会通入口交差点
341	S1	99	9116	4427.8	48.6	大鳥居駅
342	S1	99	7542	4679.8	62	西永福駅
343	S1	98	5385	6852.4	127.2	西馬込駅
344	S1	97	4640	4375.4	94.3	大田区南蒲田2丁目　日の出通り沿い
345	S1	97	2510	3535.8	140.9	墨田区京島1丁目　曳舟たから通り沿い
346	S1	96	6701	3022.1	45.1	千鳥町駅
347	S1	96	5251	3405.8	64.9	目黒駅南東側　目黒通り沿い
348	S1	96	2410	16029.3	665.1	ホテルニューオータニ
349	S1	95	12514	6833.8	54.6	御嶽山駅
350	S1	95	3286	1582.6	48.2	九品仏駅
351	S1	95	7733	13150.9	170.1	アスタ田無
352	S1	94	15188	2130.3	14	品川区二葉3・4丁目　三間通り沿い
353	S1	94	4438	2868.2	64.6	五反田駅北側
354	S1	94	6986	13255.6	189.7	モリタウン昭島
355	S1	93	5292	3236.3	61.2	洗足池駅
356	S1	92	17448	615.9	3.5	狛江駅北側
357	S1	92	2513	4523.6	180	要町駅西側
358	S1	92	1179	1745.3	148	王子駅西側
359	S1	92	4574	3807.9	83.3	渋谷区千駄ヶ谷　グリーンモール
360	S1	92	1927	2951.9	153.2	曳舟駅北側
361	S1	91	3717	0	0	田園調布駅東側
362	S1	91	1664	3355.9	201.7	港区六本木3丁目中央
363	S1	91	5788	1994	34.5	足立区梅田2丁目　ゆめロード千代田商店街
364	S1	90	18719	4776.4	25.5	新宿区余丁町　抜弁天交差点
365	S1	90	1459	0	0	東小金井駅南側
366	S1	88	17510	3291.6	18.8	穴守稲荷駅
367	S1	88	2586	4365.8	168.8	港区白金5・6丁目
368	S1	88	10173	5644.6	55.5	葛西駅南東側
369	S1	88	10383	0	0	河辺駅南側
370	S1	87	10424	3787.2	36.3	世田谷区駒沢　駒沢交差点
371	S1	87	7635	2991.5	39.2	上井草駅
372	S1	87	3695	7910.7	214.1	北千住ルミネ
373	S1	87	4919	4841.3	98.4	東村山駅東側
374	S1	87	2933	6413.2	218.7	江戸川区中央2丁目　同潤会通り沿い
375	S1	87	9653	10008	103.7	タウンセブン（荻窪）
376	S1	86	1583	2802.1	177	港区六本木2丁目・赤坂2丁目　六本木通り沿い
377	S1	85	24748	1804.6	7.3	品川区南品川4・5丁目　ゼームス坂通り沿い
378	S1	85	10808	0	0	羽村駅北側
379	S1	85	6954	2016.2	29	芦花公園駅
380	S1	85	6965	6693.6	96.1	武蔵境駅南西側
381	S1	84	54819	5482.8	10	町田駅西側
382	S1	84	1968	9573.6	486.5	多摩センター駅
383	S1	84	3737	9136.7	244.5	江東区南砂　元八幡通り沿い
384	S1	84	8198	3176.5	38.7	小村井駅
385	S1	83	7511	2217.2	29.5	エル国分寺
386	S1	82	7358	2384.8	32.4	八王子市長房町
387	S1	82	3529	6951.8	197	帝国ホテル
388	S1	82	1144	4719.5	412.5	東京駅北東側
389	S1	82	1313	2735.3	208.3	東あずま駅
390	S1	82	3395	2550.4	75.1	武蔵野市西久保2丁目
391	S1	81	12960	2619.2	20.2	足立区西新井1丁目北側
392	S2	80	6521	2255.5	34.6	板橋区常盤台　富士見街道沿い
393	S2	80	1083	8159.5	753.4	丸の内ビル

394	S2	79	10892	1300.9	11.9	小平市小川西3丁目
395	S2	79	5632	2483.2	44.1	本蓮沼駅
396	S2	78	9147	2338.6	25.6	分倍河原駅
397	S2	77	11562	3870.8	33.5	上町駅
398	S2	77	4362	38574.8	884.3	西武百貨店池袋店
399	S2	77	2050	3375.2	164.6	尾久駅
400	S2	77	1902	4727.2	248.5	東府中駅北側
401	S2	77	3327	3632.7	109.2	牛込柳町駅
402	S2	76	3655	8547.2	233.8	赤羽駅西側
403	S2	75	4050	2560.9	63.2	世田谷駅
404	S2	75	1588	4095.5	257.9	神保町駅南西側
405	S2	75	1015	3006.9	296.2	都電早稲田駅南側
406	S2	74	4947	3840	77.6	王子神谷駅
407	S2	74	4005	13175.8	329	代田橋駅
408	S2	74	1904	1793	94.2	富士見が丘駅
409	S2	74	3802	1576.8	41.5	牛込神楽坂駅西側　牛込中央通り沿い
410	S2	74	4030	4290	106.5	江戸川区平井1丁目　平井駅通り沿い
411	S2	73	2622	4510.5	172	洗足駅
412	S2	73	1738	6380.9	367.1	六本木ヒルズ
413	S2	73	9008	2993.7	33.2	北赤羽駅北西側
414	S2	73	1151	32491.4	2822.9	小田急百貨店新宿店
415	S2	73	1618	4806.4	297.1	墨田区押上3丁目　十間橋通り沿い
416	S2	72	7736	3168.5	41	調布市小島町　調布駅南口交差点
417	S2	72	1533	1326	86.5	池ノ上駅
418	S2	72	1086	46345.9	4267.6	日本橋高島屋
419	S2	71	2180	4015.3	184.2	世田谷区深沢　駒沢公園通り沿い
420	S2	71	2844	1419.9	49.9	下板橋駅
421	S2	71	1868	1466	78.5	半蔵門駅北側
422	S2	71	1493	766.1	51.3	三鷹台駅
423	S2	71	1295	1715.5	132.5	鬼子母神前駅
424	S2	70	9374	2980.2	31.8	品川区南大井3・6丁目
425	S2	70	1905	5521.3	289.8	サンシャインシティアルパ
426	S2	70	3540	3972.7	112.2	小川駅
427	S2	69	22799	8935.2	39.2	TOC（五反田）
428	S2	69	11408	2422	21.2	狛江駅南側
429	S2	69	4328	2988.8	69.1	豊洲駅
430	S2	69	856	1739.3	203.2	南千住駅南側
431	S2	69	4293	0	0	武蔵村山市学園3丁目
432	S2	69	9517	1358.3	14.3	足立区本木　本木新道沿い
433	S2	69	760	14681.9	1931.8	有楽町交通会館
434	S2	68	3322	9282	279.4	池袋駅南西側
435	S2	68	1637	16952.1	1035.6	有楽町電気ビル・有楽町ビル
436	S2	68	818	2387.5	291.9	中野区南台3丁目交差点
437	S2	67	6389	2221.1	34.8	白金高輪駅
438	S2	67	14621	4426.5	30.3	花小金井駅東側
439	S2	67	2151	1553.6	72.2	荒川区荒川3丁目　荒川中央通り沿い
440	S2	67	2850	1687	59.2	南阿佐ヶ谷駅東側
441	S2	67	963	1651.6	171.5	東中神駅東側
442	S2	66	1467	42483.8	2896	日本橋駅南側
443	S2	66	959	8813.2	919	新宿マインズタワー
444	S2	66	15004	4162.4	27.7	江戸川区一之江5丁目　くるさぎ通り沿い
445	S2	65	12992	1847.2	14.2	港区西麻布3丁目東側
446	S2	65	897	3776.5	421	蓮根駅北側
447	S2	64	65734	1206.1	1.8	大田区東蒲田2丁目　キネマ通り沿い
448	S2	64	11815	5431.1	46	稲城長沼駅
449	S2	64	1798	3526.4	196.1	花小金井駅西側
450	S2	64	1675	1648.6	98.4	足立区足立1丁目
451	S2	64	2342	2632.5	112.4	永田町駅
452	S2	64	992	28485.6	2871.5	新宿野村ビル
453	S2	64	3462	3356.6	97	落合南長崎駅
454	S2	63	13076	1769.8	13.5	品川区西五反田2丁目南側
455	S2	63	12700	13.6	0.1	南平駅
456	S2	63	2881	654.6	22.7	多磨霊園駅
457	S2	63	3507	4382.8	125	足立区花畑　公団花畑団地
458	S2	63	1035	3461.7	334.5	麹町駅北東側
459	S2	63	13284	3038.4	22.9	三鷹市下連雀　連雀通り沿い

460	S2	62	5483	6377.8	116.3	恵比寿ガーデンプレイス
461	S2	62	8045	2708.7	33.7	柴崎駅
462	S2	62	8141	3547.7	43.6	府中本町駅
463	S2	62	1700	2546.7	149.8	江戸川区東小岩4丁目　柴又街道沿い
464	S2	62	1253	4295.7	342.8	港区北青山3丁目北側　青山通り沿い
465	S2	62	593	4427.7	746.7	新宿アイランドタワー
466	S2	62	1937	1523.9	78.7	小平市学園東町3丁目
467	S2	61	14595	1998.4	13.7	八広駅
468	S2	61	19229	1816.6	9.4	西ヶ原四丁目駅
469	S2	61	3405	1784.1	52.4	東久留米市滝山5丁目　滝山中央通り沿い
470	S2	61	1760	3194.9	181.5	氷川台駅
471	S2	61	918	2062.5	224.7	江東区新大橋1丁目　万年橋通り沿い
472	S2	61	2502	0	0	鷹の台駅
473	S3	60	1625	1360.6	83.7	神谷町駅南側
474	S3	60	1113	1304.7	117.2	築地東京中央卸売市場
475	S3	60	705	871.2	123.6	墨田区立川
476	S3	60	982	7935.4	808.1	新宿住友ビル
477	S3	60	546	1521.8	278.7	台東区今戸2丁目　地方橋通り沿い
478	S3	59	20962	7581.5	36.2	永山駅
479	S3	59	32825	1107.9	3.4	高尾駅東側
480	S3	59	1355	29557.3	2181.3	池袋パルコ
481	S3	59	1544	1163.3	75.3	北区滝野川6丁目中央
482	S3	59	682	3622.3	531.1	アリオ亀有
483	S3	59	5177	9563.5	184.7	東銀座駅南側
484	S3	59	3091	5229.8	169.2	東陽町駅東側
485	S3	58	4950	2445	49.4	世田谷区深沢　駒八通り沿い
486	S3	58	2289	1327.8	58	世田谷区中町4丁目交差点
487	S3	58	3038	0	0	アクアシティお台場
488	S3	58	1798	4190.1	233	北野駅北側
489	S3	58	827	3845.3	465	足立区六木　都営六ツ木町住宅
490	S3	58	6280	4920.1	78.3	水道橋駅北東側
491	S3	58	19407	3172.7	16.3	武蔵野市緑町1丁目
492	S3	58	2193	2148.1	98	葛飾区西新小岩4丁目
493	S3	57	14446	814.2	5.6	聖蹟桜ヶ丘駅西側
494	S3	57	1208	2320	192.1	新宿区高田馬場　小滝橋交差点
495	S3	57	1102	1053.5	95.6	武蔵野市吉祥寺東町2丁目　吉祥寺通り沿い
496	S3	57	622	1789.9	287.8	東大前駅南側
497	S3	56	1620	2960.3	182.7	鶴川駅
498	S3	56	2636	2374.5	90.1	目黒区中央町1丁目東側
499	S3	56	13096	2191.6	16.7	布田駅
500	S3	56	22221	3622	16.3	ヴィータ聖蹟桜ヶ丘
501	S3	56	6146	6297.9		赤羽駅南西側
502	S3	56	1364	3591		新宿区西新宿3丁目　甲州街道沿い
503	S3	56	1452	880.4		国立市西2丁目　富士見通り沿い
504	S3	56	2108	10697.4		ファーレ立川
505	S3	56	1631	1417		曳舟駅東側
506	S3	56	886	1328.7		文京区大塚3丁目交差点
507	S3	55	39380	0		町田市鶴川　鶴川団地交差点
508	S3	55	1278	244.5		足立区興野　本木新道沿い
509	S3	55	4284	4913.8		新宿区下落合4丁目　目白通り沿い
510	S3	54	1208	900.2		大森海岸駅
511	S3	54	2488	2145.4		中央区佃2丁目　佃大橋通り沿い
512	S3	54	745	1082.5		東北沢駅
513	S3	54	1862	3798.1		錦糸町リヴィン
514	S3	53	1705	929.3		大田区北糀谷1丁目・大森南1丁目　産業道路沿い
515	S3	53	6830	2024.8		品川区南品川1・2丁目　宿場通り沿い
516	S3	53	1601	1861.9		港区白金1丁目北西側　四ノ橋通り沿い
517	S3	53	2258	2247.2		浜松町世界貿易センタービル
518	S3	53	3931	1005		中河原駅南側
519	S3	53	981	1858.3		立川市羽衣2丁目交差点
520	S3	52	1830	917.7		品川区大崎2丁目　百反通り沿い
521	S3	52	2679	3410.9		品川駅西側
522	S3	52	4853	2359.8		若林駅
523	S3	51	3954	2565.1		大田区上池台5丁目　学研通り沿い
524	S3	51	3273	2041.4		品川区西大井2丁目
525	S3	51	2781	76.8		世田谷区砧3丁目　世田谷通り沿い

526	S3	51	1227	216.5	京王多摩川駅
527	S3	51	2964	1879.9	板橋区区役所前駅南側
528	S3	51	463	2442.5	青山一丁目駅南側
529	S3	51	1328	8041.4	渋谷区千駄ヶ谷3丁目東側
530	S3	51	1970	906.9	高井戸駅
531	S3	51	633	239.6	市ヶ谷駅西側
532	S3	51	1028	2763.5	中野区本町3丁目　青梅街道沿い
533	S3	50	14137	7849.4	品川区西五反田7・8丁目
534	S3	50	1159	3943.8	サンシャインシティワールドインポートマート
535	S3	50	798	603.8	足立区関原2丁目　関原通り沿い
536	S3	50	1121	1591.2	足立区西新井　第三団地前交差点
537	S3	50	2772	2462.4	江東区東陽4丁目　四ツ目通り沿い
538	S3	50	6623	1164.6	多磨駅
539	S3	50	2565	31216.2	タカシマヤタイムズスクエア新宿
540	S3	50	1614	22254.4	新宿センタービル
541	S3	50	3834	404.9	錦糸町オリナス
542	S3	49	5033	1273.3	豊島区池袋3丁目中央
543	S3	49	1481	568.5	福生駅東側
544	S3	49	913	1581.3	杉並区桃井4丁目交差点
545	S3	48	1713	0	和泉多摩川駅
546	S3	48	5880	536	中河原駅北側
547	S3	48	4915	1889.3	北綾瀬駅
548	S3	48	977	1211.8	江戸川区一之江7丁目　今井街道沿い
549	S3	48	5964	21364.2	新宿エルタワー・スバルビル・朝日生命ビル
550	S3	48	7607	2479.6	西国立駅
551	S3	47	2157	3904.5	大田区中央3丁目　観音通り沿い
552	S3	47	3461	1311.7	文京区本駒込　上富士交差点
553	S3	47	3395	522.1	東村山市本町4丁目
554	S3	47	1228	7559.3	くるる府中・伊勢丹府中店
555	S3	47	482	2454.8	新青山ビル
556	S3	47	1425	3276	丸の内国際ビル
557	S3	47	432	3662.3	西立川駅
558	S3	46	7510	2035.5	目黒区下目黒2・3丁目　山手通り沿い
559	S3	46	15431	2186.5	品川区高輪　二本榎通り沿い
560	S3	46	5501	25.2	日野市多摩平1丁目
561	S3	46	9517	288.1	小平駅南西側
562	S3	46	2523	5248.2	東久留米市前沢4・5丁目　滝山中央通り沿い
563	S3	46	1527	3827.5	板橋区成増3丁目　北口通り沿い
564	S3	46	2462	0	青梅市師岡町4丁目　河辺北大通り沿い
565	S3	46	442	9788	有楽町マリオン
566	S3	46	166	2736.7	台東区北上野1・2丁目
567	S3	45	20359	5128.7	多摩センター三越
568	S3	45	1437	2067.6	目黒区目黒2丁目　目黒通り沿い
569	S3	45	1260	14077.3	葛西リバーサイドモール
570	S3	45	933	3549.4	サンシャイン60
571	S3	45	1625	2827.7	足立区梅島3丁目　旧日光街道沿い
572	S3	45	444	5060.8	赤羽イトーヨーカドー
573	S3	45	4384	1627	足立区竹ノ塚3丁目
574	S3	45	6336	2470.5	大手町ビル
575	S3	45	3967	1654.7	三鷹市下連雀1丁目交差点
576	S3	44	2568	416.5	緑が丘駅
577	S3	44	19959	3438.3	二子玉川駅東側
578	S3	44	672	5014.8	多摩カリヨン館
579	S3	44	2082	0	めじろ台駅
580	S3	44	1896	1382	神谷町駅
581	S3	44	1114	0	中野区江古田2丁目
582	S3	44	1026	925.2	北区王子3丁目・4丁目　北本通り沿い
583	S3	44	1634	1532.9	杉並区和泉1丁目　甲州街道沿い
584	S3	44	658	5761.8	吉祥寺東急百貨店
585	S3	44	1668	143.2	江戸川区南小岩1丁目
586	S3	43	30440	0	首都大学東京南大沢キャンパス
587	S3	43	2919	1884.8	目黒区下目黒2丁目北側
588	S3	43	5240	165.8	狛江市和泉本町
589	S3	43	4650	1369.4	国領駅南側
590	S3	43	5520	0	小平駅南側
591	S3	43	931	1460.3	豊島区池袋本町交差点

592	S3	43	926	3508.7	北区赤羽西1丁目　弁天通り沿い
593	S3	43	1276	1345.3	江東区南砂4丁目　元八幡通り沿い
594	S3	43	774	2726.6	新宿区西新宿3丁目　十二社通り沿い
595	S3	43	1641	2457.7	新宿区西新宿5丁目　青梅街道沿い
596	S3	43	3061	0	西国分寺駅南側
597	S3	42	4027	4772.4	京王堀之内駅
598	S3	42	1917	1423.7	八王子市並木町　甲州街道沿い
599	S3	42	4353	2154.2	飛田給駅
600	S3	42	20959	1109.9	武蔵野台駅
601	S3	42	2360	2162	牛浜駅北側
602	S3	42	8539	1638	東大和市中央　中央通り沿い
603	S3	42	5005	938.8	千住大橋駅
604	S3	42	13804	895.7	北区西ヶ原3・4丁目
605	S3	42	7013	379.2	東大和市清原1丁目
606	S3	42	2755	0	ひばりが丘団地
607	S3	42	3333	2114.8	八王子市大楽寺町　陣馬街道沿い
608	S3	42	588	1903.6	参宮橋駅
609	S3	42	1090	182.8	矢川駅
610	S3	42	1017	6567.7	武蔵境駅南東側
611	S3	41	4645	0	つくし野駅
612	S3	41	925	1242.6	六郷土手駅
613	S3	41	10230	3796.7	世田谷区深沢5丁目　用賀中町通り沿い
614	S3	41	9331	610.9	目黒区下目黒3丁目　目黒不動尊門前通り沿い
615	S3	41	1520	6210.2	八王子東急スクエア
616	S3	41	2106	2021.8	松原駅
617	S3	41	1434	932.4	荒川区南千住2丁目　明治通り沿い
618	S3	41	1289	848.3	豊島園駅北側
619	S3	41	1256	1496.1	福生市加美平　やなぎ通り沿い
620	S3	41	804	847.3	板橋区大谷口北町南側
621	S3	41	1209	4067.7	瑞穂町高根
622	S3	41	415	2090.3	足立区保木間2丁目　日光街道沿い
623	S3	41	443	1020.5	日比谷シティ
624	S3	41	298	53947.9	日本橋三越
625	S3	41	6415	2046.4	中野区本町5丁目　中野通り沿い
626	S4	40	5999	1723.4	大田区東六郷1丁目東側
627	S4	40	10518	1526.9	世田谷区世田谷1丁目　世田谷通り沿い
628	S4	40	10055	1900.8	ダイエー北野店
629	S4	40	1879	827	荒川区荒川4丁目　明治通り沿い
630	S4	40	1229	756.5	東大和市上北台2丁目
631	S4	40	878	2205.7	荒川遊園地駅
632	S4	40	750	1419.9	小作駅西側
633	S4	40	734	1360	赤坂キャピトル東急ホテル
634	S4	40	719	2249.9	船堀駅南側
635	S4	40	1170	2567.1	船堀駅東側
636	S4	40	488	5039.6	丸の内日本ビル
637	S4	40	1373	17803.5	京王百貨店　新宿店
638	S4	40	398	1651.3	杉並区和田　妙法寺東交差点
639	S4	40	502	5832.1	錦糸町アルカキット
640	S4	40	984	3043.3	中野区中央2丁目　大久保通り沿い
641	S4	40	4173	1885.9	中野駅南東側
642	S4	40	4530	1977.8	落合駅
643	S4	39	9700	0	大田区大森東4・5丁目
644	S4	39	10299	6399.1	大田区久が原2丁目
645	S4	39	2196	1041.8	目黒区五本木2丁目　五本木通り沿い
646	S4	39	1096	1111.5	高尾駅北側
647	S4	39	1017	1306.1	勝どき駅
648	S4	39	880	2879.1	練馬区旭丘1丁目　千川通り沿い
649	S4	39	5542	0	東久留米市滝山4丁目　滝山中央通り沿い
650	S4	39	800	1402.6	宮ノ前駅
651	S4	39	618	0	ひばりが丘パルコ
652	S4	39	1667	1845.6	板橋区小豆沢2丁目　小豆沢通り沿い
653	S4	39	3045	4033	板橋区坂下1丁目　中仙道沿い
654	S4	39	513	1228.7	千代田区麹町5丁目　新宿通り沿い
655	S4	39	1306	2481	新宿パークタワー
656	S4	39	661	3977	新宿区北新宿4丁目
657	S4	39	1171	1478.7	武蔵野市中町2丁目北西側

658	S4	39	328	2058.6	文京区小石川　伝通院前交差点
659	S4	38	3128	1162.5	町田市原町田　町田街道沿い
660	S4	38	7588	2094	町田市森野交差点
661	S4	38	944	544.2	大田区南蒲田1丁目　駅前通り沿い
662	S4	38	749	1068.2	大田区西蒲田3丁目　大城通り沿い
663	S4	38	1682	2578.2	鮫洲駅
664	S4	38	920	810.1	大崎駅西側
665	S4	38	785	953.3	目黒区下目黒6丁目　目黒通り沿い
666	S4	38	653	1058.8	目黒区中目黒3丁目　山手通り沿い
667	S4	38	595	184.3	世田谷代田駅
668	S4	38	746	0	あきるのとうきゅう
669	S4	38	1036	796.2	豊島区高松
670	S4	38	2012	1343.9	豊島園駅南側
671	S4	38	1789	780	葛飾区鎌倉3丁目　柴又街道沿い
672	S4	38	286	3364.6	足立区綾瀬3丁目
673	S4	38	294	0	青梅市勝沼　旧青梅街道沿い
674	S4	38	409	1614.2	東陽町駅北西側
675	S4	38	2633	1545.2	江東区南砂1丁目　清洲橋通り沿い
676	S4	38	1946	12627.8	中央区日本橋箱崎町南側
677	S4	38	1972	8461.7	丸の内東京海上ビル
678	S4	38	1221	0	パレスサイドビル（竹橋）
679	S4	37	6823	919.5	大田区西糀谷3丁目
680	S4	37	441	1080.8	世田谷区下馬2丁目　三宿通り沿い
681	S4	37	3950	830.2	新田町ビル
682	S4	37	2342	1200.3	八王子市大横町交差点
683	S4	37	2982	1422.6	世田谷区粕谷　粕谷区民センター通り沿い
684	S4	37	2149	390.4	花小金井駅南側
685	S4	37	4766	175.2	八坂駅西側
686	S4	37	1480	0	羽村駅東側
687	S4	37	4758	1953.7	板橋区蓮根志村　坂下通り沿い
688	S4	37	646	1299.2	日野駅西側
689	S4	37	686	2353.8	東京オペラシティ（初台）
690	S4	37	1530	2580	一之江駅
691	S4	37	1547	108.2	府中市栄町　国分寺街道沿い
692	S4	37	144	741	国立市東2丁目交差点
693	S4	37	4762	1394.5	台東区三筋2丁目
694	S4	36	21938	650	田園調布駅西側
695	S4	36	19339	1360.3	目黒区東山　山手通り沿い
696	S4	36	4717	1214.8	渋谷区東1丁目西側
697	S4	36	2169	1555.5	汐留シティセンター
698	S4	36	760	1040.6	江戸川区東小岩5丁目
699	S4	36	594	1031.2	荒川区役所前駅
700	S4	36	436	0	東大和市新堀1丁目
701	S4	36	2190	716.2	飛鳥山駅
702	S4	36	361	1486.4	箱根ヶ崎駅
703	S4	36	355	1083.2	板橋区志村1丁目　中仙道沿い
704	S4	36	1041	1486.4	瑞穂町箱ヶ崎青梅街道沿い
705	S4	36	416	4064.3	足立区西新井本町2丁目　江北バス通り沿い
706	S4	36	354	1530.3	六本木アークヒルズ
707	S4	36	5200	0	府中市晴見町1丁目
708	S4	36	346	1199.3	代々木駅南側
709	S4	36	773	776.2	中野区東中野1丁目　裁判所通り沿い
710	S4	35	6226	0	サンスクエア聖蹟桜ヶ丘
711	S4	35	3449	959.6	世田谷区代沢3丁目　淡島通り沿い
712	S4	35	796	356	六本木泉ガーデンタワー
713	S4	35	484	0	葛飾区立6丁目
714	S4	35	843	731.7	足立区千住緑町　ゆうやけ通り沿い
715	S4	35	481	553.3	足立区江北2丁目　江北中通り沿い
716	S4	35	382	1085.7	葛飾区南水元1丁目
717	S4	35	4364	0	東府中駅南側
718	S4	35	747	1103.4	江東区牡丹3丁目
719	S4	35	1206	470	市ヶ谷駅北側
720	S4	35	1519	791	南阿佐ヶ谷駅西側
721	S4	35	2483	1530.4	中野区西落合1・2丁目
722	S4	34	4144	1258.1	大田区大森北4丁目南東側
723	S4	34	7530	2203.2	目黒区鷹番1丁目　唐が崎通り沿い

724	S4	34	1006	2385.5	泉岳寺駅北側
725	S4	34	549	4180.7	世田谷区桜3丁目東側　世田谷通り沿い
726	S4	34	1405	2205.7	港区三田4丁目　国道1号沿い
727	S4	34	1538	6763.4	渋谷区南平台町　玉川通り沿い
728	S4	34	652	1008.7	北区田端5丁目　田端高台通り沿い
729	S4	34	687	848.8	北池袋駅
730	S4	34	339	832.1	葛飾区堀切7丁目
731	S4	34	555	871.2	武蔵村山市本町　青梅街道沿い
732	S4	34	682	1497.9	北区豊島1丁目
733	S4	34	973	2301	足立区新田3丁目
734	S4	34	724	1898.4	志茂駅
735	S4	34	670	2188.8	足立区江北7丁目
736	S4	34	1072	361.2	船堀駅西側
737	S4	34	570	0	杉並区高井戸西　高井戸北陸橋南側
738	S4	34	1807	976.3	三鷹市下連雀　北浦交差点
739	S4	34	1110	797.8	中野区中央1丁目　青梅街道沿い
740	S4	34	1457	2391.4	錦糸町駅南東側
741	S4	34	351	3440.5	江戸川区松島1丁目　千葉街道沿い
742	S4	34	898	4050.7	ラクーア後楽園
743	S4	34	7365	278.8	武蔵野市吉祥寺本町4丁目　五日市街道沿い
744	S4	34	73	768.5	文京区水道1・2丁目
745	S4	34	893	706.9	江戸川橋駅北側
746	S4	34	1132	678.2	昭島市中神町
747	S4	34	3105	2626.6	台東区上野7丁目　上野かっぱ橋通り沿い
748	S4	34	2052	1186.6	江戸川区南小岩2丁目　みなみ商店街
749	S4	34	1242	1493.1	文京区目白台2丁目　不忍通り沿い
750	S4	33	5662	368.3	大田区西蒲田1丁目南側
751	S4	33	2793	2002.2	世田谷区瀬田交差点
752	S4	33	1865	560.9	港区白金1丁目　大久保通り沿い
753	S4	33	2805	0	京王百貨店　聖蹟桜ヶ丘
754	S4	33	1851	453.3	港区南麻布5丁目　外苑西通り沿い
755	S4	33	1354	1042.9	調布市八雲台1丁目　三鷹通り沿い
756	S4	33	3861	2884.5	六本木ヒルズレジデンス
757	S4	33	693	1616.7	足立区千住旭町南側
758	S4	33	712	1849.2	練馬春日町駅
759	S4	33	577	2011.1	板橋区東新町2丁目
760	S4	33	288	5285.3	平和台駅北側
761	S4	33	854	1589.5	北区神谷2丁目
762	S4	33	328	6451.3	志村三丁目駅
763	S4	33	376	534.4	四ッ谷駅東側
764	S4	33	1110	4364.5	センチュリーハイアット・第一生命ビル（新宿）
765	S4	33	623	2356.7	ヒルトン東京（新宿）
766	S4	33	500	933.2	飯田橋駅北側
767	S4	33	670	2609.3	文京区小石川4丁目交差点
768	S4	33	923	461.1	新小岩駅東側
769	S4	32	24750	4574.1	イトーヨーカドー南大沢店
770	S4	32	7532	14215.8	深川ギャザリア
771	S4	32	9707	412.5	江戸川区上一色2丁目　会館通り沿い
772	S4	32	1918	1483.1	墨田区東向島4丁目　明治通り沿い
773	S4	32	4144	674	文京区千石　江戸橋通り沿い
774	S4	32	3867	7134.5	池袋駅西側
775	S4	32	2363	1234.5	玉川上水駅
776	S4	32	428	0	東大和市上北台3丁目　村山東団地交差点
777	S4	32	3025	1881.8	東村山市青葉町2丁目
778	S4	32	839	944	練馬区土支田　土支田通交差点
779	S4	32	913	271.1	足立区西新井本町　本木新道沿い
780	S4	32	766	2601.2	西新井駅東側
781	S4	32	573	797.6	江東区牡丹1丁目　清澄通り沿い
782	S4	32	486	1429.4	府中市府中1丁目北側
783	S4	32	669	2230.4	丸の内新東京ビル
784	S4	32	385	0	船堀駅北側
785	S4	32	226	948.7	渋谷区本町　方南通り沿い
786	S4	32	3089	4232.2	新宿NSビル
787	S4	32	2612	1217.6	中野富士見町駅
788	S4	32	446	1649	杉並区成田東1丁目　五日市街道沿い
789	S4	32	1641	0	新小金井駅北側

790	S4	32	375	5003.9	武蔵野市境南町2丁目南側
791	S4	32	2921	595.8	武蔵野市吉祥寺南町3丁目　井の頭通り沿い
792	S4	32	751	1891.1	文京区白山1丁目　白山通り沿い
793	S4	31	4506	2489.3	町田市木曽町東側
794	S4	31	4071	702.8	戸越駅南側
795	S4	31	13158	2983	大崎ニューシティ
796	S4	31	1114	1607.8	世田谷区野沢　龍雲寺交差点
797	S4	31	6374	7263.5	タウンズ八王子（狭間）
798	S4	31	30034	795.1	調布市国領町4丁目　狛江通り沿い
799	S4	31	1337	0	ららぽーと豊洲
800	S4	31	3008	2434.1	晴海アイランドトリトンスクエア
801	S4	31	1966	6794.9	東急百貨店東横店
802	S4	31	871	162.7	豊田駅南側
803	S4	31	1910	24.6	港区麻布台　飯倉片町交差点東側
804	S4	31	538	3067.8	八王子市大和田町6丁目
805	S4	31	741	2229.3	板橋区幸町
806	S4	31	565	5386.9	リヴィンオズ（大泉学園）
807	S4	31	448	1028.2	板橋区大和町
808	S4	31	289	473.2	北区上十条1丁目　本郷通り沿い
809	S4	31	1189	821.4	東久留米駅西側
810	S4	31	937	1853.1	板橋区宮本町　イナリ通り沿い
811	S4	31	918	2579.4	成増駅北側
812	S4	31	264	0	青梅市河辺町9丁目
813	S4	31	807	0	青梅市野上町　河辺駅北入口交差点
814	S4	31	388	771.6	日比谷シティフコク生命
815	S4	31	1638	8454.1	江東区南砂6丁目　トピレックプラザ
816	S4	31	724	7728.2	新有楽町ビル
817	S4	31	333	12806.1	新宿ルミネ
818	S4	31	252	1435.7	新宿区市谷台町
819	S4	31	220	554.6	新宿区市谷薬王寺町
820	S4	31	267	2571.1	杉並区南荻窪1丁目　環八通り沿い
821	S4	31	1685	245.3	杉並区高円寺北4丁目　早稲田通り沿い
822	S4	31	1850	679.9	文京区音羽1丁目　音羽通り沿い
823	S4	30	10698	825	品川区二葉1丁目　三間通り沿い
824	S4	30	1590	1023.8	目黒区目黒本町4丁目南西側
825	S4	30	1592	868	高輪台駅西側
826	S4	30	3535	640.9	狛江市東和泉　狛江三叉路交差点
827	S4	30	3035	1073.5	港区白金台5丁目北側　プラチナ通り沿い
828	S4	30	1180	415.1	世田谷区三軒茶屋2丁目西側　世田谷通り沿い
829	S4	30	807	1435.2	渋谷区桜丘町南側
830	S4	30	886	758.7	勝どきサンスクエア
831	S4	30	602	5748	八王子市大和田町5丁目　甲州街道沿い
832	S4	30	550	1052.7	あきる野市五日市西側
833	S4	30	293	748.5	江戸川区西小岩3丁目　奥戸街道沿い
834	S4	30	571	432.1	板橋区大谷口北町北側
835	S4	30	909	1455	足立区東綾瀬1丁目
836	S4	30	1421	0	足立区青井　兵和通り西側
837	S4	30	247	2689.5	西新井サティ
838	S4	30	6149	2073.7	足立区椿2丁目
839	S4	30	219	1861.5	葛飾区南水元4丁目
840	S4	30	2280	1421.6	足立区花畑1丁目
841	S4	30	592	746.7	日比谷シティ日比谷国際ビル
842	S4	30	5785	1244.7	杉並区和泉1丁目　和泉通り沿い
843	S4	30	2174	0	府中市新町1丁目交差点
844	S4	30	861	1613.3	江東区江東橋5丁目　新大橋通り沿い
845	S4	30	1354	3967.7	新宿三井ビル
846	S4	30	1915	1660.3	亀戸サンストリート
847	S4	30	631	0	東小金井駅北側
848	S4	29	283	46.6	大田区羽田6丁目　弁天橋通り沿い
849	S4	29	1402	526.1	大田区田園調布1丁目　六間通り沿い
850	S4	29	1411	1652.6	世田谷ビジネススクエア（用賀）
851	S4	29	1462	2215.5	高輪台駅東側
852	S4	29	491	1864.2	世田谷区太子堂　淡島通り沿い
853	S4	29	847	3466.6	池尻大橋駅北側
854	S4	29	278	891.5	八王子市上野町　国道16号沿い
855	S4	29	221	5826.4	東急百貨店本店（渋谷）

856	S4	29	270	2534.9	六本木駅南側
857	S4	29	1481	1253	カレッタ汐留
858	S4	29	1866	612.2	荒川区東尾久２丁目
859	S4	29	234	1826.8	平和台駅南側
860	S4	29	3598	808.1	足立区江北４丁目　江北バス通り沿い
861	S4	29	719	1149.4	清瀬市松山２丁目
862	S4	29	1730	0	ジャスコ西葛西店
863	S4	28	2290	14253.3	羽田空港西旅客ターミナル
864	S4	28	2332	1091.5	大田区矢口２丁目
865	S4	28	2377	929	ウィング高輪
866	S4	28	1338	561.8	狛江市中和泉５丁目
867	S4	28	1641	405.2	駒場東大前駅
868	S4	28	2761	1243.2	台東区根岸５丁目・竜泉　金杉通り沿い
869	S4	28	1937	1430.3	新江古田駅
870	S4	28	904	1493.9	牛浜駅南側
871	S4	28	1714	0	福生市志茂　新奥多摩街道沿い
872	S4	28	538	1002.8	北区東田端２丁目
873	S4	28	438	482.3	西友福生店
874	S4	28	705	1304.6	練馬区大泉学園町　北園交差点
875	S4	28	213	981.4	足立区綾瀬２丁目
876	S4	28	777	790.4	練馬区田柄１丁目東側
877	S4	28	199	82.2	清瀬市竹丘１丁目　竹丘団地
878	S4	28	536	3087.7	有楽町駅北側
879	S4	28	1947	952	赤坂エクセル東急ホテル
880	S4	28	305	1969.6	信濃町駅
881	S4	28	415	822.9	杉並区大宮　大宮八幡前交差点
882	S4	28	718	508.2	江戸川区東小松川３丁目　船堀街道沿い
883	S4	28	181	1915.1	江東区亀戸７丁目　亀七通り沿い
884	S4	28	9087	1115.3	杉並区高円寺北　高円寺陸橋下交差点
885	S4	28	115	967.3	西国分寺駅北側
886	S4	28	140	866.2	墨田区東駒形２丁目
887	S4	28	960	559.4	中野区野方１丁目　早稲田通り沿い
888	S4	28	829	1411	文京区春日２丁目　春日通り沿い
889	S4	28	2447	821.8	護国寺駅
890	S4	27	3876	1058	大田区大森北６丁目北側
891	S4	27	1257	1718	大崎広小路駅
892	S4	27	1769	2205.2	世田谷区新町２丁目東側
893	S4	27	1646	332	目黒区上目黒５丁目　三宿病院入口交差点
894	S4	27	644	1557	渋谷区恵比寿３丁目西側
895	S4	27	2614	0	ライフタウン国領
896	S4	27	659	625.8	世田谷区代沢１丁目　淡島通り沿い
897	S4	27	1076	1141.7	勝どき駅西側
898	S4	27	279	711	台東区三ノ輪１丁目　土手通り沿い
899	S4	27	342	848.9	台東区三ノ輪１丁目　三ノ輪交差点
900	S4	27	3696	1217.5	豊島区長崎２丁目北側
901	S4	27	443	116	東久留米市中央町２・６丁目
902	S4	27	322	0	羽村駅西側
903	S4	27	1206	739.6	北区豊島３丁目
904	S4	27	675	1083.8	足立区島根３丁目　旧日光街道沿い
905	S4	27	904	4778.3	板橋区坂下　志村坂下交差点
906	S4	27	149	2668.1	足立区東伊興１丁目　中央通り沿い
907	S4	27	154	927.6	杉並区成田東２丁目　五日市街道沿い
908	S4	27	3126	2445.2	千代田区神田須田町２丁目　万世橋
909	S4	27	125	3752.9	武蔵野市境南町２丁目東側
910	S4	27	130	844.4	江戸川区松島４丁目　松島通り沿い
911	S4	27	2117	607.8	武蔵野市西久保３丁目
912	S4	27	970	1735.5	立川市栄町２丁目　立川通り沿い
913	S4	26	14196	2529.5	町田市小川　町田街道沿い
914	S4	26	1219	3716.5	ラフェット多摩南大沢
915	S4	26	8690	426.6	目黒区祐天寺１丁目　駒沢通り沿い
916	S4	26	2157	2091.1	港区白金光林寺交差点
917	S4	26	1573	1152.4	世田谷区代沢４丁目
918	S4	26	1603	738.7	調布市柴崎１丁目南側
919	S4	26	947	1719	御成門駅北側
920	S4	26	1878	1050.6	豊島区西池袋４丁目東側
921	S4	26	360	610.1	田端駅東側

資料　　171

922	S4	26	702	1262.7	板橋区熊野町
923	S4	26	3491	1452.8	板橋区小茂根　環七通り沿い
924	S4	26	788	1133.5	板橋区氷川町　山手通り沿い
925	S4	26	340	758	北区豊島2丁目　溝田橋交差点
926	S4	26	371	1123.4	練馬区北町3丁目　川越街道沿い
927	S4	26	382	0	足立区青井　兵和通り東側
928	S4	26	506	2422.9	板橋区徳丸　不動通り沿い
929	S4	26	423	280.8	板橋区赤塚3丁目
930	S4	26	712	4401.9	足立区中央本町4丁目
931	S4	26	265	1659.1	西台駅南側
932	S4	26	221	580.4	足立区花畑5丁目
933	S4	26	628	449.3	東陽町駅南西側
934	S4	26	161	1664.4	杉並区和泉　和泉仲通り沿い
935	S4	26	2709	851.4	江戸川区船堀2丁目
936	S4	26	2046	3275.7	新大手町ビル
937	S4	26	1526	910.8	中野区南台交差点
938	S4	26	1820	1156.3	江戸川区西小松川町　今井街道沿い
939	S4	26	2057	539.3	国立市光町1丁目
940	S4	26	1369	1358.5	水道橋駅北側
941	S4	25	353	1575.3	大田区南馬込5丁目東側
942	S4	25	8716	900.7	品川区東大井　見晴らし通り沿い
943	S4	25	1162	2849.3	イトーヨーカドー丘の上プラザ（多摩センター）
944	S4	25	1448	1320.6	調布市布田1丁目　調布ヶ丘交差点
945	S4	25	1271	481.4	港区六本木　飯倉片町交差点西側
946	S4	25	2283	728	八王子市元本郷町
947	S4	25	2538	1240.2	文京区千駄木1丁目　団子坂
948	S4	25	1599	359	田無駅西側
949	S4	25	1678	0	小平駅南東側
950	S4	25	904	938	江戸川区北小岩1丁目　蔵前橋通り沿い
951	S4	25	545	2542.9	小平駅北側
952	S4	25	1634	0	荒川区南千住8丁目　都営南千住八住宅
953	S4	25	443	0	練馬高野台駅
954	S4	25	590	881.6	ムーブ町屋
955	S4	25	317	0	北千住駅北側
956	S4	25	234	318.3	足立区宮城1丁目・小台2丁目
957	S4	25	207	311.3	足立区綾瀬5丁目
958	S4	25	223	3695.5	府中市本町1丁目北側
959	S4	25	790	2549.9	丸の内三井ビル
960	S4	25	984	1183.6	紀尾井町ビル
961	S4	25	226	649.8	三鷹市牟礼2丁目交差点
962	S4	25	130	597.1	曙橋駅東側
963	S4	25	113	3190.9	秋葉原UDX
964	S4	25	575	0	国分寺市富士本1丁目
965	S4	25	19	520.7	江戸川区松島3丁目　江戸信横町沿い
966	S4	25	451	656.4	恋ヶ窪
967	S4	25	570	643.6	杉並区阿佐谷北4丁目　早稲田通り沿い
968	S4	25	1099	1117.3	台東区東上野5丁目
969	S4	25	771	129.8	文京区目白台3丁目交差点
970	S4	25	481	597.1	西東京市柳沢　関前橋交差点
971	S4	24	2806	535.7	大田区新蒲田2丁目　宮元通り沿い
972	S4	24	8627	7558.1	流通センター
973	S4	24	2204	746.3	立会川駅東側
974	S4	24	531	520.8	品川区大井5丁目　滝王子通り沿い
975	S4	24	1752	4112.2	若葉台駅
976	S4	24	22888	652.3	天王洲アイルシーフォートスクエア
977	S4	24	2376	796.3	品川プリンスホテル
978	S4	24	1000	5623.4	狭間駅
979	S4	24	932	2266.5	江東区辰巳1丁目　都営辰巳1丁目アパート
980	S4	24	1327	0	国領駅北側
981	S4	24	1829	0	是政駅
982	S4	24	727	2097.8	六本木ヒルズ森タワー
983	S4	24	402	516.9	葛飾区西新小岩3丁目
984	S4	24	303	2253.2	豊島区西池袋　池袋警察前交差点
985	S4	24	326	760.7	豊島区千早1丁目
986	S4	24	399	1279.7	福生市北田園1丁目
987	S4	24	753	480	北区田端新町1丁目　むつみ通り沿い

988	S4	24	317	535.7	豊島区池袋3・4丁目北側
989	S4	24	298	0	西東京市北原町1丁目北側
990	S4	24	263	0	イトーヨーカドー東久留米店
991	S4	24	248	547.6	東久留米駅南側
992	S4	24	597	1002.2	板橋区清水町西側
993	S4	24	185	0	西新井駅北東側
994	S4	24	1560	0	青梅市河辺町10丁目
995	S4	24	697	673	府中市美好町1丁目西側　甲州街道沿い
996	S4	24	763	1150	江東区南砂5丁目　亀高橋交差点
997	S4	24	1228	1672.8	丸の内新国際ビル
998	S4	24	178	7975.5	中央区日本橋箱崎町中央
999	S4	24	126	5344.2	丸の内センタービル
1000	S4	24	130	1317.6	大手町ファーストスクエア
1001	S4	24	136	259.6	江戸川区江戸川1丁目　エトワールモール
1002	S4	24	603	612.4	三鷹市下連雀7丁目交差点
1003	S4	24	167	1076.2	錦糸町アルカイースト
1004	S4	24	1718	739.5	杉並区梅里2丁目　青梅街道沿い
1005	S4	24	3747	560.7	立川市富士見町2丁目
1006	S4	24	430	722.7	中野区東中野5丁目西側
1007	S4	24	505	3486.8	墨田区立花4丁目　平井街道沿い
1008	S4	24	1179	588.2	都電早稲田駅北側
1009	S4	24	639	745.8	文京区目白台2丁目交差点
1010	S4	24	1943	440.2	文京区向丘2丁目　目医大つつじ通り沿い
1011	S4	23	5669	1214.3	町田市金森　町田街道沿い
1012	S4	23	8955	4670.1	丸井町田店・ヨドバシカメラ町田店
1013	S4	23	4424	2762.4	町田市森野　町田市民病院入口交差点
1014	S4	23	2541	225.1	大田区大森南1丁目東側
1015	S4	23	709	912.9	大田区中央6-8丁目　池上通り沿い
1016	S4	23	226	1347.1	沼部駅
1017	S4	23	3713	1215.8	町田市能ケ谷町
1018	S4	23	1324	493.4	品川区二葉1・2丁目　三間通り沿い
1019	S4	23	7622	2213.2	ゲートシティ大崎
1020	S4	23	1297	1757.2	パシフィックホテル東京（品川）
1021	S4	23	2464	1208.6	世田谷区上馬　駒留陸橋交差点
1022	S4	23	1139	3284.8	世田谷区桜3丁目西側　世田谷通り沿い
1023	S4	23	1092	0	グルメシティ高尾店
1024	S4	23	914	1099.5	聖蹟桜ヶ丘駅南側
1025	S4	23	414	267.3	港区元麻布　愛育病院前交差点
1026	S4	23	537	0	調布市仙川町1丁目西側
1027	S4	23	2580	744.3	台東区竜泉2丁目交差点
1028	S4	23	700	807.1	あきる野市五日市東側
1029	S4	23	346	698	要町駅東側
1030	S4	23	928	773	西巣鴨駅
1031	S4	23	334	1046.3	荒川区西尾久5丁目
1032	S4	23	588	820.9	ゆめりあタワー（大泉学園）
1033	S4	23	360	780.2	板橋区弥生町南側
1034	S4	23	502	331.2	板橋区大谷口北町中側
1035	S4	23	277	0	北区王子本町2丁目　本郷通り沿い
1036	S4	23	403	429.6	板橋区常盤台3丁目　前野中央通り沿い
1037	S4	23	551	1424.1	リリオ亀有
1038	S4	23	566	656.7	アルカード赤羽
1039	S4	23	166	1467.7	板橋区高島平1丁目東側
1040	S4	23	343	1165.7	足立区鹿浜7丁目
1041	S4	23	501	0	奥多摩町氷川　日原街道入口交差点
1042	S4	23	1046	1789.1	聖路加タワー
1043	S4	23	179	819	江東区東砂8丁目
1044	S4	23	1506	601	江東区木場2丁目　永代通り沿い
1045	S4	23	676	0	霞ヶ関ビル
1046	S4	23	298	1088.9	千代田区麹町4丁目　新宿通り沿い
1047	S4	23	175	1642.5	新宿区西新宿6丁目　公園通り沿い
1048	S4	23	522	0	新小金井駅南側
1049	S4	23	3872	681.4	中野坂上駅東側
1050	S4	23	138	1089.4	杉並区梅里1丁目　青梅街道沿い
1051	S4	23	84	1688.5	小金井市貫井北町2丁目
1052	S4	23	677	1019	新宿区新小川町
1053	S4	23	94	226.1	江戸川区上篠崎　鹿骨街道沿い

1054	S4	23	992	440.3	墨田区向島1丁目　三ツ目通り沿い
1055	S4	23	812	487.9	中野区上高田　上高田本通り沿い
1056	S4	23	1267	0	イオン昭島ショッピングセンター
1057	S4	22	8294	3124.9	町田市小川　町谷原交差点
1058	S4	22	7524	11199	羽田空港東旅客ターミナル
1059	S4	22	17532	590.7	大田区新蒲田3丁目
1060	S4	22	3781	2041.9	町田市山崎町　町田山崎団地
1061	S4	22	2278	768.9	大田区山王1丁目北側
1062	S4	22	1365	287.1	品川区二葉2丁目　三間通り沿い
1063	S4	22	8329	3144.7	八王子市南大沢交差点
1064	S4	22	1280	967	世田谷区等々力3丁目　用賀中町通り沿い
1065	S4	22	1033	5843.1	品川シーサイドフォレスト
1066	S4	22	1312	1431.2	泉岳寺駅南側
1067	S4	22	981	549.9	港区六本木6丁目交差点
1068	S4	22	524	184.3	新代田駅
1069	S4	22	904	543.6	西東京市南町1丁目
1070	S4	22	1253	678.3	杉並区井草　旧早稲田通り沿い
1071	S4	22	479	687.5	豊島区西池袋4丁目　霜田橋交差点
1072	S4	22	2019	1190.4	文京区本駒込6丁目　不忍通り沿い
1073	S4	22	409	1722.4	豊島区要町2丁目　要町通り沿い
1074	S4	22	500	5928	武蔵村山市伊奈平
1075	S4	22	2690	4909.9	イトーヨーカドー東大和店
1076	S4	22	278	616.6	足立区千住　千住警察入口交差点
1077	S4	22	3134	444.2	北区王子本町1丁目南側
1078	S4	22	351	1819.1	足立区千住　いろは通り沿い
1079	S4	22	285	311.1	東村山市野口町
1080	S4	22	336	489	葛飾区亀有4丁目北西側
1081	S4	22	505	6616.8	葛飾区新宿4丁目　都営新宿住宅
1082	S4	22	555	413.9	板橋区成増1丁目南側
1083	S4	22	144	586.2	足立区保塚町
1084	S4	22	448	2610.5	西台駅東側
1085	S4	22	379	917.5	新高島平駅
1086	S4	22	967	2784.4	浮間舟渡駅
1087	S4	22	411	338.7	足立区舎人1丁目交差点
1088	S4	22	885	846.5	日野市日野台交差点
1089	S4	22	6831	591	府中市美好町1丁目東側　甲州街道沿い
1090	S4	22	80	615.2	江東区深川2丁目　清澄通り沿い
1091	S4	22	8576	512.5	渋谷区幡ヶ谷3丁目　六号坂通り沿い
1092	S4	22	329	1905.9	三鷹市新川6丁目
1093	S4	22	214	0	府中市晴見町3丁目
1094	S4	22	328	1228.5	三鷹市牟礼　牟礼団地交差点
1095	S4	22	2158	1441.4	江東区亀戸7丁目東側
1096	S4	22	423	695.4	新宿区北新宿2丁目
1097	S4	22	577	2808	千代田区外神田4丁目　中央通り沿い
1098	S4	22	724	178.2	江東区太平4丁目　蔵前橋通り沿い
1099	S4	22	773	391.1	江戸川橋駅北東側
1100	S4	21	426	0	町田市木曽町　町田街道沿い
1101	S4	21	5085	1930.7	町田市木曽町　境川団地北口交差点
1102	S4	21	1320	746.7	大田区山王2丁目　ジャーマン通り沿い
1103	S4	21	1901	24.1	大田区中馬込2・3丁目　第二京浜沿い
1104	S4	21	3595	1232.4	相原駅
1105	S4	21	1705	871.5	品川区東品川1丁目
1106	S4	21	11008	531.3	品川インターシティ
1107	S4	21	1109	415	世田谷区弦巻　弦巻通り沿い
1108	S4	21	4641	1927.3	矢野口駅
1109	S4	21	1120	697.3	世田谷区下馬1丁目交差点
1110	S4	21	974	2202.7	山田駅
1111	S4	21	1310	563.1	港区白金1丁目南西側　四ノ橋通り沿い
1112	S4	21	1060	1778.8	三軒茶屋駅キャロットタワー
1113	S4	21	482	6835.8	港区芝浦1丁目
1114	S4	21	576	471.2	田町森永プラザ
1115	S4	21	724	1517.1	八王子市北野町　協同組合総合卸売センター
1116	S4	21	414	750.2	芝公園駅南側
1117	S4	21	404	1767.2	港区浜松町1丁目北側
1118	S4	21	259	0	拝島駅北側
1119	S4	21	392	1053.2	中野区西落合3丁目　南西側

1120	S4	21	1195	481.9	西東京市柳沢1丁目東側
1121	S4	21	288	1165.3	練馬区貫井2丁目
1122	S4	21	219	0	福生市福生中央部
1123	S4	21	103	0	西東京市谷戸2・3丁目
1124	S4	21	491	990.5	板橋区大谷口1丁目
1125	S4	21	124	1215.3	練馬区早宮　早三東通り沿い
1126	S4	21	223	345.3	葛飾区小菅2丁目　小菅中央通り沿い
1127	S4	21	525	3432.1	イズミヤ板橋店（板橋区前野町）
1128	S4	21	499	380.3	赤坂レジデンシャルホテル
1129	S4	21	169	1770.3	江戸川区北葛西4丁目　行船公園交差点
1130	S4	21	1187	336.1	江東区牡丹2丁目
1131	S4	21	1136	3441.5	江東区南砂2丁目　公社南砂住宅
1132	S4	21	611	1214	宝町駅東側
1133	S4	21	322	823.7	千駄ヶ谷駅南側
1134	S4	21	168	2804.2	南新宿駅北側
1135	S4	21	475	622.7	新宿区左門町　外苑東通り沿い
1136	S4	21	166	2777.4	新宿モノリス
1137	S4	21	111	347.1	杉並区松ノ木　松ノ木八幡通り沿い
1138	S4	21	308	730	東大島駅西側
1139	S4	21	1072	0	東大島駅東側
1140	S4	21	494	764	武蔵境駅北西側
1141	S4	21	858	795.8	東中神駅南西側
1142	S4	21	830	2501.9	メトロエム後楽園
1143	S4	21	1081	519	新宿区早稲田鶴巻町西側

索 引

アルファベット

CAMEO 90
CG 49
GMAP 社 87, 88, 90, 92, 94
MAUP 30
MLE 99, 104, 150
OLS 法 98, 99, 104, 110, 111
SIM 95
TG 49

い

1 キロメッシュ 3
1 次商圏 45, 84, 85
一時通行者 11, 12
一戸建て 21, 128-131, 134-136, 138, 139, 143
一方通行道路 66-68, 75
移転効果 41, 42
移動時間 2, 39, 97, 105, 107, 175
移動シミュレーション 55
移動パターン 52, 54, 55, 57, 58
因子分析 127, 129
インパクト分析 97, 108

う

ウエイト 43, 44, 73, 79, 80, 88
売上効率 44, 105-107, 109, 111, 176
売上高 37, 38, 44, 111, 121
売上予測 97, 105, 107, 110, 146
売場面積 42-44, 46-48, 96

え

営業成績 43-45
駅勢圏 52-59
駅勢圏の設定方法 52, 53, 57
駅利用推定人口数 53-56, 59
駅利用数法 57
駅利用率 53, 54, 59
駅利用率法 53, 54
遠郊 133, 134, 139
円バッファ 7

お

大型施設障害 65
大型スーパーマーケット 91, 93, 94
重み 19, 43, 73, 74, 79-81, 84-86, 88, 89, 91-93, 114, 129
重み値 80, 81, 84, 85, 89, 91, 92
重み付け 88, 89, 91, 93

か

カーディーラー 74, 76-78
外縁地域 87, 88, 91, 92
回帰関係 26, 28
回帰係数 99, 110
回帰式 29, 97, 98, 103
回帰直線 28
回帰法 98, 99, 102-104, 111
階級区分図 5-7, 9, 18, 19, 54, 55
街区 2, 17-21, 24
解空間 112, 119, 123
階次 49-52, 59
外生変数 113
階層クラスター分析 129, 131
階層水準 49-52
買物流動 95, 99, 100, 102, 107, 110, 111
買物流動データ 102, 111
買物流動予測 99, 102
価格の差別化 41, 42
核心地域 87, 88, 92
学生の割合 90, 91
家計調査報告 21
河川障害 63
河川の障害度 63, 64, 68
可変的地域単位問題 3, 30
管轄区域 112
完全性 18
管理・専門職 129

き

幾何平均 98, 99, 103, 104, 111
既存店舗 37, 45, 49, 94
期待店舗利用数 80, 81
基盤地図情報ダウンロードサービス 64, 69
基本単位区 10, 17-21, 24
基本単位区中心点 18, 24
キャリブレーション 98-105, 111
狭隘道路 66-68, 75, 78
境界ファイル 4, 5, 10
供給の地理 46
供給比 48, 88, 92, 94
供給比率 48

競合 9, 37, 39, 40, 42, 45-49, 72, 79, 84-88, 91, 92, 94, 105, 112
競合環境 37, 45, 47-49, 72, 84, 85, 91
競合店舗 39, 40, 45-48, 84, 85, 91, 94
峡小集客圏 17-21
競争手段 41
共同住宅 128-131, 134-136, 138, 139, 143, 155
居住地基本ゾーン 53, 54, 57, 58
居住地区 2, 9, 47, 48, 66, 90, 93, 95-98, 102-105, 107, 111, 126-131, 134-143, 145, 177
居住地区タイプ 90, 93, 136, 138-143
居住地区プロファイル 141, 143
居住地区分類 90, 127, 128, 134-136, 141
居住地区分類図 134-136, 141
距離重み競合店舗数 84, 85
距離重み人口数 79, 81, 86
距離重み値 85
距離行列 8, 9, 47, 48, 117, 118, 129
距離圏 2, 6-9, 68, 79-81, 84, 85, 115, 131-134, 141
距離逓減関数 80, 96, 97
距離逓減率 80
距離抵抗 39, 96, 97, 99, 100, 108, 150
距離抵抗係数 97, 99, 100, 108, 150
距離の効率性 113, 114
距離の平等性 114
近郊 132, 134, 139, 141, 143
均衡因子 97

く

空間競争 37, 40, 41
空間集計 21, 22, 30
空間集計レベル 21, 22
空間需要曲線 38, 39
空間需要曲面 39
空間スケール 2, 3, 5, 17, 30
空間的効率性 121-123
空間的相互作用モデル 67, 68, 95, 97, 104, 105, 107-109, 146
空白地区 65
クラスターの解釈 127
クラスター分析 127, 129, 131
クリスタラー 41, 146
クリップ 7, 9, 18, 24, 55, 89

け

計画法 116
経済指標 31-33
経済水準 28-31, 138-140, 178
経済属性 25-27, 30, 31
係数 26, 28-30, 59, 80, 97-108, 110, 111, 149-152, 178, 179, 182, 186

経費 37-40
決定係数 26, 28, 29, 80, 103

こ

郊外 52, 82, 87, 88, 93, 106, 108, 133, 134, 139, 178
公共施設 112
格子点 55
降車客 52, 57
交通状況 73, 74, 76, 77
交通条件 66, 68
交通発生源 49
交通費 38-40
交通量 60-62, 73-78
購入費 38
勾配係数 28
小売シナジー 88, 92-94
小売パーク 94
小売モデル 95-105, 111, 149, 150
高齢者 13, 129-131, 134-136, 138, 139, 143
顧客発生源 49, 72
国勢調査 3-6, 10-15, 17, 19, 22, 24, 83, 126-128, 138, 142, 144, 146, 153
個体（世帯）レベル 25, 27, 28, 30
固定費 38
500m メッシュ 3
固有値 129, 131
コンビニエンスストア 6, 17, 19-21, 37-40, 45, 74, 76, 86-88, 90-92, 110

さ

サービス圏 112
サービス施設 112
最高評価点 77, 78, 88, 89, 91, 92, 94
最小化 98, 104, 113-115, 119, 121
彩色表示 6, 36, 49, 121
最大被覆問題 115, 124-126
最短経路 8, 9, 47, 55, 56, 58, 59, 61, 62, 66, 67
最短経路探索 66
最長移動距離 114
最長移動距離の最小化 114
サイト 72
細分化 34-36
最尤キャリブレーション 100, 101
最尤推定 99, 150
最尤法 98, 99, 104
最良推定 99, 100, 149, 151
3世代世帯 129, 130, 134, 135, 138, 139, 145, 154
残留人口 13

し

ジオデモグラフィック指数 140, 142, 143

ジオデモグラフィックス 90, 93, 127, 128, 134, 137, 138, 140, 141, 144, 179
市街地 74, 87, 88
自家用車保有率 93
敷地 72-74, 76-78
事業所・企業統計調査 14, 19, 24
事業所への訪問者 13, 24, 52
市区町村コード 4
支出額 21-23, 37, 39, 40, 93, 97
市場 2, 3, 5-7, 10-12, 14, 17-21, 24, 25, 31, 33, 36, 37, 40, 41, 72, 79, 81-94, 127, 128, 137, 138, 140, 144, 157, 161, 164
市場規模 2, 3, 5-7, 10-12, 14, 17-21, 24, 25, 36, 37, 72, 79, 81-86, 88, 89, 92-94, 137
市場シェア分析 137, 138, 140
市場セグメンテーション 87
市場調査 137, 138
市場の質 3, 25, 31, 33, 36, 72, 79, 81-86, 88, 90-92
市場の成長性 79, 83-86
市場分析 137, 138, 140, 144
指数型モデル 96, 97, 107, 111
指数関数 80, 97
施設 8, 43, 49, 52, 56, 60, 65, 66, 72, 74, 94, 112-120, 124, 153
自然対数 99, 111
自然的境界 4
シナジー効果 93
視認性 73, 74, 76-78
事務職 129
社会的境界 4
若年層 129-131, 134, 136, 138, 139, 143
車線数 60-62, 74, 76-78
車両交通量 60, 61
集客距離 88
集客圏 1-12, 17-21, 23-25, 33-37, 45-50, 54, 55, 57, 59-65, 72, 79-84, 86-91, 141-144
集客圏の範囲 88
集客圏プロファイリング 141, 143, 144
集客圏分析 1, 2, 3, 5, 25, 72, 141
集客効果 45, 49, 51, 52, 57, 59
集客人口 2, 7-10, 79-81, 88, 89
就業者 4, 11-13, 57, 65, 88, 89, 95, 155, 156
就業者数 88, 89, 95, 155, 156
住居表示整備実施地区 4
住居表示整備未実施地区 4
集計レベル 21, 22, 30
集合一被覆問題 114, 115
住所コード 5
集積 41, 44, 45, 49-52, 59, 88, 92, 131, 146, 157
集積の経済 49
住宅地図 45
集団レベル 30
集中性 52, 57, 59

集中的な駅勢圏 52-59
12時間交通量 61, 62, 74, 75
収入 25, 31, 37, 139
10mメッシュ 64
主成分得点 130, 131
主成分負荷量 129
主成分分析 129
出力地理 30
主要道路 49, 60, 62, 63, 66, 68
需要発生源 11, 12
需要量 3, 19-21, 24, 38-40, 94, 96, 97, 102, 111, 129, 141-143
障害度のパラメータ化 67, 68
障害物 60-67, 72
商業機能 49, 51
商業集積地 44, 45, 49-52, 59, 146, 157
商業立地論 39, 41
商圏 2, 21, 37, 38, 40, 41, 45, 50, 84, 85, 87, 97, 105-107, 110-112, 137, 138, 157
商圏構造 107
商圏人口 37, 38, 157
商圏範囲 106, 107, 110, 111
乗車客 52, 53
常住人口 11, 12, 14-17
小地域集計 3-6, 10, 11, 14, 15, 19, 22, 126, 127, 128, 142, 144, 153
商店街 13, 44, 49, 95-99, 102-104, 111, 158, 161, 162, 168
商品構成 42, 43
商品購買 25, 27, 30, 32, 33
商品の差別化 41
初期立地点 120, 124
人口混成 88, 92-94
人口属性 25, 33, 34, 36
人口密度 87, 92, 128, 136

す

数値地図2500 18, 24
スーパーマーケット 2, 6, 11, 21-24, 39, 42-46, 48, 49, 86-88, 91-94, 110
数理的境界 4

せ

生態学的誤謬 30, 147
性別 34
制約式 100
世帯年収 26-31, 138, 139, 181
切片 99, 110
線形 26, 28, 40, 41, 98, 99, 104, 110, 111, 150
線形回帰式 98
線形回帰モデル 99, 110
線形市場 40, 41
全国平均 93, 94

前面道路 11, 52, 55-59, 73, 74, 76
前面道路通過人口数 55-57, 59

そ

総移動距離の最小化 113
総移動距離 113, 118
相関係数 26, 28, 30
総合評価 92
相互作用 67, 68, 95, 97, 99, 100, 103-109, 146, 149
ゾーニング 30
属性データ 4, 20, 21, 68, 74

た

ターゲット（標的）人口 6
対数 26, 98, 99, 111, 149
対数正規分布 99
対数変換 98, 99
代替過程 118, 120, 124, 125
大都市交通センサス 52, 53, 57, 59, 146
ダイレクト・マーケティング 137, 138
宅配圏 121-126
建物床面積 19, 20

ち

地域市場 41, 137
地域単位 2-4, 6, 17, 19, 21, 30, 53
地域分類 127, 129, 134, 146
地域平均 93, 94
地域レベル 27, 30, 31, 33
地価 31-33, 36, 50-52, 82, 85, 86
地価公示 31, 86
地区レベル 2, 17
地形障害 65, 66
地形の障害度 65
地代支払能力 50
地点 31, 36, 39, 40, 50-52, 62, 66, 68, 72-74, 80, 86, 99, 112-122, 124-126
着地 95, 99, 149
中央分離帯 66, 67, 75-77
昼間人口 6, 11-17, 19, 20, 24
駐車場 73, 74, 76-78, 88
中心地 51, 105-109, 111
中心点生成 19
昼夜間人口比 16, 17
町丁目 2-24, 30-36, 47, 48, 53-55, 62, 63, 65, 68, 69, 80, 82, 86, 112, 119-124, 127, 128, 130, 134, 142, 144
町丁目・字 2-9, 17, 19, 21-24, 32, 33, 36, 47, 48, 53, 55, 80, 82, 86, 127, 128, 130, 134, 144
町丁目界 4, 18, 119
町丁目コード 4, 5, 8, 53, 119-121

頂点代替法 116-119, 124
直接反復法 100, 106
直線距離 2, 7-9, 23, 24, 66, 68, 119, 123
直交化 127, 129
地理人口統計分析 90, 93, 127, 183
地理的市場セグメンテーション 87
地理的条件 87

つ

通学者 11, 13, 57, 156
通過人口 13, 55-57, 59
通過率 67, 68
通常最小二乗法 98
月平均支出額 21, 22, 37, 39, 40

て

鉄道障害 63
鉄道の障害度 63
店舗規模 41-44, 46
店舗の利用者 13
店舗利用数 80, 81

と

統計地図 5, 6
統計表 5
等質性 30
到達範囲 39, 40
道路規制 60, 66
道路距離 2, 8-10, 14, 16, 23, 47, 48, 68, 97, 103, 104, 111, 119
道路距離圏 2, 8, 9, 68
道路障害 60-62
道路の障害度 62
道路幅員 62, 73-75
道路網 66, 75
独占市場 41
都市外縁部 87, 88
都市レベル 2, 3, 17
都心 17, 31, 75, 87-92, 106, 108, 132, 134-136, 139, 141, 143, 144, 184
都心部 17, 87-92, 135, 136
都道府県地価調査 31, 86
都道府県番号 4
ドライブ圏 88, 92-94
ドラッグストア 2, 6, 7, 10, 45, 46, 74, 79, 82, 86, 91, 94, 110

な

内部構造 50, 51

に

25 m メッシュ 19-21

索引

ニュートン・ラプソン法 100, 101, 104, 105, 111, 150

ね
ネットワーク分析 8, 9, 23, 47, 68, 102, 119
年齢層 4, 33-36, 128, 129, 153

の
農村部 88

は
配分変数 113, 114
配分問題 112, 117, 119
場所 2, 13, 50, 51, 57, 59, 62, 72-74, 76, 78, 79, 82, 84-92, 94, 105
場所因子 79, 82, 84, 85, 87, 88, 90-92
場所評価 72, 78, 79, 85, 86
発見的解法 116
発散性 52, 57
発散的な駅勢圏 52, 57-59
発生制約モデル 95, 149
発地 52, 66, 95, 99, 149
ハフモデル 96
バリア 60, 73
バリマックス法 129
番 4, 15, 17, 21, 24, 25, 31, 84, 88, 92, 116, 117, 120-122, 125, 128, 139, 140, 143, 150, 153, 158, 160, 161, 167
反応率 137, 140
販売・サービス職 129

ひ
pーセンター問題 114
pーメディアン問題 113, 114, 117
非線形 98, 104, 110, 111, 150
1人世帯 22, 128-131, 134-136, 138, 139, 143
被覆（カバー）問題 114
被覆半径 115, 116, 124, 125
非負条件 114
100 mメッシュ 55, 58
百貨店 93, 105-111, 163, 165, 166, 168, 169
ヒューリスティック 116
評価因子 73
評価基準 73, 76-78, 81-85
評価結果 77, 78, 85, 94
評価項目 73, 74, 76-79, 81, 82, 84, 85, 90, 91
評価点 42, 43, 73, 77-79, 81-94
評価点付け法 42, 43, 73, 77, 87, 88, 92
評価得点 43
評価変数 73, 76, 78
評価方法 73, 86
評価要素 25, 37, 73, 74, 76-79, 82-86, 88-92
標高差 65

標準化 73, 111, 127, 128
標準距離 131

ふ
フォーム 92-94
負の指数関数 97
ブランド指数 94
ブランド力 41, 42, 44

へ
平均トリップ費用 100
平均トリップ利益 100
ベキ乗 42, 99
べき乗型モデル 96
偏差の二乗和 98
変動費 38

ほ
ホテリング 41

ま
町字コード 4

み
魅力度 37, 41-46, 48, 86, 94, 96-98, 100, 102, 104, 108, 111, 152
魅力度係数 97
民営借家 128-130, 134, 136, 138, 143

め
メッシュ生成 19
面積按分 7-9, 18, 24, 80
面積計測 20

も
持ち家 128-131, 134, 136, 138, 139, 143, 154

や
夜間人口 11, 13, 16, 17

ゆ
有益施設 65
ユークリッド距離行列 129
友人宅への訪問者 13
Uターン 66
床面積 19, 20, 38, 42, 86
豊かさ 25, 90, 91, 93
豊かさ指数 90, 93
豊かさの水準 90, 91

よ

用地 6-12, 17, 21, 23, 34, 36, 37, 45-66, 68, 72-94, 137, 138, 141-144
用地因子 74, 76-79, 87
用地の位置 92
用地評価 11, 72, 74, 77, 78, 94

り

利益 37, 38, 100, 112
利益関数 37
離散空間 112, 116, 119
立地型 87, 88, 93, 106, 108, 111
立地限界人口 39-41
立地数 94, 105, 115, 117, 118, 120, 124
立地—配分モデル 112-114, 116, 117, 119-121
立地評価 2, 49, 71-74, 78, 79, 87, 88, 92-94
立地評価システム 87, 88, 92-94
立地費用の効率性 115
立地変数 115, 116
立地問題 112
流出人口 12

流入人口 12, 13
利用単位 5, 6
旅行者 13
隣接 49, 87, 94

れ

零の問題 99
レーダーチャート 78, 85, 86
レーティング 42, 73, 89
レーティング法 73
レッシュ 41, 146
連続空間 112, 116

ろ

ロケーション 9, 50, 72
路線価 51, 59
六角形市場地域 41

わ

ワンストップ・ショッピング 42

著者紹介

高阪宏行　こうさか　ひろゆき

1947年埼玉県生まれ。東京教育大学理学部地理学科卒業、同大学院理学研究科博士課程修了。理学博士。現在、日本大学文理学部教授。GIS学会ビジネス分科会代表を務める。
主な著書
『行政とビジネスための地理情報システム』（古今書院 1994）
『GISソースブック』（編著、古今書院 1996）
『GISを利用した社会・経済の空間分析』（共著、古今書院 2005/07）
『仕事が見える地理学』（分担執筆、日本大学地理学科80周年記念会編、古今書院 2008）

書　名	ジオビジネス―GISによる小売店の立地評価と集客予測―
コード	ISBN978-4-7722-4170-0　C3034
発行日	2014（平成26）年 3月20日　初版第1刷発行
著　者	高阪宏行
	Copyright　©2014 KOHSAKA Hiroyuki
発行者	株式会社古今書院　橋本寿資
印刷所	三美印刷株式会社
製本所	三美印刷株式会社
発行所	古今書院
	〒101-0062　東京都千代田区神田駿河台 2-10
WEB	http://www.kokon.co.jp
電　話	03-3291-2757
FAX	03-3233-0303
振　替	00100-8-35340
	検印省略・Printed in Japan

古今書院発行のGISテキスト　価格は税抜き表示

ご注文はお近くの書店か、ホームページで。
www.kokon.co.jp/ 電話は03-3291-2757
fax注文は03-3233-0303　order@kokon.co.jp

図解!ArcGIS10 Part1
－身近な事例で学ぼう－

佐土原聡編
横浜国立大学教授

ISBN978-4-7722-4156-4

B5判
186頁
本体2600円
2012年発行

★ArcGISのバージョンアップにあわせて入門編をリニューアル
1：GISとは(データの種類、ArcGISの構成)／2：地図の表示・レイアウト(データの管理、レイヤ操作、属性結合)／3：新規データの作成・編集(エディタ操作)／4：ベクタ解析(空間処理、空間検索)／5：ラスタ解析(データ補間、サーフェス解析、ラスタ演算)／6：既存データの統合・編集(基盤地図情報、数値地図の変換)

図解!ArcGIS10 Part2
－GIS実践に向けてのステップアップ－

川崎昭如・吉田聡著
東京大学生産技術研究所特任准教授

ISBN978-4-7722-4164-9

B5判
190頁
本体2600円
2013年発行

★ArcGISバージョン10対応版　GIS利用の流れを学ぼう!
データの作成(既存の住所情報や紙地図から新規GISデータを生成)／ラスタ解析(演算を組み合わせて標高データから集水域を作成)／ベクタ解析(空間的な位置関係に基づくテーブル集計と属性編集)／3D表示と解析(3DAnalystを使った効果的なプレゼンテーション)／総合演習問題(集水域ごとのリスク考察)

QuantumGIS入門

今木洋大編著

ISBN978-4-7722-3156-5

B5判
230頁
本体3000円
2013年発行

GISデータの閲覧や地図作成、データ分析などに手軽に使えGPSとの相性も抜群、フィールドワーカーを中心に人気急上昇中のフリーGISソフト「QuantumGIS」(カンタムGIS、略称QGIS)の初めてのマニュアル。バージョン1.8対応。インストールの方法から基本操作および解析のための機能拡張とプラグインについて、事例を掲げて丁寧に解説します。初中級向け。

古今書院発行のGISテキスト　価格は税抜き表示

ご注文はお近くの書店か、ホームページで。
www.kokon.co.jp／ 電話は03-3291-2757
fax注文は03-3233-0303　order@kokon.co.jp

フリーGISソフト MANDARAパーフェクトマスター

谷　謙二著
埼玉大学准教授

ISBN978-4-7722-8109-6

B5判
340頁
本体3600円
2011年発行

★ユーザ待望の「MANDARA」完全マニュアルがついに完成!
地理情報分析支援システム「MANDARA」／Excel上での属性データの作成／属性データの編集／設定画面と属性データの地図化／設定画面のメニューと諸機能／出力画面の諸機能／マップエディタと地図ファイルの作成／地図データの編集／時空間モード地図ファイルの作成／修正オブジェクトの活用／移動データの表示／アドイン／共通ウインドウ

第3版 MANDARAとEXCELによる市民のためのGIS講座
—地図化すると見えてくる—

後藤真太郎・谷謙二・酒井聡一・
坪井塑太郎・加藤一郎著　ISBN978-4-7722-4162-5

B5判
220頁
本体2600円
2013年発行

★進化を続ける「MANDARA」最新バージョンにあわせた第3版登場!
MNDARAの特徴と地図データ／MANDARAで地図をつくろう／コンビニの分布／地価分布図／土地利用変化／火災危険度と消防施設の立地／水質調査マップ／ヒートアイランド／フリーソフトでつくる空間情報社会

古今書院発行のGISテキスト　価格は税抜き表示

ご注文はお近くの書店か、ホームページで。
www.kokon.co.jp/　電話は03-3291-2757
fax注文は03-3233-0303　order@kokon.co.jp

GISを利用した社会・経済の空間分析

高阪宏行・関根智子著
日本大学教授・日本大学准教授

ISBN978-4-7722-4066-6

B5判
160頁
本体4200円
2007年発行

★GIS利用ならではのテーマは
4部14章立ての構成。たとえば、小売業、飲食業、宿泊業の空間分析、オフィス、工場、産業集積地の空間分布。地価、納税額の空間分布。商品需要量の推定。立地評価のシステム化。商圏分析。道路網の空間分析、近接性の測定。交通渋滞の空間分析。犯罪発生密度の推定。自然災害被害予測支援への応用。医療、病気の時空間分析。付録にGISデータベースの構築とGIS分析。

三訂版
GISと地理空間情報
－ArcGIS10.2とダウンロードデータの活用－

橋本雄一編
北海道大学教授

ISBN978-4-7722-4167-0

B5判
186頁
本体2400円
2013年発行

★ArcGIS10を使いこなすためのテキスト。三訂版出来!
1.GISと地理空間情報の概要／2.測地系と座標系／3.基盤地図情報のダウンロードと地図化／4.国勢調査データのダウンロードと地図化／5.標準地域メッシュ統計のダウンロードと地図化／6.Web版タウンページを用いたコンビニエンスストアの分布図作成／7.国土数値情報のダウンロードと地図化／8.紙地図のデジタル化とGISでの利用／9.座標変換／10.空間データの結合／11.バッファ／12.地図データへの属性データの結合／13.検索／14.空間データの抽出とオーバーレイ／15.札幌市におけるコンビニエンスストアの立地分析／16.カーネル密度推定を用いたコンビニエンスストアの空間分析

古今書院発行のGISテキスト　価格は税抜き表示

ご注文はお近くの書店か、ホームページで。
www.kokon.co.jp/　電話は03-3291-2757
fax注文は03-3233-0303　order@kokon.co.jp

観光分析
―計量的アプローチと応用―

張　長平著
東洋大学教授

ISBN978-4-7722-3155-8

A5判　上製
228頁
本体3600円
2013年発行

★観光立国日本、であればこそ、計量的分析を!
0.観光における計量的分析／1.観光ネットワーク分析の基本／2.ネットワークの基礎／3.中心性と観光中心地／4.ネットワークモデル／5.観光データの収集／6.データの仮説検定／7.データの構造分析／8.線形回帰モデル／9.ロジスティックモデル／10.構造方程式モデリング

都市の空間データ分析

張　長平著

ISBN978-4-7722-5249-2

A5判　上製
252頁
本体3800円
2010年発行

★基礎をマスターし応用へ…豊富な実践事例でわかりやすく解説
都市のGISと空間分析／都市空間データとその操作／統計的推計による空間パターン分析／都市人口密度と住宅密度の分析／小区域の顕著度の評価／総合顕著度に基づく空間構造分析／都市順位規模分析／都市次元分析／住民の観光意識に関するアンケートデータ分析ほか

増補版地理情報システムを用いた
空間データ分析
―追補：演習問題・解答集―

張　長平著

ISBN978-4-7722-3124-4

A5判　上製
226頁
本体3600円
2009年発行

★新たに演習問題・解答集を追補。完全理解のたすけに!
空間データ分析と地理情報システム／空間データ(空間実体の表示・位相構造データ作成の事例ほか)／GISの空間データ操作(オーバーレイ操作・近接分析ほか)／点パターン分析／ネットワーク分析／空間相関分析／空間補間／空間的属性の分類方法／ラスターデータの空間分析(データの生成法・空間的拡散分析ほか)／演習問題・解答集